대마약시대

일러두기

1 본문에서 성분, 물질, 약품 설명은 해당 용어의 원어를 병기했다. 필요시 약물 이름 옆에 상품명을 함께 기재했다.

2 번역어는 국립국어원 외래어 표기법을 따랐으며, 국내에서 관용적으로 많이 쓰이는 표현이 있는 경우 그 표현을 따랐다.

3 참고한 문헌과 그림의 출처는 본문 끝에 별도로 표기했다.

4 단행본은 『』, 논문·보고서는 「」, 신문·잡지·저널은 《》, 방송·영화는 〈〉, 기사는 “”로 구분했다.

5 참고문헌에서 국내서는 위의 약물을 따랐으며, 국외서는 단행본·저널은 이탤릭체로, 논문·보고서는 ‘’로 구분했다. 그 외 신문은 《》, 기사는 “”로 구분했다.

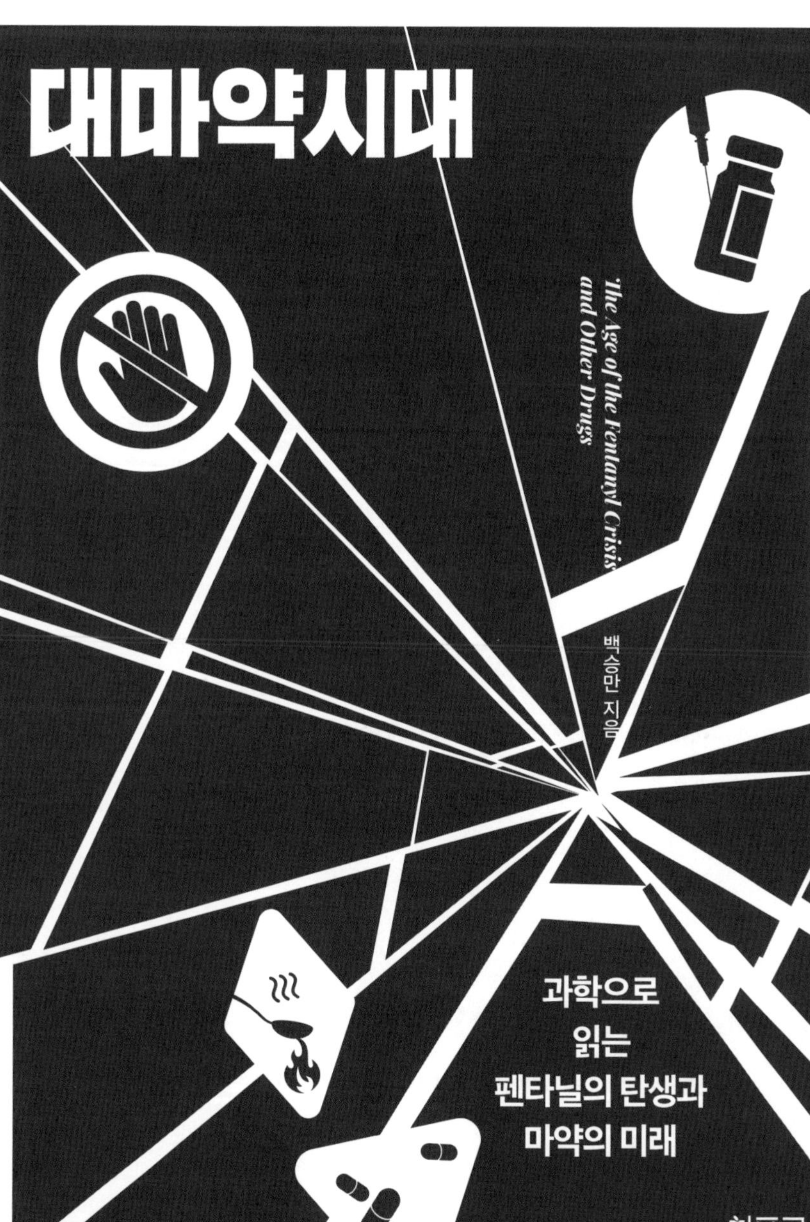
대마약시대
The Age of the Fentanyl Crisis and Other Drugs
백승만 지음
과학으로 읽는 펜타닐의 탄생과 마약의 미래
히포크라테스

Contents

들어가며 006

1장 마약을 드립니다 016

아편, 모르핀 그리고 장모님 레시피 • 헤로인, 대세가 되다 • 헤로인과 싸우는 사람들 • 새로운 변수, 처방 마약 • 마약을 드립니다. 1995 • 더 강한 진통제를 찾아서

다른 마약들 메스암페타민, 전 세계가 사랑한 각성제

2장 펜타닐과 21세기 아편전쟁 072

'파스'를 씹어 먹는 사람들 • 아버지와 아들 그리고 펜타닐 • 궁극의 진통제 • 흑화된 펜타닐 • 마약을 파는 자들 • 마약을 요리하다 • 펜타닐을 넘어서는 마약 • 지금 미국 대륙은? • 지금 유럽 대륙은?

다른 마약들 코카인, 유럽을 뒤흔들다

3장 지금 우리나라는? 128

이미 망가진 장벽 • 장벽을 넘어오는 위협 • 널리 퍼져버린 위협 • 병원 사례에서 법원 판례로 • 판례에서 미디어로 • 통계에 잡히지 않는 중독자들

다른 마약들 대마, 마약계의 시그니처

4장 마약을 줄이는 방법 172

마약이라는 늪 • 전환점을 만들다 • 엔도르핀 • 고통의 끝, 달콤한 보상 • 엔도르핀을 늘리자 • 도파민을 늘리자 • 사랑의 화학

다른 마약들 LSD

5장 마약 청정국으로 되돌아가는 길 224

사람을 살리는 마약 • 마약중독을 치료하는 마약 • 마약을 팝니다. 1965 • 중독은 질병이다 • 마약중독의 연결고리 • 물질 사용 장애

다른 마약들 트라마돌, 생태계의 위협

마치며 270

그림 출처 280

참고문헌 286

들어가며

대마약시대가 왔다. 연예, 스포츠, 정치, 경제 등 사회 전반에서 마약 관련 뉴스를 접할 수 있다. 검사를 시행한 모든 하수처리장에서 마약이 검출됐고, 다크웹과 SNS를 이용한 마약 거래가 늘어나면서 마약 사용자의 연령대도 낮아지고 있다. 마약류 사범의 수는 역대 최다를 기록했다. 대항해시대도, 대해적시대도 아닌, 대마약시대가 도래했다.

비단 우리나라만의 문제는 아니다. 유엔 마약범죄사무소United Nations Office on Drugs and Crime, UNODC에서는 2020년 한 해 동안 마약을 사용한 사람이 2억 8,400만 명이라고 발표했다. 10년 전에 비해 5,800만 명이나 늘어난 숫자다. 지역도 다채롭다. 미국은 50년째 마약과 전쟁을 수행하며 남미산 코카인cocaine에 대한 단속을 강화하고 있다. 그러자 그 코카인이 유럽으로 넘어가 헤로인Heroin으로 시름하던 유럽을 더욱 힘들게 하고 있다. 아프가니스탄은 전 세계 아편 공급의 80% 이상을 담당하고 있으며, 일본은 자국에서 생산했던 필로폰Philopon에서 벗어나지 못하고 있다. 호주 앞바다에서는 배송 사고로 보이는 코카인이 둥둥 떠다니다 당국에 발견됐으며, 서아프리카에서는 인도 등지에서 생산한 마약성 진통제 중독자가 창궐하고 있어 유엔UN이 따로 보고서를 발표하기도 했다. 세상에 마약이 넘쳐나고 있다.

이렇게 넘쳐나는 마약 중에서도 미친 존재감을 자랑하는 물질이 있다. 바로 펜타닐fentanyl이다. 경남 지역 고등학생 42명이 단체로 펜타닐을 흡입하거나 소지한 혐의로 체포되어 언론을 떠들썩하게 했던 때가 2021년인데, 이제는 그때와는 비교조차 되지 않을 정도로 많은 정보가 방송과 유튜브 등을 통해 쏟아져 나오고 있다. 내용도 구체적이다. 1960년에 만들어졌지만 효과나 독성이 모르핀의 100배 정도로 강해 사람을 좀비처럼 만든다는 등의 이야기다. 미국의 한 거리가 펜타닐로 초토화되면서 도널드 트럼프Donald Trump 전 미국 대통령이 펜타닐과의 전쟁을 선포했다거나, 이 사태의 진원지로 중국이나 멕시코를 지목해서 언제 21세기 아편전쟁이 다시 터질지 모른다는 국제정치적 우려도 곁들여져 있다.

그런데 궁금한 게 있다. 1960년에 개발된 약물이 왜 하필 지금 문제가 되고 있을까? 펜타닐이 그토록 효과도 좋고 중독성도 강하다면 출시했을 때부터 사회문제가 됐어야 하지 않을까? 이 위험천만한 약은 1970년대와 1980년대에는 뭘 하고 있다가 갑자기 나타나 2020년대에 역주행하고 있을까? 물론 이 약은 처음 나왔을 때 주사제였고 이후 피부에 붙이는 형태로 한차례 혁신을 거치긴 했다. 그래도 그때가 1991년이다. 도대체 무슨 바람이 불었길래 궁극의 진통제라며 종합병원 의사들이나 처방하던 펜타닐이 시간이 한참 흐른 지금 이 시점에 전 세계의 골칫거리가 된 것일까?

이 역주행을 되짚어 가다 보면 꽤 황당한 일을 경험하게 된다. 수

백 년이 지나서 온전히 과거의 일로 바라본다면 어쩌면 어이없어서 웃을지도 모르는 일이다. 하지만 현재를 살아가고 있는 우리로서는 어처구니없어서 화가 난다. 아편이 모르핀으로 순수해지고 이후 헤로인으로 타락하여 전 세계를 집어삼킨 과정은 그래도 참을 만하다. 그러나 마약성 진통제가 과잉처방으로 인해 환자들에게 퍼져나가고 펜타닐이라는 의약품이 마약으로 오용되는 현실은 지금이 21세기가 맞는지 의심케 한다.

펜타닐로 가장 심각한 위기를 겪고 있는 나라는 세계 최강의 나라 미국이다. 미국에서는 매일 100명 이상의 사람들이 마약으로 인해 죽는데 대부분 펜타닐 때문으로 보고 있다. '대부분'이라고 애매하게 표현한 이유는 여러 종류의 마약을 섞어서 사용하기 때문이다. 그래서 관계 당국에서도 정확한 실태를 파악하기 어렵다. 물론 여기에 펜타닐이 항상 들어간다는 점은 의심의 여지가 없다.

매일 100명이라면 어느 정도의 수치일까? 한 달이면 3,000명이다. 참고로 2001년 9·11테러로 사망한 사람이 2,977명이다. 즉 지금 미국은 매달 9·11테러와 같은 상황을 겪고 있다. 물론 9·11테러는 사망자 규모 못지않게 건물에 비행기가 부딪치는 끔찍한 장면이 공개되면서 시각적인 충격도 엄청났던 사건이다. 전국 각지에서 조용히 호흡곤란으로 죽는 마약중독자와는 비교하기 어렵다. 하지만 그래도 너무 많다. 그리고 그 수는 갈수록 많아지고 있다. 100명은 지난 6년여간의 평균치일 뿐이다. 최근 미국 질병통제예방센터Centers for Disease Control and Prevention, CDC에서 제시한 자료에 따르면 매일 220명이 마약으로 죽는다. 한 달에 한 번이던 9·11테러급 사태가 한 달에 두 번으로 늘었다.

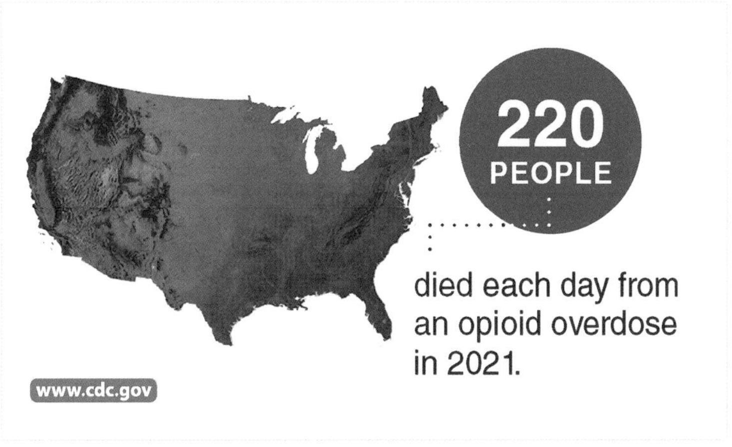

그림 1. 미국 질병통제예방센터에서 제시한 아편유사제opioid 남용 사망자 현황

그런데 마약을 끊기 어렵다는 사실을 감안하면 이 상황은 앞으로도 계속 이어질 가능성이 크다. 미국에서는 코로나19 유행 이전에, 이미 마약 중에서 가장 문제가 되고 있던 펜타닐의 범람을 '유행병epidemic'으로 부르고 있었다. 한 대륙을 초토화하는 질병을 유행병이라 한다. 두 대륙으로 넘어가면 우리가 익히 들어 알고 있는 팬데믹. 펜타닐 사태 역시 코로나19처럼 언제 팬데믹으로 격상될지 모른다. 심지어 펜타닐에는 마스크도, 백신도, 방역도 무용지물이다. 치료제도 없다. 그래서 더 무섭다.

여기서 하나가 더 궁금해진다. 왜 하필 펜타닐은 미국에서 난리일까? 1898년 헤로인이 일반의약품으로 시판된 후 마약중독자가 늘어난 것은 미국과 유럽을 포함한 전 세계에서 공통적으로 나타난 현상이다. 하지만 지금 펜타닐은 미국에서만 심각한 문제가 되고 있다. 동유럽 일부 국가를 제외하면 유럽에서는 펜타닐로 인한 문제가 그다지 심각하지 않다. 대부분의 유럽 국가에서 골머리를 앓고 있는 마약은 헤로인이다. 미국 홀로 펜타닐과 전쟁을 벌이고 있는 것이다.

이 책은 이 두 가지 질문, 즉 펜타닐의 역주행과 미국에서의 대유행이라는 시간과 장소에 대한 이야기로 시작한다. 하지만 중요한 관심사는 따로 있다. 바로 우리나라다. 백번 양보해서 펜타닐이 미국에서'만' 문제라면 태평양 건너 불구경하듯이 볼 수도 있다. 하지만 글로벌한 시대에 미국에서 '핫'하다는 펜타닐이 우리나라에 안 들어왔을 리는 없지 않을까? 태평양이 어느덧 작게 느껴지는 시대다. 우리나라 마약의 현주소와 펜타닐의 위협을 둘러보는 일은 그래서 중요하다.

마약이라고 통칭해서 표현하긴 했지만, 사실 마약에도 여러 종류가 있다. 아편, 모르핀morphine, 코카인 등의 정통 마약도 있고 메스암페타민methamphetamine이나 LSDLysergic acid diethylamide, 프로포폴propofol 같은 향정신성의약품도 있다. 대마도 있다. 이처럼 많은 물질을 통틀어서 우리나라 법에서는 '마약류'라고 표현한다. 그런데 이것은 사회적 흐름에 따라 만들어진 법적 분류일 뿐 효과는 제

각각 다르다. 진정제, 각성제, 환각제 등으로 분류하며, 이는 법적 분류와는 완전히 다른 체계다. 이렇게 다양한 기준이 있는 까닭은 그만큼 다양한 마약류 물질이 이 세상에 존재하기 때문이다. 사람의 뇌는 연약하기 짝이 없어서 수많은 물질의 유혹에 쉽사리 빠져든다. 그중 돈 될 만한 물질이 마약류로 남아서 우리를 힘들게 하고 있다.

이렇다 보니 마약류를 관리, 연구, 규제하는 쪽에서는 많은 변수를 고려해야 한다. 당장 이 책에서도 가능한 한 분류에 신중하겠지만 완벽하게 구분하지 못하는 경우가 있다. 독자들께 미리 양해를 구한다.

하지만 어떻게든 열심히 마약을 분류하려는 전문가들의 이러한 가상한 노력을 비웃기라도 하듯이 중독자들은 좋다는 건 가리지 않고 쓰곤 한다. 하다못해 담배만 해도 애연가들은 항상 찾는 애착 담배가 있다. 그래서 편의점에서 같은 종류의 담배를 고집하고 용량이 다른 것조차 견디지 못한다. 그런데 마약중독자들은 다르다. 이들은 마약이라면 굳이 구분할 필요를 느끼지 않는다. 물론 그만큼 더 위험하다. 부작용이 여러 장기에서 나타나기도 하고, 효과가 더 강해지기도 한다. 여러모로 안 좋다. 함부로 약 여러 개 먹는 거 아니다. 하물며 마약이다.

이처럼 마약이 다양하다 보니 역설적으로 펜타닐 이야기부터 하게 된다. 펜타닐에 유린당한 미국의 사례가 참혹하기 때문이지만 이것이 전부는 아니다. 더 큰 이유는 따로 있다. 우리나라에서 유행하는 마약은 메스암페타민과 같은 각성제나, 대마에서 유래한 마약류다. 이들 마약은 아편이나 헤로인 같은 진정제 계열의 정통 마약과는 부작용이나 금단증상이 많이 다르다. 따라서 단속이나 재활도 달라질 수밖에 없다. 즉 우리도 그동안 마약과 관련한 경험을 쌓았고 그 경험이 다른 마약에 일종의 백신으로 작용하겠지만 정작 펜타닐이라는 변종 마약에는 이 백신이 작용하지 않을 가능성이 크다. 펜타닐은 우리나라 마약 생태계에서 외래종이다. 기존의 마약 대응 체계를 초토화할 수 있는, 천적 없는 포식자다. 헤로인과 100년 넘게 싸워온 경험과, 강력한 경찰력으로 대표되는 공권력을 양손에 쥔 미국이 정작 펜타닐에 초토화된 것을 보면 잘 알 수 있다. 그러므로 일찍 막아야 한다. 더 퍼지기 전에 말이다.

펜타닐에 주목해야 하는 이유는 하나 더 있다. 패싸움을 할 때도 우두머리부터 노리는 법이다. 하나를 집중해서 파다 보면 나머지는 따라오게 돼 있다. 진정제 계열 마약의 끝판왕이자 좀비 마약으로 불리는 펜타닐은 우두머리로 칭하기에 모자람이 없다. 펜타닐이 창궐하게 된 과정을 따라가면서 아편, 모르핀, 헤로인과 같은 정통 마약부터 미국 사회에 경종을 울린 처방 마약까지 다양한 마약 이야기를 접할 수 있다. 또한 필로폰, 코카인, 대마, LSD와 같은 다른 마약과도 비교하면서 자연스럽게 마약의 주된 흐름을 파악할 수 있다. 비교와 대조. 언제나 든든한 설명의 원투펀치다.

사람들은 왜 마약에 빠질까? 답은 간단하다. 기분이 좋기 때문이다. 기분은 왜 좋을까? 여기서부터는 어떤 마약인지에 따라 조금씩 달라지지만, 그래도 간략하게 답해보자면 신경세포를 자극하기 때문이다. 원래 우리 신경세포는 다양한 자극에 반응하기 위해 신경전달물질Neurotransmitter을 준비하고 적절히 방출한다. 때로는 역경을 이겨낸 데 대한 보상작용으로 나오기도 하는 이 신경전달물질은 지난 오랜 시간 동안 사람이 거친 자연에서 살아남고 사회를 구성하는 데 큰 역할을 하고 있는 일종의 호르몬이다. 그런데 마약은 인체의 신비 따윈 아랑곳하지 않고서 묻지도 따지지도 않은 채 신경세포를 자극해 버린다. 그렇게 우리는 잠깐이나마 '억지로' 행복해진다. 물론 시간이 지나면 우리 몸도 적응해 가면서 그 자극에 금세 익숙해지고 우리는 더 강한 자극을 찾게 된다. 내성이다. 이 상황이 길어지면 어느덧 마약의 즐거움은 사라지고 마약을 하지 않았을 때의 고통만 커져간다. 금단증상이다. 그렇게 사람들은 홀린 듯이 마약에 빠진다.

그렇다고 해서 마약을 완전히 피할 수 없는 것은 아니다. 원인을 알았으니 대책도 세울 수 있지 않을까? 이 책의 후반부에서 다룰 내용이다. 마약을 대체할 수 있는 일상적인 방법이나, 마약중독에서 헤어 나오는 법, 앞으로 우리가 추구해야 할 방향 등을 이야기했다. 펜타닐을 포함한 대부분의 마약에 적용할 수 있는 방법이므로 특별히 마약을 구분하지 않고 설명했다.

마약은 누가 만들까? 예전에는 자연이었다. 양귀비의 모르핀이나 코카잎의 코카인처럼 식물이 주는 선물을 사람들은 즐겼다. 하지만 어느덧 과학기술이 발달하고 마약 경험이 쌓이면서 사람들은 더 좋은 마약을 만들고 싶었다. 장점은 살리되 단점은 없는 그런 마약. 욕심이 과하다. 하지만 가끔 사람들은 대책 없이 낙관적이다. 자연의 위대함을 너무 얕잡아 봤는지도 모른다.

마약을 연구하는 사람들도 비슷했다. 독성 없는 진통제를 꿈꾸며 모르핀을 연구한 현대 연금술사들의 모습은 고대 신화 속 크레타섬을 탈출해 빛나는 태양을 향해 날아가다 추락한 이카로스와 별반 다르지 않다. 그런데 이카로스 이야기는 도달하지 못한 목표를 향해 대책 없이 날아가다 추락사로 마무리됐지만 궁극의 진통제를 찾는 과정에서 개발한 모르핀 유도체의 이야기는 현재진행형이다. 펜타닐도 이러한 유도체 중 하나다.

그리고 펜타닐은 어느 정도 성공을 거두기도 했다. 모르핀보다 뛰어난 진통 효과로 인해 펜타닐의 혜택을 보는 말기 암 환자나 통증 환자가 많기 때문이다. 펜타닐을 처방받는 절대다수가 선량한 환자들이다. 양날의 검, 악마의 재능이라는 표현에 걸맞은 물질이 펜타닐이다.

마약은 끊임없이 변모해 왔다. 진통제와는 다른 맥락에서 노동자들이 피로를 잊고 일할 수 있게 한 각성제도 있고, 우연히 찾아낸 환각제도 있다. 이처럼 다양한 마약이 얽히고설켜서 그려내는 대마약 시대를 우리는 더 이상 부인할 수 없는 지경에 이르렀다. 마약의 과거이자 현재다. 그렇다면 마약의 미래는 어떻게 될까? 앞으로도 계속 나빠지기만 하는 걸까? 마약의 미래를 경험할 때다. 그러기 위해 1845년 미국의 한 가족 이야기부터 먼저 둘러보았으면 한다.

대마약시대

The Age of the Fentanyl Crisis and Other Drugs

1

마약을 드립니다

아편, 모르핀 그리고 장모님 레시피

1845년, 미국의 예레미아 커티스Jeremiah Curtis는 아기를 달래는 약을 팔았다. 말도 안 통하는 아기, 그것도 생후 1년이 지나지 않은 갓난아이를 어떻게 달래는 것일까? 지금도 수많은 초보 부모를 좌절시키는 일이자 하루하루의 과업인 이 숙제를, 근 200년 전의 한 청년은 아무것도 아니라는 듯이 해결했다며 약을 팔았다. 이름하여 '윈슬로 부인의 진정 시럽Mrs. Winslow's soothing syrup'. 자신의 이름을 전면에 내세우기보다는 지역에서 30년간 근무한 명망 높은 간호사이자 자신의 장모였던 샬롯 윈슬로Charlotte Winslow의 이름을 빌리는 섬세한 마케팅 기술도 보여주었다. 장모와 사위가 힘을 합쳐 판매하는 이 약은 성공하기만 한다면 지역사회에 큰 도움이 될 것이 분명해 보였다.

그리고 이 진정 시럽은 엄청난 성공을 거두었다. 발매와 동시에 미국과 영국에서 공전의 히트를 기록했고, 한 병당 25센트인 이 시럽은 100만 병 이상 팔렸다. 신생아는 잘 지내다가도 이가 날 즈음에는 간지러움을 느끼며 짜증을 내곤 한다. 이 시기의 아기를 달래는 일이 버겁기 짝이 없는 부모들 사이에서 커티스의 약이 도움이 된다고 입소문을 탔기 때문이다. 이 시럽은 지역사회를 넘어 대륙을 강타했고, 한 가족의 노하우가 약으로 집약된 아름다운 스토리는 한동안 제약업계의 신화가 됐다. 하지만 이 이야기의 끝은 해피엔딩이 아니었다. 이 시럽의 주성분이 모르핀이었기 때문이다.

모르핀은 마약이다. 성인에게 중독을 유발하고 급기야 사망에까지 이르게 하는 이 마약이 위험하다는 것은 지금 시대를 살아가는 사람이라면 누구나 한 번쯤 들어봤을 법한 내용이다. 하지만 그때는 달랐다. 약을 조심해서 써야 한다는 인식이 없던 그 시절, 많은 신생아들이 모르핀 사용에 따른 호흡곤란으로 괴로워하며 죽어갔다.

약으로 알고 독으로 먹은 이 제품은 자세히 보면 더 가관이다. 주성분이 모르핀인 이 약을 아기에게 먹이려면 시럽 형태로 만들어야 한다. 모르핀을 시럽으로 만들기 위해 썼던 용매에 들어가 있던 것은 바로 알코올. 모르핀으로도 모자라 술까지 신생아에게 먹인 셈이다. 모르핀을 복용하는 만성통증 환자가 절대 함께 복용해서는 안 되는 것이 술이다. 모르핀과 술을 동시에 복용하면 호흡저하가 심해져서 숨을 못 쉬기 때문이다. 그런데도 당시 이 시럽은 현탁액 형태로 만들어서 신생아에게 제공하도록 되어 있었다. 신생아에게는 열 방울, 6개월 아기에게는 반 티스푼, 그 이상은 한 티스푼. 하루에 서너 번을 먹이는 것이 당시 이 제품의 제대로 된 복용법이었다. 아래 그림은 당시 이 제품을 판매하던 회사 측에서 제작한 홍보 자료다. 정황상 자애로운 어머니를 그리려 했던 듯한데, 자애롭다기보다는 섬뜩하다는 느낌이 개인적으로 먼저 든다.

그림 2. '윈슬로 부인의 진정 시럽' 광고

이 제품으로 인해 죽은 아이들의 수는 정확히 밝혀지지 않았다. 오래전 일이라 정확한 통계를 찾기가 어려울 뿐만 아니라 아이의 사망 원인도 모르고 넘어가는 경우도 많았기 때문이다. 부모에게는 그저 약 먹여서 재우고 나갔다 돌아와 보니 아이가 죽어 있었을 뿐이다. 피임약이 개발된 것은 그로부터 100여 년이 지난 1960년의 일이다. 따라서 이 진정 시럽이 판매되던 19세기 중반은 출생률과 영아 사망률이 지금과는 비교도 안 되게 높던 시절이었으며, 엄마가 아이를 낳고도 집안일을 하느라 정신이 없던 시대였다. 통계조사 또한 원활하지 않던 이 시기, 통상 수천 명의 아이들이 죽었다고 평가하지만 모르핀의 위험성이나 판매량을 감안하면 더 많으면 많았지 적지는 않았을 듯하다.

꼬리가 길면 밟힌다. 1850년대 선풍적인 인기를 끌던 이 제품은 이후 부작용 사례가 쌓여갔고 1880년대부터는 본격적으로 공론화되기 시작했다. 학계의 검증을 거쳐 1900년대 들어 모르핀을 빼는 형태로 제품이 바뀌었지만 전문가들은 여전히 이 제품을 '베이비 킬러baby killer'라고 부르며 혹평했다. 그래도 이 제품은 1930년대까지 시판됐다. 사는 사람이 있었다는 말이다.

사람들이 이 제품을 애용한 데에는 효과나 마케팅만 영향을 준 것이 아니었다. 모르핀에 대한 막연한 믿음도 적지 않은 영향을 미쳤다. 모르핀은 아편의 진정, 진통, 수면, 행복감 효과를 내는 주성분이다. 덜 익은 양귀비 열매에 상처를 내고 그 즙을 60도 이하에서 건조하는 방식으로 만들어지는 아편은 기원전부터 약으로 쓰였을 정도로 오랜 역사를 자랑한다. 하지만 아편을 흡입하는 장치가 개발되고 아편전쟁 전후로 공급이 늘어나면서 사람들은 아편의 폐해를 본격적으로 목격하게 된다. 아편중독의 늪에 빠져 청나라가 망하는 모습이나, 그 이후에도 아편에서 헤어 나오지 못하는 화교들의 모습은 아편을 고급스러운 사치나 성공한 자들의 권위 정도로 치부하던 유럽과 미국 사람들에게 충격으로 다가왔다. 그리고 그 아편이 청나라를 넘어 자신들의 본거지인 유럽으로 흘러드는 현실은 더 심각한 문제였다. 청나라를 집어삼킨 아편이라는 괴물이 언제 자신들을 쓰러

뜨릴지 모르는 상황이었다.

유럽의 학자들도 가만히 있지는 않았다. 아편의 중독성을 없애고 행복감euphoria만 남은 물질을 원했다. '중독성 없는 아편'을 만들기 위해, 나름 전문가라고 불리던 사람들이 택한 방법은 아편의 유효 성분인 모르핀만 분리해서 사용하는 것이었다. 행복감을 주는 물질만 찾아서 쓰면 중독성 없이 즐길 수 있지 않겠냐는 것. 착한 성분을 나쁜 부산물과 분리해서 쓰자는 순진하기 짝이 없는 전략이었지만 나름 그 시절에는 치열한 고민이기도 했다. 어쩌면 "'우리 모르핀이'는 착한데 나쁜 친구들이랑 섞여 있다 보니 이상해졌어요"라고 믿고 싶었는지도 모른다. 대부분 그렇듯이 이런 믿음은 기대를 빗나간다. '우리 모르핀이'도 비슷하게 나빴다.

그나마 모르핀이 아편의 형태로 존재할 때는 함량이 낮았기 때문에 어느 정도 조절이 가능했다. 지금도 아편 중 모르핀의 함량은 20%도 안 된다. 그런데 모르핀을 정제해서 복용하는 순간 100% 모르핀의 효과를 보게 된다. 아편의 효능은 그대로 모르핀의 효능이다. 중추신경계에 작용하는 진정, 진통, 수면, 행복감과 함께 호흡마비나 중독성도 모르핀 때문에 나타나는 효과다. 말초신경계에 나타나는 변비, 구역질과 같은 불편함도 모두 모르핀에 기인하는 특성이다. 이러한 효과가 이제 100% 그대로 전달되어 나타나니 사회가 더 힘들어지는 것은 당연한 결과다. 아편중독이 '그냥 커피'라면 모르핀 중독은 'T.O.P.'다.

모르핀에 대한 환상이 걷히고 사람들의 기대가 무참히 깨져버리면서 포기할 법도 했건만, 학자들은 이 신통한 물질이자 악마의 재능인 모르핀을 포기하지 않았다. 사람들이 주목한 것은 바로 입. 아편을 피우든 모르핀을 먹든 당시 이런 약을 접하는 사람들은 모두 입으로 복용했다. 혹시 입을 통해 중독되는 것은 아닐까? 순진하지만 진지한 학자들은 다른 방식으로 생각했고 제3의 투여 경로를 고민했다. 마침 피하주사기가 개발된 때가 1853년. 프랑스와 영국의 의사가 비슷한 시기에 피하주사기를 개발하고 대량 유통하면서 세상은 더욱 심각한 마약의 수렁으로 빠져든다.

입으로 먹을 때는 모르핀이 식도, 위, 십이지장, 소장을 지나 세포막으로 흡수된 후 간을 거쳐 혈관에 들어가지만 주사로 맞을 경우에는 바로 혈관에 들어간다. 단 1%의 소실도 없이 순식간에 몸속으로 '로켓배송'된 이 모르핀은 물 만난 고기 마냥 우리 몸을 휘젓고 다닌다. 마약중독의 차원이 달라진 이유다. 나름 고귀한 뜻으로 주사기를 사용했지만 일이 이렇게 흘러갈지는 예상하지 못했나 보다.

모르핀은 세상에 빠르게 스며들었다. 당시에는 모르핀의 위험이 대중에게 잘 알려지지 않았다. 더구나 모르핀이 좋은 용도로 쓰이는 것도 생생하게 목격했다. 바로 전쟁에서다. 모르핀은 치열해지던 전쟁터에서 부상병을 치료하기 위한 필수품으로 많이 쓰이며 사람들에게 널리 퍼져나갔다. 다만 너무 많이 썼다. 모르핀의 효능을 직접 경험한 부상병들이 별다른 거리낌 없이 모르핀을 맞으면서 이들은 전쟁 후에 모르핀 중독자가 됐다. 1861년부터 4년간 이어진 남북전쟁으로 전사한 군인이 60~70만 명 정도로 평가되는데, 일부 문헌에 따르면 전쟁 후 모르핀 중독자도 40만 명이 나왔다. 전쟁이 이래서 무섭다.

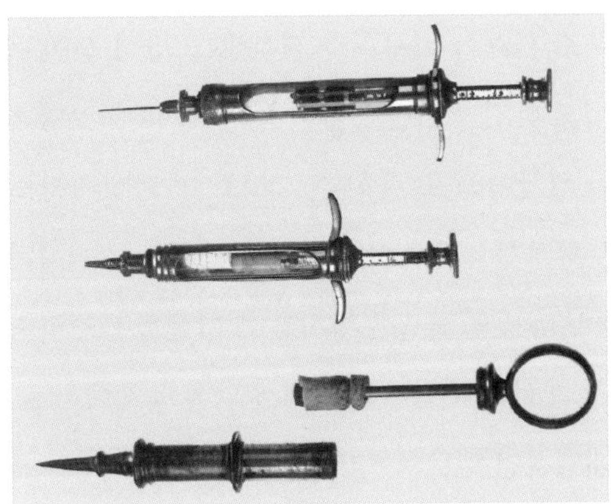

그림 3. 남북전쟁 시절 사용하던 모르핀 주사기

시간이 지나며 사람들도 모르핀의 위험성을 보다 명확히 알게 됐다. 아편보다 조금이라도 나을 줄 알았지만 오히려 더 극단적인 물질이라는 것을 깨닫게 된 것이다. 당장 영국에서는 1868년 약사법the Pharmacy Act of 1868을 제정해 위험물질을 규제하기 시작했다. 크게 두 개의 범주로 나눠 무분별한 판매를 견제했는데, 두 번째 부류에 해당하는 품목이 아편과 모르핀 또는 그 유사체였다. 참고로 첫 번째 부류는 독극물. 청산가리나, 청산가리에 준하는 다른 극약이 독극물에 해당한다. 모르핀의 위험에 대해 이 무렵부터 본격적으로 인지했음을 알 수 있는 대목이다.

헤로인, 대세가 되다

모르핀의 독성 문제를 해결하지 못한 사람들은 모르핀의 구조 자체를 바꾸기로 결심했다. 아직 정신 못 차렸다는 생각이 들 법도 하지만 이런 불굴의 의지로 시행착오를 겪으면서 발전하는 것이 과학이고 또 사회다. 그리고 이 과정에서 희생되는 사람들을 어떻게 보듬는지에 따라 그 사회의 수준이 여실히 드러난다. 하지만 지금부터 말할 물질은 아직도 그 아픔을 해결하지 못하고 있다. 모르핀을 개선하기 위한 노력에서 나온 물질이 바로 진정제 계열 마약의 대명사인 헤로인이기 때문이다.

보통 마약이라고 두루뭉술하게 표현하지만 마약도 기준에 따라 여러 가지로 나뉜다. 효능을 기준으로 보자면 흥분제, 환각제, 진정제 계열로 나눌 수도 있다. 흥분제는 집중력이 높아지고 몸에 힘이 돌며 기분도 좋아지는 일종의 각성제다. 암페타민이나 필로폰과 같은 물질이 여기에 해당한다. 환각제는 LSD처럼 약간의 복용으로도 환각 증세를 불러일으켜 사람을 기분 좋게 만드는 물질이다.

진정제는 좀 다르다. 가령 모르핀 주사를 맞게 되면 마음이 차분해지고 온갖 근심과 걱정이 남의 일처럼 여겨지면서 편안해진다. 사람은 흥분할 때 기분이 좋아지지만 마음의 평화에서 행복을 찾기도 한다. 이 마음의 평화를 찾기 위해 오래전부터 많은 사람들이 명상을 하고, 때로는 스스로를 극한의 상황에 내몰기도 했다. 마라톤을 하며 숨이 턱 밑까지 차오르는 '러너스 하이runner's high'를 경험하는 사람들도 있다. 그런데 이런 것 다 필요 없고 모르핀 주사 한 방이면 마음의 평화가 찾아온다니 얼마나 편한가. 사람들이 모르핀에 빠져든 이유다.

하지만 모르핀은 중독성이 강하고 호흡저하도 일으킨다. 성인의 정상적인 호흡수는 분당 12~20회. 모르핀 중독으로 호흡저하가 온 사람은 10회 이하로 떨어진다. 이후 5회 이하로 떨어지면 죽어가고 있다고 판단한다. 1분에 호흡을 다섯 번 하려면 생각보다 괴롭다. 심호흡이라면 그럭저럭 할 만하지만 모르핀에 찌든 호흡중추는 그마저도 방해한다. 10초에 한 번 정도 살짝 들이마시는 산소로는 우리 몸을 감당할 수 없다. 이 과정이 1분이 아니라 10분 이상 지속되면 극심한 고통에 휩싸인다. 하지만 얄미울 정도로 효과 좋은 진통제인 모르핀은 그 신호마저도 지워버린다. 그 와중에 모르핀은 구역질도 유발한다. 수면 효과도 탁월하다. 한 마디로 죽기 딱 좋은 약이다. 모르핀으로 인해 편안함에 이르는 것은 뇌일 뿐 말초는 죽어가고 있다. 다 같이 행복해야 하는 우리 몸이건만 모르핀으로 인해 뇌와 몸이 다른 상황에 처하게 된다. 살아남는 게 기적이다.

이런 측면에서 헤로인은 더 위험하다. 헤로인은 뇌에 더 잘 흡수되기 때문이다. 그리고 뇌 속에서 다시 모르핀으로 바뀐다. 마치 트로이의 목마처럼 뇌 속에 들어와서 냉큼 본색을 드러내는 이 마약 앞에서 사람들은 속수무책으로 중독됐다. 헤로인은 모르핀보다 두 배 정도 강력한 진정제 계열의 마약이다. 한 끗 차이로 승부가 갈리는 최고 레벨에서 두 배의 효과는 생각보다 크다. 사람들이 앞다투어 헤로인을 쓴 이유다.

헤로인은 정작 기침약으로 개발됐다. 기침을 치료하기 위해 마약이라니 왠지 '닭 잡는 데 소 잡는 칼 쓰는' 느낌이다. 하지만 제대로 된 기침약이 없던 시절임을 감안하자. 아편에서 모르핀과 함께 분리되는 물질 중에 코데인codeine이라는 물질이 있다. 마약으로서의 진정 효과는 모르핀의 10분의 1 정도밖에 되지 않지만 그래도 마약은 마약이다. 다만 기침을 억제하는 효과가 조금 더 뛰어나서 기침약으로 오랫동안 쓰고 있다. 이런 효과를 보면서 19세기 학자들이 코데인보다 좋은 기침약을 만들려고 한 것이다.

1897년 8월 21일, 바이엘사의 연구팀은 모르핀에 무수초산을 가하는 방식으로 디아세틸모르핀diacetylmorphine을 만들었다. 참고로 이 연구팀은 불과 11일 전인 그해 8월 10일 살리실산에 동일한 방식, 즉 무수초산을 가하는 방식으로 아세틸살리실산acetylsalicylic acid을 개발한 상태였다. 우리가 지금 아스피린으로 복용하고 있는

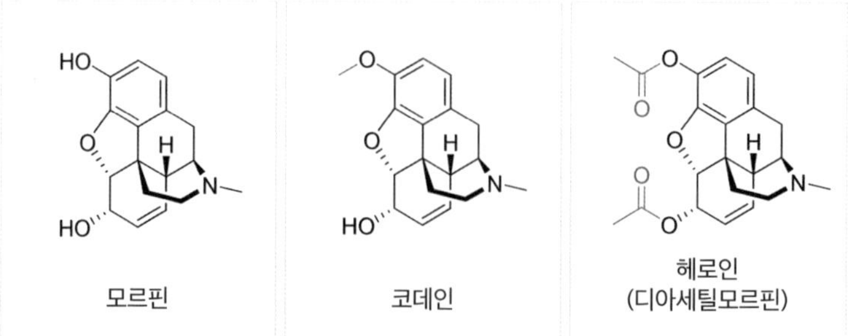

그림 4. 모르핀, 코데인, 헤로인의 화학 구조. 전체적으로 비슷한 구조임을 알 수 있다.

바로 그 약이다. 아스피린의 탁월한 효과와 개선된 독성에 고무된 연구팀이 동일한 접근법을 모르핀에 접목한 것이라고 봐도 된다. 창조적 자기복제. 나름 연구팀으로서는 합리적인 접근이라고 볼 수도 있다.

예상대로 디아세틸모르핀의 효과도 탁월했다. 진통 효과도 그렇거니와 기침을 줄이는 효과도 있었다. 디아세틸모르핀의 우수한 활성에 흥분한 연구팀은 이 물질에 헤로인이란 간단한 상품명을 붙이고 시판했다. 물질이 개발된 지 불과 1년여의 시간이 지난 1898년 9월 19일이었다. 초기 적응증은 앞서 언급한 대로 기침약이었다.

오늘날에는 새로운 물질이 약으로 사용되려면 기본적인 동물실

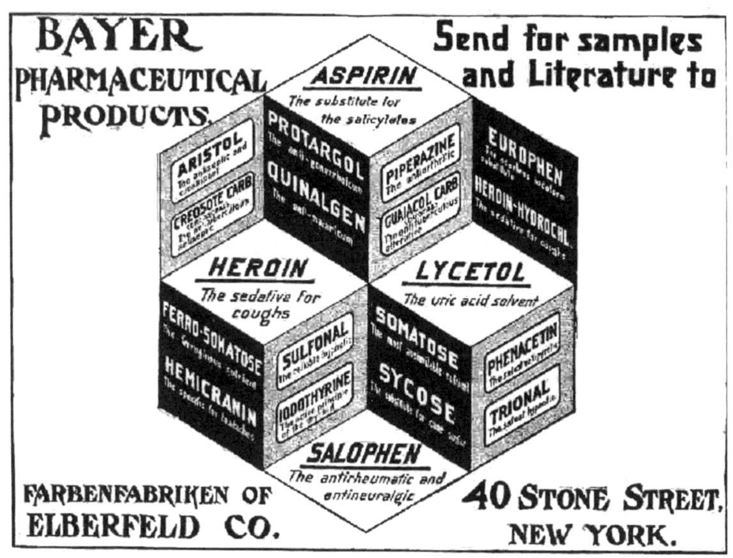

그림 5. 헤로인 시판 초기의 광고

험부터 추가적인 임상시험까지 대략 5년 이상의 시간이 걸린다. 그런데 이 과정을 대부분 생략하고 1년 만에, 그것도 처방전 없이 약국에서 임의로 판매한 이 약은 곧바로 대가를 치르게 된다. 약물중독이 더 심해졌기 때문이다. 일부에서 헤로인을 '중독성 없는 모르핀'이라고 주장하기도 했지만 말짱 헛소리였다. 1년간의 실험으로 중독성을 확인해 봐야 얼마나 했겠는가. 약물에 중독되어 헤로인을 찾는 사람들이 점점 더 늘어가자 문제 사례가 학계에 보고되기 시작했다.

가령 1912년 12월《미국 의학협회지Journal of the American Medical Association, JAMA》에 실린 보고에서는 지역사회에 만연한 헤로인 사용을 지적하면서 몇 가지 예를 들었다. 친구의 추천으로 모르핀에서 헤로인으로 갈아탄 경우도 있었고, 감기를 치료하기 위해 헤로인을 사용한 경우도 있었다. 모르핀 중독으로 고생하다가 겨우 마약을 끊었던 60세 남자가 중독성 없는 모르핀이라는 제약회사의 말만 믿고 5년 전부터 헤로인을 사용해서 다시 마약중독에 빠진 경우도 있었다. 이 남자는 심지어 의사였다. 경험 많은 의사마저 회사의 광고에 속아서 중독됐으니 일반인의 피해는 더 극심했을 것이다. 이런 사례가 쌓이자 헤로인은 1914년 강화된 관계법에 따라 무분별한 판매가 규제됐다. 10년이 지나서는 사실상 시장에서 퇴출되고 말았다. 대부분의 나라에서 약물로서의 용도가 사라진 것이다.

그런데 이 마약은 잡초 같은 생명력을 보여주었다. 효과가 강력했을 뿐만 아니라 모르핀에서 제조하는 방법이 간단했기 때문에 대량

생산도 쉬웠다. 한때나마 일반의약품으로 판매되면서 시장도 형성되어 있었다. 이러한 요건이 맞아떨어지면서 헤로인은 '어둠의 약물'로 자리 잡아 길거리 마약상을 통해 은밀하게 판매됐다. 헤로인 이후에 훨씬 더 강력한 마약이 나왔음에도 불구하고 헤로인 이상의 존재감을 떨친 약물은 거의 없다. 좋다고 항상 많이 팔리는 건 아니다. 꼭 마약에만 국한된 사실은 아니다. 어느 정도 이상의 수요와 공급, 판매망, 입소문 등이 맞아떨어져야 한다. 그리고 이 조건이 정확하게 맞아떨어진, 스테디셀러이자 베스트셀러 마약 헤로인은 모르핀을 넘어 진정제 계열 길거리 마약의 대명사가 됐다. 헤로인까지 쓰면 '갈 데까지 갔다'고 평가하는 이유다.

헤로인과 싸우는 사람들

2023년 여름 대검찰청에서 발간한 「마약류 범죄백서」에 따르면 2020년에 전 세계에서 적발된 헤로인은 115톤에 달한다. 2010년 유엔 보고서에서는 전 세계 헤로인 시장을 73조 원 규모로 평가했다. 전체 아편류 시장 86조 원의 대부분을 차지할 정도로 헤로인 시장의 비중이 크다. 같은 자료에 따르면 전체 아편류 사용자 1,500만 명 중 헤로인 사용자가 1,100만 명가량에 이른다. 즉 아편류 사용자의 대다수가 헤로인 사용자라고 생각하면 된다. 그만큼 많이 퍼져 있고 그래서 더 위험한 약이 헤로인이다.

헤로인이 위험한 이유는 또 있다. 주사제로 사용하기 때문인데, 이는 다른 계열 약물과 비교하면 명확하게 알 수 있다. 가령 코카인은 보통 코로 흡입한다. 환각제 계열 마약의 끝판왕이라고 부르는 LSD는 혀끝에서 조금씩 녹여 먹는다. 전 세계 마약중독자의 70%가 사용하고 있는 대마초는 담배처럼 피워서 효과를 본다. 그런데 헤로인은 보통 주사기로 사용한다. 헤로인도 알약으로 먹거나 코로 흡입하기도 있지만 그래도 주사제가 조금 더 일반적이다. 보통 헤로인을 불법적인 경로로 구입한 후 숟가락을 이용해 가열해서 물에 녹이곤 한다. 그냥 녹이면 잘 안 녹으므로 산을 가해서 녹인다. 그렇다고 아무 산이나 쓸 수는 없다. 마약중독자들도 건강 따진다. 아무거나 넣지 않는다. 그래서 인체에 그다지 해가 없는 구연산 등을 가해서 녹이곤 한다. 다만 양을 재기는 어렵기 때문에 일단 과량의 구연산을 가하고 녹인 후 망으로 걸러서 피부에 찌르는 방식으로 헤로인을 즐

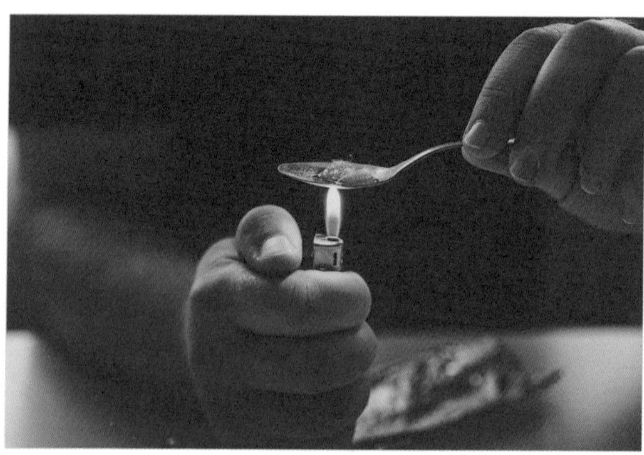

그림 6. 헤로인을 녹이는 모습

긴다. 이 과정에서 구연산의 양이나 헤로인의 순도에 문제가 생기면 혈관이 막힐 수 있다.

주사기와 관련한 진정한 위험은 바로 주사기의 재사용에 있다. 일회용 주사기를 남들과 돌려가며 사용하기 때문이다. 한 명이라도 에이즈나 C형 간염에 감염됐다면 이 주사기를 돌려 사용한 모두가 감염된다. 마약중독자들이 집단적으로 감염될 가능성이 높은 것이다. 이런 질병의 특성상 마약을 복용하지 않는 사람들의 건강에도 악영향을 끼친다. 마약 사용자들 간에는 나름 의리라면 의리겠지만 마약 비사용자들에게는 민폐도 이런 민폐가 없다. 앞서 언급한 2010년 유엔 보고서에 따르면 우크라이나 등 과거 러시아 연방 소속 국가들에서 아편류 사용자의 60~70%가 에이즈바이러스 감염자다.

이런 상황이 계속 이어지자 헤로인은 전 세계 관계자들에게 골칫거리이자 단속의 대상이 됐다. 하지만 단속해서 없어질 헤로인이었다면 100년 전 금지했을 때 이미 자취를 감췄을 것이다. 결국 헤로인 중독자 문제를 해결하지 못한 당국에서는 전혀 다른 방식으로 타협책을 찾았다. 바로 일회용 주사기를 무료로 공급한 것이었다. 헤로인을 더 잘 복용하도록 도와준다는 측면에서 윤리적인 문제를 지적할 수 있다. 하지만 주사기라도 깨끗하게 쓰는 게 보건의료 측면에서 현실적으로 더 도움이 된다는 주장도 있다. 또한 주사기를 무료로 나눠주는 과정에서 상담을 할 수도 있고 중독자를 제도권으로 끌어들일 수도 있다. 헤로인 중독자들도 헤로인이 몸에 안 좋다는 것은 안다. 술과 담배가 몸에 안 좋은 것도 아는데 헤로인이라고 모를까. 그들에게도 현실자각 타임이 온다. 본인의 상태는 스스로 잘 안다. 하지만 끊지 못해 계속 복용하는 것이다. 마약을 끊고 싶은 사람들에게는 제도적 지원이 필요하다. 주사기를 무료로 제공하는 것은 이들에게 좋은 실마리가 되기도 한다. 예를 들어 미국 시애틀의 한 카운티에서 시행하는 무료 주사기 교환 프로그램은 마약중독자들에게 건강뿐만 아니라 본인의 자존감 회복에도 도움이 된다는 평가를 받고 있다. 긍정적으로 변화할 여지가 분명히 있다.

그림 7. 미국 시애틀의 헤로인 주사기 바늘 교환 시설 앞의 모습

물론 논란의 여지도 있다. 그래서 시간이 지나면서 제도가 폐지되기도 했다. 미국 인디애나주에서는 2015년부터 무료로 주사기를 교환하며 나름 입소문을 탔다. 하지만 2021년에 이 제도가 대폭 축소 운영됐다. 마약과 타협한다는 이미지를 줄 수 있기 때문이었다. 정치적으로나 사회적으로 생각해 볼 여지가 많은 정책이다.

그런데 더 논란이 되는 정책이 있다. 바로 헤로인 중독자에게 헤로인을 주는 제도다. 현대사회에서 어떻게 이런 제도를 시행할 수 있느냐고 생각할 수 있다. 하지만 1994년 스위스에서 처음 시행된 후 지금까지 유지되고 있다. 덴마크나 노르웨이처럼 헤로인으로 몸살을 앓고 있는 나라들도 이 흐름에 조금씩 동참하고 있다.

1980년대 후반 스위스는 헤로인으로 인해 심각한 사회적 문제를 경험했다. 전 국민의 0.5~0.8%가 마약을 즐겼는데 이들의 대다수가 헤로인 사용자였다. 공공장소에서 헤로인을 거래하는 등 정상적인 국가라고 보기 어려울 정도로 망가져 가고 있었다. 이때 관계 당국에서 찾아낸 방법이 바로 헤로인을 국가에서 관리하고 공급하는 정책이었다.

이 제도가 가지는 의의는 많다. 우선 불법적으로 거래하는 헤로인은 순도를 예측하기 어렵다. 일관되게 낮으면 차라리 그러려니 한다. 갑자기 함량 높은 헤로인을 복용하면 그대로 죽을 수 있다. 시대와 장소가 다르긴 하지만, 2002년 영국에서 불법으로 팔리던 헤로인의 순도를 분석해 보니 그야말로 천차만별의 결과가 나왔다. 어느 정도냐면 무려 2~90%. 45배나 차이 나는 약물을 랜덤으로 먹는 형국이니 문제가 없으려야 없을 수가 없다. 물론 그렇다고 낮은 것도 마냥 좋은 것은 아니다. 불순물이 그만큼 더 많다는 것인데, 어떤 불순물이 있는지 모르니까 위험하다. 이런 순도상의 문제를 해결하기 위해 국가에서 나섰다. 어차피 맞을 거면 공식적으로 제공하는 좋은 헤로인을 맞으라는 말이다. 한마디로 공인 기관에서 제공하는 일종의 '정품 헤로인'이다.

국가에서 헤로인을 제공하면 관리가 가능하다. 헤로인 복용 기간을 조절할 수 있고, 의료진의 관리하에 헤로인을 주입하므로 급성 호흡마비에 의한 사망을 예방할 수도 있다. 또한 불법적인 거래로 발생할 수 있는 조직범죄나 사회문제도 줄어든다. 헤로인 중독자라고 해서 굳이 문제를 일으키고 다닐 이유는 없다. 헤로인만 구할 수 있다면 조용히 지내는 사람들이 그들이다.

이는 국가의 예산 지출 차원에서도 이익이라는 평가가 있다. 중독자 치료비와 사회적 문제로 인한 보상, 여기에 교정 비용까지 감안하면 차라리 이 제도가 돈이 덜 드는 정책이다. 다만 이러한 제도가 스위스나 북유럽 국가들처럼 선진국 중에서도 잘사는 것으로 손꼽히는 나라에서 시행되고 있다는 사실도 염두에 두었으면 한다.

헤로인을 끊을 수 있다면야 더할 나위 없겠지만 지난 100여 년의 노력으로 그게 쉽지 않다는 것을 이제는 사람들도 알고 있다. 그

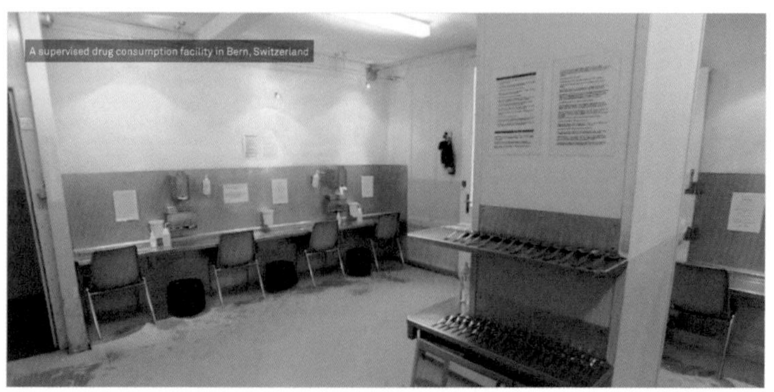

그림 8. 스위스의 헤로인 주사실 모습

렇다면 차라리 관리하에 두자는 것인데 유럽이 얼마나 헤로인에 찌들어 있는지를 적나라하게 보여주는 정책이다. 아이들이 하루 종일 핸드폰 게임을 하지 못하게 지금도 많은 엄마들이 '엄마의 관리하에 하루 1시간' 게임을 허락하곤 한다. 사람 사는 것 다 비슷하지 않을까?

말 잘 듣는 아이는 가끔 엄마의 감독 없이도 게임을 하는 특권을 누린다. 알아서 1시간씩 할 거라는 믿음에서다. 스위스의 헤로인도 마찬가지다. 타의 모범이 되는 중독자에 한해서는 집으로 가져가서 투약하는 것을 허용하는 경우가 있다. '모범적인 중독자'는 도대체 어떤 사람일까? 스위스 당국에서는 다음과 같이 규정하고 있다. 6개월 이상 공식적으로 제공하는 헤로인을 문제없이 복용하고, 신체적으로나 정신적으로 건강한 상태를 유지해야 하며, 헤로인 이외의 다른 약물을 사용하지 않는 것을 소변검사로 확인해야 한다. 그리고 전문가의 소견을 통해 안전하다고 판단할 때 이틀 치 분량의 경구투여용 헤로인을 집으로 가져가는 특권을 허용하고 있다. 헤로인과 같은 위험한 마약을 전문가가 보지 않는 곳에서 사용하도록 허락하려면 이 정도의 제한 조건은 있어야 한다는 공감대에서 만들어진 규제였다.

그런데 이 규제마저 완화된 시기가 있었다. 코로나19로 인한 셧다운 시기다. 2020년 봄부터 전 세계를 강타한 코로나19 때문에 스위스의 시설도 대부분 축소 운영을 해야만 했다. 사람들이 집 밖으로 나오는 것마저 규제하던 시기에 헤로인 중독자들이라고 자유롭게 정부 시설을 다녀가기는 힘든 노릇. 결국 그해 4월 2일 스위스 중독약물 협회Swiss Society of Addiction Medicine, SSAM에서는 헤로인을 찾는 중독자들에게 가벼운 검사 후 일주일 치의 경구투여용 헤로인을 제공하는 특단의 조치를 시행했다. 시설에서의 투여를 포기하는 셈이니, 마지막 남은 가이드라인마저 완화하는 결정이라고 볼 수도 있다. 하지만 코로나19라는 특수한 상황에 대처하기 위한 당국의 고심이 엿보이는 대목이기도 하다. 헤로인 중독자들이 금단현상으로 제도권 밖을 벗어난다면 중독자 본인 못지않게 감염병으로 고생하는 지역사회 역시 초토화될 것이 분명했기 때문이다.

그래서 어떻게 됐을까? 이 사람들은 감시자 없이 마음껏 약물을 복용하고 다시 조절되지 않는 중독자가 됐을까? 2022년에 발표한 결과에 따르면 이 변화는 어느 정도 성공적이었다. 60명의 중독자를 대상으로 약물을 집에 가져가도록 했을 때 52명의 중독자는 이 변화에 순순히 따랐고 이 제도가 시행되는 동안 특별한 문제를 일으키지 않았다.

허점도 있었다. 여섯 명의 중독자는 경구투여 헤로인이 마음에 들지 않는다며 주사제로 계속 맞길 원했고 결국 다시 센터를 찾아야 했다. 하루 두 번이나 위험을 뚫고 센터로 와야 했지만 별로 개의치 않을 정도로 집에서 복용하는 알약 헤로인에 만족하지 못했다. 두 명의 중독자 역시 알약으로는 원하는 만족감을 찾지 못한다며 불만을 토로했다. 이들은 알약을 추가로 더 받길 원했다. 센터에서 일하는 직원은 평소에 보지 못한 사람들이 센터 밖에서 서성이는 것을 봤다고도 했다. 그는 증거는 없지만 중독자에게 경구용 헤로인 알약을 구매하는 사람으로 보였다고 밝혔다. 여러모로 봐도 위험하긴 한 시도였던 듯하다.

60명 중 52명에게 성공적인 결과를 얻긴 했지만, 이 제도는 2022년 1월부터 원래대로 돌아갔다. 아무리 그래도 헤로인이다. 마약으로 연명하는 것이 그다지 바람직한 상황은 아니다. 규제를 완화하는 데에도 한계가 있다. 다만 대다수의 중독자들이 스스로 헤로인의 양을 지켜가며 마약을 하는 모습은 시사하는 바가 적지 않다. 중독자들도 마약이 위험하다는 것쯤은 안다.

어쨌든 국가에서 마약을 제공한다는 점에서 주사기 제공보다 훨씬 강력한 반대를 불러일으키고 있는 이 정책은 내가 아는 한 헤로인을 합법적인 목적으로 사용하는 유일한 경우다. 개인적인 생각이지만, 헤로인은 만들어지지 않는 게 더 나았을 법하다.

새로운 변수, 처방 마약

헤로인으로 인해 처참한 실패를 경험했지만 학자들이 약 만드는 것을 포기하지는 않았다. 그렇다고 모르핀에 이것저것 화학반응을 시도해서 다른 물질로 만들 엄두는 내지 못했다. 실패는 헤로인으로 충분했으니까. 사람들이 생각해 낸 것은 아편에서 나오는 다른 물질이었다. 모르핀의 함량이 20% 이하니까 다른 물질도 꽤 생산된다는 말이다. 그중에는 코데인처럼 기침약으로 나름 존재감을 뽐내는 물질도 있었지만 상대적으로 효과가 약해서 상업적 용도가 떨어지는 물질도 있었다. 이런 물질을 이용해서 이것저것 화학반응을 해보면 괜찮은 물질이 나오지 않을까? 기본적으로 아편에서 나오는 물질이어서 모르핀과 구조가 어느 정도 유사할 테니 활성도 기대해 볼 수 있을 것이다. 순수한 열정에서 비롯됐지만 때로는 이런 집착이 부담스럽다. 그리고 열정과 집착 끝에 연구진은 테바인thebaine이란 물질을 포착했다.

테바인은 지금도 마약으로 분류되어 있긴 하지만 낮은 활성으로 인해 마약으로 쓰는 경우는 거의 없다. 그렇지만 양귀비 품종에 따라서 2%까지 추출되는 물질이다. 2%면 적다고 생각할 수 있지만 모르핀의 10분의 1이라는 것을 감안하면 절대 적은 양이 아니다. 모르핀의 연간 생산량은 합법적인 자료만으로 집계해도 400톤이 넘는다. 10분의 1이라고 해도 40톤인데 이만큼의 물질을 그대로 창고에 쌓아두기에는 구조가 아깝다. 그래서 사람들이 테바인으로 다른 구조의 진통제를 만들려고 노력한 것이다. 중독성 없는 진통제, 지금껏 사람들이 찾아다닌 모르핀의 이상향을 꿈에 안고.

세상일 쉬운 게 없다. 사람들이 원대한 꿈을 안고 전략을 바꿨지만 정작 나온 것은 모르핀과 별반 차이 없는 물질이었다. 모르핀 구조와는 약간의 차이가 있어서 모르핀에서 직접 생산하기는 어려운 물질을 만들어냈으니 화학자들에게 위안은 됐겠지만, 중요한 것은 구조나 합성법이 아니라 활성이나 독성이다. 이 경우에는 중독성 없는 진통제가 나와야만 한다. 그런데 이렇게 해서 만들어진 물질은 중독성도 높았다. 진정과 진통 효과가 컸지만 이런 효과는 원래의 모르핀으로도 충분했다. 중독성이 많이 개선된다면 진통 효과가 조금 떨어져도 괜찮았다. 많이 먹으면 되니까. 그런데 아쉽게도 이런 측면에서 개선된 물질은 그다지 나오지 않았다.

옥시코돈Oxycodone도 이런 물질 중 하나다. 1920년대에 개발됐고 이후 독일에서 널리 사랑받은 적도 있지만 제2차 세계대전 이후 관련 학회에 드러낸 존재감은 크지 않았다. 진통 효과가 개선됐다곤 하지만 이미 모르핀으로 충분했다. 마약중독자들에게도 헤로인이면 충분했다. 사용하는 사람이 없었던 것은 아니지만 그래도 전통의 강자들을 위협할 정도는 아닌 그런 물질이었다. 그런데 시대가 바뀌면서 옥시코돈이 세상을 바꾸게 된다. 아주 안 좋은 쪽으로.

계기는 1970년대 말에 일어난 패러다임의 변화였다. 이전까지는 임종을 앞둔 환자, 가령 말기 암 환자의 경우 병원에서 수많은 연명

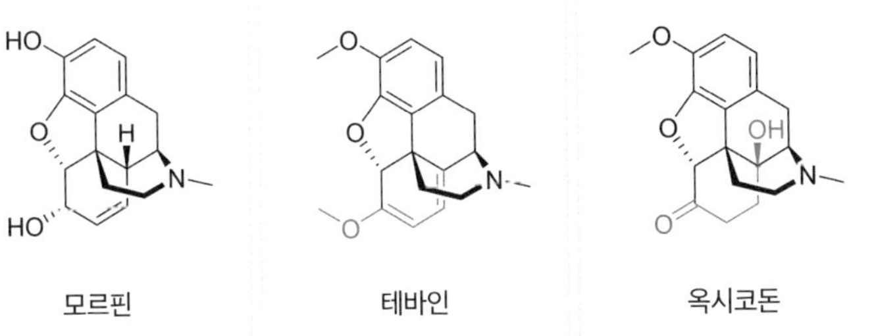

그림 9. 모르핀, 테바인, 옥시코돈의 구조. 붉은색으로 표시한 작은 차이 때문에활성이 달라진다.

치료를 받다가 죽는 것이 일상적이었다. 팔뚝에 주삿바늘을 꽂은 채 수많은 종류의 항암제가 들어가는 동안 환자는 약물 부작용으로 고통스러운 싸움을 이어가던 것이 당시의 일상이었다. 그렇게 수명을 두어 달 연장하다가 죽는 것이 이들의 운명이었다.

그러나 시간이 지나며 암을 이길 수 없다는 사실을 경험적으로 알게 되면서 사람들은 현실을 자각하게 됐다. 환자가 남은 시간을 가족과 함께 보내며 자택에서 삶을 정리하도록 하는 것이 더 낫다는 주장이 제기됐고, 이러한 주장은 여러 가지 사회적 이슈와 함께 공론화됐다. 그런데 통칭 '호스피스 완화의료'로 부르는 이 제도가 정착하기 위해서는 반드시 필요한 것이 있었다. 바로 진통제다. 임종을 앞둔 대부분의 환자는 극심한 고통과 함께 살아간다. 수시로 찾아오는 고통 앞에서 '삶의 존엄'이나 '인생 정리' 같은 거창한 구호가 의미를 가지기는 어려운 법. 환자들에게는 집에서 편하게 복용할 수 있는 진통제가 필요했다. 주사도 곤란했고, 수액도 불편했다. 알약이어야 했다. 하루에 한두 번 정도 복용하는 그런 알약이 딱 좋았다. 참 까다롭다.

그런데 1984년에 이런 약이 개발된다. 모르핀을 알약으로 개발한 것이다. 그것도 서서히 방출하도록 설계된, 즉 서방정이라고 부르는 형태로 말이다. 20세기 초반과는 다르게 약제학 기술이 발달하면서 모르핀을 서방정으로 만드는 것이 가능했고, 이것이 시대 흐름과 맞아떨어졌다. 물론 서서히 방출하기 위해서는 일반적인 용량보다는 많은 양의 모르핀이 들어가 있어야 했다. 그래도 상관없었다.

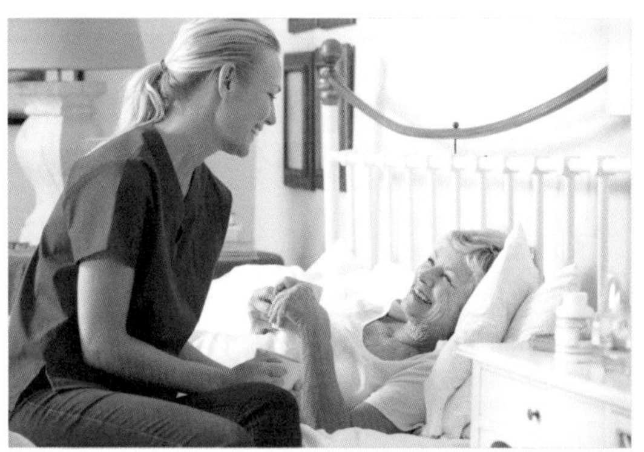

그림 10. 호스피스 케어

몸속에 들어가면 알약이 녹으면서 주성분이 서서히 방출되도록 설계한 약물이기 때문이다. 하루에 두 번만 복용하면 되는 이런 약은 효과도 좋고 복용도 편리해서 노인들이 자택에서 사용할 수 있는 최적의 진통제다. 호스피스 치료에 적합한 이 약물은 성공적으로 시장에 안착했다. 이 약을 만든 회사는 당시 중소 제약회사였던 퍼듀파마Purdue Pharma였다. 이전까지 영업과 마케팅을 바탕으로 멸균제나 변비약 정도를 소소하게 판매하던 작은 제약회사로서는 엄청난 성공을 거둔 셈이다.

특허는 보통 20년이 지나면 소멸된다. 퍼듀파마는 1990년대에 접어들면서 엄청난 매출을 올리는 효자 상품이 사라질 것이 두려웠다. 조만간 다른 제약회사에서도 모르핀 서방정과 같은 약을 판매할 것이 분명했다. 어차피 기술 자체는 별로 차별화할 것이 없었다. 모르핀이야 이미 100년도 더 전에 알려진 물질이었고, 약물의 방출 속도 조절도 어려운 일이 아니었다. 시대 흐름을 타고 대박을 터뜨리긴 했지만 이제 그 시효가 끝나가고 있었다. 초조해하던 퍼듀파마는 특허 기간 이후에도 살아남을 방법을 찾는 데 성공했다. 바로 옥시코돈 서방정을 만드는 것이었다.

옥시코돈은 모르핀보다 진통 효과가 두 배 정도 더 강한 물질이다. 같은 형태의 서방형 제제에 모르핀을 대신해 옥시코돈을 넣는 것은 효과와 함께 중독성도 더 높이기 때문에 위험한 전략이다. 하지만 호스피스 치료를 목적으로 하는 만큼 중독성 문제는 큰 이슈가 되지 않았다. 오히려 핸드폰을 업그레이드하는 것처럼 순순히 받아들였다. 1995년에 출시된 옥시코돈 서방정은 옥시콘틴Oxycontin이라는 이름으로 다시 시장을 뒤흔들었다. 20세기 초반에 개발된 이후 고만고만한 약으로 자리매김하고 있었건만 이제 옥시코돈은 시장의 핫 아이콘이 됐다.

옥시콘틴도 제대로 복용하기만 하면 별문제가 없는 약이다. 마약성 진통제가 항상 그렇듯이 중독성 문제가 생길 수 있지만 극심한 통증이 있을 때는 서로 길항하는 효과로 인해 큰 문제가 되지 않는다. 옥시콘틴의 주성분인 옥시코돈의 양이 많게는 80밀리그램으로 일반적인 용량 10밀리그램을 훌쩍 뛰어넘을 정도로 많이 포함되어 있긴 했다. 하지만 어차피 최신 약제학 기술로 서서히 방출하도록 녹여 먹게 했으니 상관없었다. 그 전에 사용한 모르핀 서방정도 아무런 문제 없이 쓰고 있지 않았던가. 하지만 이런 생각이 지나치게 안일한 기대였음은 그리 오래 지나지 않아 밝혀지게 된다.

마약을 드립니다. 1995

옥시콘틴에 문제가 생기기 시작했다. 두 가지 측면에서였다. 첫 번째는 임종을 앞둔 환자나 극심한 통증을 겪고 있는 환자를 대상으로 처방되던 과거와 달리 옥시콘틴을 일반적인 통증 치료제로 쓰기 시작한 것이다. 옥시콘틴을 만든 퍼듀파마가 이 변화를 주도했다. 퍼듀파마를 소유한 가문인 새클러Sackler 가족은 영업력으로 유명했다. 원조라고 할 수 있는 아서 새클러Arthur Sackler는 1950년대에 의사를 대상으로 항생제나 신경안정제를 마케팅하는 전략을 폈다. 당시로서는 파격적인 방식이었다. 아서 새클러는 이 성공으로 돈을 벌어 제약회사를 인수했고, 이 회사가 퍼듀파마가 됐다. 그는 1987년에 사망했지만 그의 영업 신화는 조카인 리처드 새클러Richard Sackler와 가족으로 구성된 이사진으로 이어졌다. 이들은 의사를 대상으로 공격적인 마케팅을 펼쳤는데, 과거처럼 전단지나 영업사원을 보내는 형태가 아니라 의사를 한곳에 모아서 세미나를 여는 형태였다. 지금은 비교적 익숙한 형태의 마케팅으로 볼 수 있지만 역시 당시로서는 혁신적인 방식이었다. 그리고 그 자리에서 옥시콘틴의 우수함을 피력했다.

의사들이 바보가 아니다. 마약중독의 위험을 뻔히 아는데 아무리 좋은 장소와 음식으로 유혹한들 넘어갈 사람들이 아니다. 퍼듀파마라는 이름값에 고급 호텔까지 더해진 세미나로 의사들을 불러 모으는 데까지는 성공했지만 중요한 것은 그다음이었다. 의사들이 옥시콘틴을 가벼운 통증 환자에게 처방하도록 하려면 이 약이 안전하다는 이론적 근거를 제시해야 한다.

퍼듀파마가 택한 방식은 정면 돌파. 1980년에 발표된 한 논문을 인용한 것이다. 11줄의 짧은 이 논문에서는 1만 1,882명의 입원 환자를 대상으로 마약성 진통제를 투여했을 때 마약중독이 발생한 경우는 네 명밖에 없었으며 이에 따라 병원에서 마약성 진통제로 인한 중독은 크게 우려할 문제가 아니라고 결론지었다. 퍼듀파마는 이 논문의 결과를 들이밀면서 옥시콘틴으로 인한 중독도 크게 걱정할 문제가 아니라고 세미나에 모인 의사들에게 강조했다.

물론 이것은 억지 해석이었다. 이 논문의 결론은 '병원에서 관리하는 환자'를 대상으로 한 것이지 '집에서 마음대로 복용하는 환자'를 대상으로 한 것이 아니었다. 또한 1980년 당시 마약성 진통제는 극심한 통증을 겪는 환자에게 단기로 쓰는 약이었을 뿐 가벼운 통증 환자가 집에서 수시로 복용하는 약이 아니었다. 병원에서 의사의 지시를 받아 간호사가 수액으로 약을 주는 것과 집에서 환자가 임의로 약을 복용하는 것은 차원이 다른 일이다. 이 논문에서 중독자가 네 명밖에 나오지 않았다고 한 것도 확실한 결과가 아니다. 병원에서 치료를 받는 동안에는 그랬을지 모르지만 퇴원 후에 마약을 찾으러 다녔는지도 확인해야 한다. 이 논문에는 퇴원 후의 환자 상태를 추적한 결과가 없다. 즉 불완전한 논문이라고 볼 수 있다.

그러나 현장에서 짧은 시간 안에 논문의 오류를 파악하는 것은 전문가인 의사들에게도 힘든 일이다. 더군다나 자신들에게 옥시콘틴의 안전성을 강조한 사람은 당시 저명한 신경과 의사인 러셀 포테노이Russell Portenoy였다. 그는 진통제에 대해 오랫동안 연구해 왔던 전문가 중의 전문가로서 진통제의 왕이라고도 불렸던 신화적 인물이었다. 주의 깊은 의사들도 속아 넘어가기에 좋은 조건이 마련되어 있었던 것이다. 이후 이러한 홍보활동의 이면에 추악한 진실이 있었음이 드러난다. 2019년 《가디언》의 기사에 따르면 포테노이는 이후 자신의 연구를 수행하는 과정에서 퍼듀파마로부터 연구비를 받았다고 고백했다. 또한 진통제에 대한 자신의 견해가 잘못됐음을 시인하기도 했다. 그러나 너무 늦었다. 부적절한 전문가 마케팅 이후, 3차 의료기관에서 처방하던 옥시콘틴은 1차 의료기관에서도 사용하기 시작했다. 마약을 먹고도 살아남은 많은 사람은 중독에 빠졌다. 마약성 진통제 사태가 발생한 이후 20여 년간 대략 40만 명 이상이 사망했다. 그 이상의 중독자가 생긴 것도 자명하다. 포테노이 또한 자신의 발언에 책임을 져야 했는데, 정작 재판이 이어지자 소송을 취하하는 조건으로 퍼듀파마와 오너 일가인 새클러 가문에 대한 증언을 하기로 하며 빠져 나갔다.

심지어 이렇게 처방받은 사람들 중에는 임산부도 있었다. 마약성 진통제는 태반을 통과해 신생아에게도 영향을 주는 경우가 많다. 그럼에도 불구하고 의사들에게 옥시콘틴을 처방받은 임산부는 의사들이 권해준 진통제라며 안전하다고 복용했다. 이렇게 사회가 잠식되어 갔다. 2000년대 중반의 이야기다.

아래 그림은 당시 퍼듀파마가 광고한 옥시콘틴의 전단지다. 허리나 무릎 등 일반적인 통증 환자를 대상으로 하고 있으며, 12시간마다 복용하면 된다고 표현되어 있다. 아세트아미노펜이나 아스피린ASA의 부작용이 없다고 강조했지만 정작 옥시콘틴의 부작용은 이 전단지에서 찾아볼 수 없다. 그리고 통증 치료 2단계에 사용하는 약임을 강조하는데, 3단계에 모르핀이 등장하므로 일반적인 사람이라면 모르핀보다는 덜 위험할 것으로 착각하기 쉽다. 무엇보다도 옥시콘틴이 어떤 약인지를 알 수 없는 일반인으로서는 타이레놀이나 아스피린보다 약간 더 효과적인 진통제 정도로 생각할 가능성이 크다. 실제로 이런 식으로 많이 중독됐다.

제도적 허점도 옥시콘틴의 남용을 부추겼다. 1914년 미국에서 마약 규제가 강화된 이후 마약을 이용해 환자를 치료하는 것은 의사들에게도 부담이었다. 마약성 진통제를 치료 목적으로 처방하던 의사

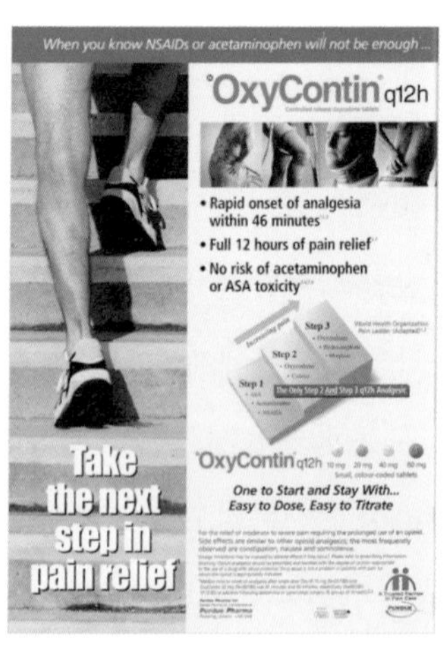

그림 11. 당시 퍼듀파마의 옥시콘틴 광고

들이 여럿 구속됐던 때가 1920년대였다. 물론 시간이 지나 이 규정은 어느 정도 사문화됐지만 어쨌든 현행법의 효력은 남아 있었다. 그런데 이러한 규제가 이유는 알 수 없지만 1990년대 들어 풀렸다. 의사들이 법적으로 기소될 우려 없이 아프다는 사람들에게 마약성 진통제를 처방할 수 있게 된 것이다. 남들 다 하는데, 환자들이 해달라고 하는데, 전문가가 괜찮다고 부추기는데 아니라고 말하기는 쉽지 않았을 것이다.

역설적으로 개인정보보호법의 맹점도 옥시콘틴의 남용에 한몫했다. 환자의 진료기록은 남겨두긴 하지만 어쨌든 개인정보여서 다른 사람이 함부로 열람할 수 없도록 한다. 그런데 마약성 진통제와 관련해서는 이 제도가 허점이 됐다. 옥시콘틴에 빠진 중독자가 여러 곳의 병원을 다녀도 막을 방법이 없었던 것이다. 이러한 허점을 파고든 중독자들은 옥시콘틴을 쇼핑하러 다녔다.

여기까지가 옥시콘틴에 생긴 첫 번째 문제라면 이제부터는 더 치명적인 두 번째 문제다. 마약중독자들이 옥시콘틴을 부숴 먹기 시작한 것이다. 주성분인 옥시코돈은 원래 한 알에 2.5~10밀리그램이 들어가곤 했었다. 그런데 옥시콘틴이란 서방정으로 개발하면서 한 알의 주성분 함량을 앞서 언급했던 것처럼 80밀리그램까지 높였다. 서서히 방출될 것을 감안하고 함량을 높여 놓은 것이다. 하지만 마약중독자들에게는 그냥 고농도 마약으로 보였다. 서서히 방출되는 것을 기다릴 필요 없이 약을 으깨서 가루로 한 번에 삼킨 후 마약에 취해 살다가 다시 한 알을 더 으깨서 삼키는 식이었다. 어떤 약이든

지 용법대로 복용하지 않으면 문제가 생긴다. 서방형 제제로 개발된 타이레놀도 알약을 으깨 먹는 사례가 나타나고 간독성이 빈발하자 당국의 규제를 받았다. 상대적으로 안전한 타이레놀도 이러한데 옥시콘틴은 하물며 마약이다. 그것도 모르핀보다 효과와 독성이 더 강한 물질이다. 문제가 커지지 않는 게 이상하다.

브로디 라민Brodie Ramin이라는 의사는 자신의 저서 『펜타닐 시대The age of fentanyl』에서 옥시콘틴에 빠진 환자의 사례를 이야기하고 있다. 모니크Monique라는 이름의 환자는 아무런 문제 없이 학창 시절을 보냈으며, 여느 청년이 그렇듯이 약간의 술과 담배를 즐기는 것으로 만족하고 있었다. 이후 그녀는 은행에 취직해 무난한 수입을 올리며 살아가고 있었다. 25살 생일이 지날 때까지는 말이다.

배가 아팠다. 간단한 통증 정도로 생각했지만 통증은 며칠째 사라지지 않았다. 구역질과 오한을 느끼던 어느 날 결국 친구의 도움을 받아 응급실로 왔다. 병원에서 내린 진단은 담낭결석. 안 아픈 게 이상한 질병이다. 결국 그날 밤 모니크는 병원에서 옥시코돈과 아세트아미노펜이 혼합된 약물을 처방받았다. 이후 담낭결석 문제는 해결됐다. 아마 시술을 통해 담낭을 제거한 것으로 보이지만 명확하게 서술되지는 않았다. 어쨌든 그녀는 퇴원 후 통증을 관리하기 위해 이 마약성 진통제 50알을 받아들고 집으로 돌아왔다.

이후 그녀는 약물에 빠졌다. 병원 밖에서 아무런 조언도 없이 마약성 진통제에 노출된 그녀는 통증을 없애는 효과뿐만 아니라 기분도 좋아지는 마력을 만끽했다. 잠깐이나마 업무 효율도 올라갔다.

그리고 50알을 모두 복용한 후에 그녀는 끔찍한 금단증상에 시달렸다. 몸살과 같은 증상에 식은땀이 흐르고 구역질도 하게 된다. 통증이 재발하는 것은 당연하고 없던 통증도 느낀다. 성격도 공격적으로 변하며 과격해진다. 우리가 흔히 떠올리는 마약 금단증상이 그대로 나타난다. 이 모든 괴로움이 알약 하나로 깔끔하게 사라진다는 점이 더 위험하다.

그녀는 병원을 다시 방문했고 이전의 약물을 다시 원했다. 그리고 의사는 별다른 고민 없이 그 약을 처방했다. 의사가 왜 이 무시무시한 마약성 진통제를 순순히 다시 처방했는지는 알 수 없다. 하지만 비슷한 시기, 즉 2000년대 중반은 이처럼 옥시콘틴 또는 관련 약물중독자에게 약을 주는 것이 앞서 언급한 이유로 인해 그다지 금기시되지 않던 시절이었다. 어쨌든 모니크는 원하던 약을 별다른 어려움 없이 확보해 다시 마약을 즐겼다. 물론 두 번째 마약은 첫 번째만큼 달콤하지 않았다. 내성이 나타난 것이다. 약을 으깨서 복용하기 시작하면서 그녀는 더 심각한 중독 단계로 접어들었다. 그녀의 주변에는 마약을 함께 즐기는 사람들이 모여들기 시작했고, 모든 소득은 마약을 사는 데 사용됐다. 처음에 가벼운 진통제를 복용하고 약간의 통증과 불편함을 견뎠다면 그녀는 아무런 이상 없이 직장에 복귀해 보통의 삶을 살고 있었을 테지만, 모두 부질없는 가정이다. 그렇게 14년이 흘러서 이 책에 소개되고 있다.

모니크의 경우가 특수한 사례는 아니다. 2022년 유엔에서 발간한 「세계마약보고서」에 따르면 미국에서 처방된 마약성 진통제의 수가 1997년 대비 2005년에 다섯 배나 늘어났다. 갑자기 미국 사람들이 다섯 배 아팠을 리는 없다. 예전 같으면 처방하지 않았을 만성질환에까지 마약성 진통제를 처방했음을 알 수 있다. 이로 인해 마약을 접하는 사람들의 연령대 또한 높아졌다. 일반적으로 마약을 처음 접하는 연령대는 10대다. 하지만 2010년대에는 22.9세로 평균 연령이 높아졌다. 만성질환을 겪는 고연령층의 사람들이 마약에 빠져들면서 생긴 변화다.

법적인 움직임도 뜨겁다. 미국은 의료 소송의 나라다. 변호사들이 이 상황을 두고만 보겠는가. 미국에서 진행 중인 관련 소송만 해도 2,600건을 넘는다. 대부분 주정부에서 제약회사와 약국 체인을 상대로 낸 소송이다. 원고 측 주장에 따르면 1999년부터 2016년까지 20만 명 이상의 미국인이 마약성 진통제로 인해 사망했다. 작은 도시 하나가 사라져버렸다.

2018년의 보도 역시 충격적이다. 인구가 3,191명에 불과한 미국의 작은 도시 내 두 약국에서 2006년부터 2016년까지 취급한 마약성 진통제가 무려 2,000만 정을 넘은 것이다. 이 많은 약을 두 약국에서 조제해서 마을 사람들에게 공급했을 리는 없다. 한 사람당 6,500정을 복용했다는 것인데 마을 전체가 마약중독자로 변했을 양이다. 물론 이 지역의 마약중독자 수가 미국 전역에서 최고 수준이기는 하지만 그래도 모든 약을 소비할 정도는 아니다. 다른 방식으로 빼돌렸을 가능성을 개인적으로 의심해 보지만 결론이 나진 않았다. 어쨌든 약국 도매상을 통해 두 약국으로 들어간 약물의 양이 상상을 초월하는 만큼 관련 수사가 진행 중이다.

이 사태의 중심에는 결국 제약회사가 있다. 돈을 벌기 위해 제도를 악용하고 허점을 공략해 모니크와 같은 사람을 포함한 북미 대륙 전체를 위험에 빠뜨렸다. 변화를 허용하지 않았던 유럽에서는 옥시콘틴으로 인한 사회적 문제가 불거지지 않고 있다. 유럽인은 여전히 헤로인으로 만족하고 있다. 물론 헤로인도 답이 없는 마약이라 가벼이 볼 문제는 아니다. 하지만 지금 미국이 겪고 있는 문제는 자신들이 행한 일로 생긴 것임을 부인하기 어렵다.

이처럼 사태가 최악으로 흘러갔는데도 문제의 원인을 제공한 퍼듀파마는 여전히 돈 벌기에 바빴다. 퍼듀파마는 2014년에 심지어 다른 종류의 약을 판매하기 시작했다. 이름은 부트란스Butrans. 마약류 중독 치료제다. '병 주고 약 준다'는 말밖에는 표현하지 못할 이런 행태는 당연히 사람들의 분노를 불러일으켰고, 이후 관련 조사와 재판이 시작됐다. 과장 광고가 있었는지, 이 과정에서 불법적인 후원이나 압력은 없었는지에 대해 조사가 이어지고 있고 재판도 진행 중이다. 옥시콘틴은 1995년에 신약으로 승인됐는데, 이 과정은 11개월이라는 이례적으로 짧은 기간에 이루어졌다. 이때 심사를 담당했던 심사관 커티스 라이트Curtis Wright는 2년 후 심사관을 그만두고 1년 만에 퍼듀파마로 자리를 옮겼다. 의심이 강하게 들지만 당시 규정으로는 이를 처벌할 수 없었다. 그래도 이런 이야기가 알려지며 사람들이 분노했고, 퍼듀파마는 2019년 9월에야 파산을 신청했다.

퍼듀파마가 파산한다고 해서 소유주인 새클러 가문이 망한 것은 아니다. 세계적인 경제지 《포브스》에 따르면 새클러 가문은 2020년 12월 기준 10조 원이 넘는 재산으로 미국 내 30위의 부호로 평가되고 있다. 마약을 팔았다고 해도 과언이 아닌 퍼듀파마 가문이 이런 부를 얻었다니 이 상황을 어떻게 바라봐야 할까.

새클러 가문은 쏟아지는 비난을 막기 위해 꾸준히 기부를 해왔지만 최근에는 많은 단체에서 기부받기를 거부하고 있다. 피해자들은 소송으로 맞서며 다양한 목소리를 내는 중이다. 대표적인 움직임으로 '처방중독 개입촉구 운동Prescription Addiction Intervention Now. P.A.I.N.'이 있다. 손목 통증으로 옥시콘틴을 처방받고 전형적인 중독 과정을 겪은 후 겨우 빠져나온 미국의 예술가 난 골딘Nan Goldin 등이 중심이 되어 2017년부터 결성한 이 단체는 퍼듀파마에 대한 비난의 목소리를 연일 높이고 있다.

다른 유명인사들도 목소리를 모으고 있다. 10년간 방영되며 전 세계적으로 인기를 모았던 시트콤 〈프렌즈〉의 여섯 주역 중 한 명인 매튜 페리Metthew Perry(챈들러 역)는 2022년 11월에 자서전을 내며 그동안 마약과 알코올중독으로 인해 삶이 망가졌다고 고백했다. 알코올에 빠져 살던 그가 마약을 처음 접한 것은 1997년. 영화 촬영 도중 부상을 당해 진통제인 비코딘Vicodin을 처방받았다. 비코딘은 옥시코돈과 유사한 구조와 용도를 가진 약물이다. 이후 비코딘에 중독된 그는 심지어 〈프렌즈〉를 한창 촬영하던 기간에도 약물중독으로 힘겨워했다고 털어놓았다. 그가 밝힌 바에 따르면 하루에 55알의

그림 12. 퍼듀파마 건물에 항의의 뜻으로 설치한 헤로인 조제용 숟가락 모양의 조형물

비코딘을 복용한 적도 있다고 한다. 본인도 살아날 확률이 2%였던 적이 있다고 회고했다. 약물 남용으로 인한 결장 파열과 그로 인한 2주일간의 혼수상태 등을 겪었던 49세 때의 일이었다. 지난 30년 동안 그는 약물과 알코올중독을 치료하기 위해 15번의 재활치료를 받았고 14번의 수술을 경험했다. 치료에 쏟아부은 비용만 100억 원을 훌쩍 넘는다. 다행히도 이제 그는 약물을 끊고 자신의 경험담을 전달하기 위해 대중 앞에 나서고 있다.

이 사태를 촉발한 퍼듀파마와 그 소유주인 새클러 가문은 지금 어떤 상태일까? 앞서 잠깐 언급했듯이 2010년을 전후해서 본격적인 책임론이 불거지기 시작했고 많은 소송이 이루어졌다. 징벌적 손해배상 제도가 있는 미국의 사법체계를 고려하면 중벌이 내려지지 않을까 생각한다. 새클러 가문은 5조 원가량의 기부금으로 진행 중인 모든 소송을 마무리하기 위해 중재안을 제시했다. 하지만 조정이 이루어지지 않아 현재 이 금액은 7조 원까지 올라갔다. 심사를 위한 청문회가 예정되어 있다. 정의가 승리한다는 것을 보여줬으면 하는 바람이다.

더 강한 진통제를 찾아서

옥시코돈은 여러 가지 변화를 이끌었다. 옥시코돈이 허술한 틈을 타고 뜻밖의 성공을 거두자 유사한 용도로 쓰인 하이드로모르폰hydromorphone, 옥시모르폰oxymorphone, 하이드로코돈hydrocodone과 같은 물질도 이 흐름에 동참했다. 하이드로코돈은 앞서 매튜 페리를 중독에 빠뜨렸던 마약 성분이다. 이 마약 성분에 일반 진통제인 아세트아미노펜을 섞은 약이 비코딘이다. 따라서 비코딘 중독에 빠지면 함께 들어가 있는 성분인 아세트아미노펜도 덩달아 남용하게 된다. 그러므로 아세트아미노펜 특유의 간독성 문제가 추가로 나타난다. 참고로 2010년 《포브스》 발표에 따르면 직전 해인 2009년 미국에서 가장 많이 처방된 약이 비코딘이다. 1억 2,800만 회. 옥시코돈이 날뛰니 다른 물질도 날뛰고 있었다.

이들 물질은 약간 다르기는 하지만 어쨌든 모르핀의 구조를 살짝 바꾼 오래된 약이라는 점에서 옥시코돈과 대동소이하다. 모두 아편에서 유래했고 약간의 화학적 변화를 거쳤다는 특징 때문에 미국 질병통제예방센터CDC를 비롯한 여러 기관에서는 이러한 의약품을 통틀어 '반합성 아편류 진통제semi-synthetic opioid analgesics'로 분류한다.

'반'합성이라는 말은 절반만 합성했다는 뜻이다. 구조를 보면 절반이라고 하기는 민망하고 대부분 모르핀의 골격을 차용했지만, 어쨌든 어느 정도 화학적 수식을 통해 구조를 바꾼 것은 맞다. 모르핀처럼 자연에서 추출해 그대로 쓰는 의약품과는 약간 차이가 있다.

처음부터 공장에서 화학적으로 생산하는 의약품은 어떻게 부를까? 양귀비가 모르핀을 만드는 정도의 효율에 비할 바는 아니지만 그래도 간단한 구조의 화합물 정도는 지금의 화학자들도 만들 수 있다. '합성 아편류 진통제synthetic opioid analgesics'라고 부르는 물질이다. 모르핀보다 효과가 좋을까? 양귀비가 수천 년 혹은 그 이상 동안 진화해서 만들어낸 물질이 모르핀이다. 인류가 고작 200년 남짓의 화학 기술로 모르핀보다 나은 물질을 만드는 것은 무척이나 어려워 보인다. 하지만 놀랍게도 사람들은 그 격차를 뛰어넘어 모르핀보다 효과가 우수한 물질을 생산해 내고 있다.

물론 이런 물질이 모두 의약품이 된 것은 아니다. 출발점인 모르

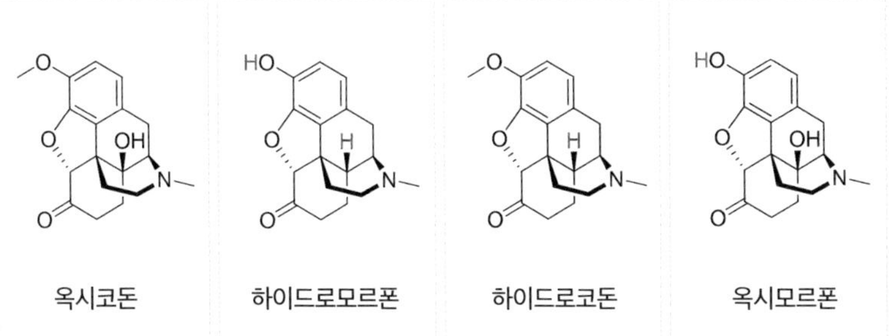

그림 13. 대표적인 반합성 아편류 진통제의 구조

핀 자체의 부작용이 너무 다양하고 이후 개발한 물질도 대부분 비슷한 부작용을 보이기 때문이다. 의약품이 되려면 부작용이 적어야 한다. 만병통치약은 없다. 약은 독이다. 효과가 다양하면 더 위험한 독이다. 그런데 모르핀은 우리 몸속 대부분의 장기에 영향력을 행사한다. 이 악마의 재능을 차별화하고 약으로 길들일 수 있을까?

모르핀은 앞서 언급했던 진통, 진정, 수면, 행복감, 호흡억제, 구역질 외에도 다양한 생리적 변화를 가져온다. 우선 동공을 축소시킨다. 이 부작용은 대부분의 같은 계열 약에서 나타난다. 그래서 헤로인이나 옥시코돈 등의 중독 여부를 보려고 간단하게 눈동자를 확인하곤 한다. 변비 역시 모르핀의 대표적인 부작용이다. 보통 모르핀을 맞으면 나중에 내성이 생기는데 변비와 같은 부작용은 내성도 잘 안 생긴다. 그래서 모르핀 중독자들은 변비를 달고 산다. 오래전 설사약이 변변찮던 시절 전쟁터의 군인들은 모르핀으로 통증도 없애고 설사도 줄였겠지만, 지금과는 좀 먼 과거의 남북전쟁 정도 되던 시절의 일이다. 기침을 줄이는 효과도 있다. 앞서 언급한 코데인은 아예 이런 용도로 만들어진 물질이다.

그런데 이렇게 효과가 다양하면 이것도 나름 문제다. 19세기처럼 약이 없던 시기에는 만병통치약으로 쓸 수 있다. 하지만 우리는 21세기를 살고 있다. 지금 우리는 차별화된 효과를 가지는 의약품을 어쨌든 조금은 가지고 있다. 그렇다 보니 모르핀의 영역을 조금씩 뺏어오고 있다. 가령 코데인이 주름잡던 기침약 시장에서는 어느덧 새로운 기침약이나 천식약이 개발되어 코데인을 대체하고 있다. 이 새로운 약들이 담당하는 기전은 자율신경계나 염증처럼 모르핀과는 상관없는 영역이다. 코데인같이 위험한 약을 굳이 쓸 이유가 없어졌다.

기침약에만 해당하는 이야기가 아니다. 설사약이나 수면제, 마취제 등에서도 모르핀의 입지가 갈수록 좁아지고 있다. 현대 과학이 그만큼 양귀비의 수준을 따라가고 있다는 말로 봐도 된다. 물론 갈 길이 여전히 멀지만 인류의 지성에 약간의 자부심을 가져도 된다. 의약품 연구는 끊임없이 발전하고 있다.

하지만 진통제는 다르다. 다양한 기전의 진통제가 나와 있긴 해도 모르핀만 한 진통제는 아직 없다. 타이레놀이나 아스피린도 효과 좋은 진통제이긴 하지만 수술 후 통증으로 괴로워하는 환자에게 이런 진통제만 줄 수는 없는 노릇이다. 소 잡을 땐 소 잡는 칼을 써야 한다.

그렇다 보니 여전히 모르핀에 의지하게 된다. 물론 모르핀은 방금 설명했듯이 부작용이 많다. 사람들이 부작용 없는 모르핀을 꿈꾸며 모르핀 유도체를 여전히 찾아 헤매고 있는 이유다. 옥시코돈도 그 연장선에서 만들어진 것이다. 그리고 실패했다. 가장 큰 이유는 이 약물의 중독성을 간과했기 때문이다. 약물 그 자체의 문제라기보다는 약물을 쓰는 방법의 문제라고 개인적으로 생각한다.

옥시코돈 이후에도 사람들은 더 좋은 모르핀 유도체를 꿈꾸며 진통제를 개발하려 하고 있다. 하지만 별반 달라지지 않았다. 진통 효과가 살짝 줄어도 중독성이 획기적으로 낮아진다면 개발을 고려해 볼 만하다. 하지만 중독성을 낮추는 것이 극도로 어렵다. 결국 사람들의 기대와는 다르게, 진통 효과가 뛰어나지만 동시에 부작용 역시 높은 물질이 계속해서 세상에 나오고 있다. 어느덧 우리는 치명적으로 효과가 강한 마약성 진통제에 둘러싸여 있다. 그 정점에 있는 것이 합성 아편류 진통제의 꽃, 펜타닐이다.

다른 마약들 메스암페타민, 전 세계가 사랑한 각성제

『올림픽의 몸값』이라는 소설이 있다. 2010년 일본에서 발간된 이 책은 1964년 도쿄올림픽을 배경으로 하고 있다. 우리나라에서 서울올림픽을 성공적으로 치르기 위해 국력을 모았던 것처럼 당시 일본에서도 도쿄올림픽의 무사 완수를 위해 총력을 기울이고 있었다. 경기장과 같은 직접적인 시설 외에 공항철도나 신칸센 등의 사회간접자본까지 구축하여 전 세계에 일본의 부활을 알리고 싶었던 것이다. 소설에 적힌 표현대로라면 '신칸센 공사가 늦어져 올림픽 개막일에 개통하지 못한다면 전 국민이 공사 완료를 위해 곡괭이를 들고 나갈 정도'의 열광적인 분위기 속에서 올림픽은 누구도 건드릴 수 없는 열도의 아이콘이 되어 있었다. 그리고 소중할수록 귀한 법이다.

소설 속 주인공 시마자키 구니오는 귀하기 짝이 없는 올림픽을 인질로 삼아 테러를 벌인다. 그가 제시한 올림픽의 몸값은 8,000만 엔. 당연히 경찰은 그를 잡기 위해 포위망을 좁혀오고, 그도 개막이 가까워질수록 극단적인 테러리스트가 되어간다. 시마자키의 마지막 계획은 개회식 당일 성화 점화 순간 다이너마이트로 성화대를 무너뜨리는 것. 일본을 넘어 전 세계에 충격을 전하기에 충분한 퍼포먼스를 그는 상상하고 또 준비했다.

시마자키가 처음부터 이토록 위험한 사람은 아니었다. 그는 도쿄대 대학원을 다니는 엘리트 학생이었다. 공산주의 혁명 등을 공부하긴 했지만 어디까지나 책으로 접했을 뿐이었다. 지극히 유순한 성격의 스물네 살 청년이 돌변하게 된 계기는 바로 형의 죽음. 열다섯 살 차이가 나던 그의 형은 올림픽 특수를 맞아 막노동을 하며 고향 집의 생계를 책임지고 있었다. 그런 형이 갑자기 심장마비로 사망한 것이다. 이 일을 계기로 그는 형이 겪었던 일을 자신도 해보겠다며 대학원을 쉬고 형이 일했던 바로 그 작업장으로 들어갔다. 그리고 올림픽 개막을 위해 밤낮없이 일해야 했던 형의 처지를 깨닫는다. 이뿐만 아니라 열악한 환경에서 하루 16시간을 일하기 위해 노동자들이 택했던 마법의 주사도 보게 된다. 바로 필로폰이었다. 피로를 잊게 하고 집중력도 높여주는데 심지어 기분도 좋았다. 하지만 이 물질이 위험하다는 것을 아는 데는 그리 긴 시간이 걸리지 않았다. 필로폰을 과다 복용하며 심장마비로 죽는 동료를 보았기 때문이다. 그리고 자신의 형도 그렇게 죽었다는 사실을 알게 된다. 이후 그는 작업장에 있던 다이너마이트를 훔쳐 테러리스트의 길로 들어서게 된다.

필로폰은 상품명이다. 성분명은 메스암페타민. 1893년 일본의 한 약화학자가 개발한 물질이다. 피로를 없애고 집중력을 높이는 효과를 확인한 후 1940년대 필로폰(히로뽕)이라는 이름으로 팔렸다. 필로폰이라는 이름의 근원에 대해서는 여러 설이 있다. 가장 유력한 것은 '필로포누스Philoponus' 다. '노동을 사랑한다'는 뜻의 고대 그

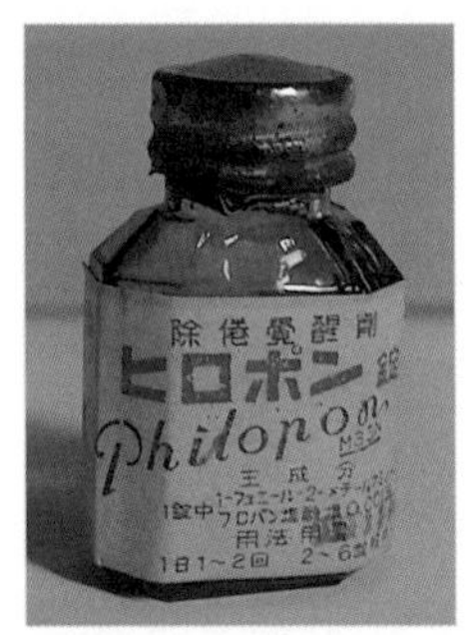

그림 14. 당시 시판되던 필로폰

리스어다. 이름에 걸맞게 많은 일본인은 필로폰을 복용하고 노동을 사랑했다. 다만 그들이 사랑한 노동은 좀 특별했다. 당시 일본은 전쟁으로 돈을 벌 수 있다는 것을 알고 있었다. 군국주의의 절정을 치닫는 일본군에게 필로폰은 용맹한 군인을 만드는 데 더없이 귀한 약이었고, 군수공장이 바쁘게 돌아갈 수 있도록 하는 최고의 피로회복제였다. 필로폰의 유행은 태평양전쟁까지 이어졌다. 그리고 그들은 졌다.

전쟁에 졌다고 해서 모든 물건이 갑자기 사라지진 않는다. 전쟁 막바지까지 열심히 생산되던 필로폰은 정작 일왕의 무조건 항복 선언과 함께 갈 곳을 잃었고, 이 정처 없는 각성제는 일본 전역에 퍼졌다. 전쟁 중 사용한 기술이나 물자가 종전 후에 민간에 풀리는 것은 일반적인 일이지만 필로폰의 경우는 좀 급하게 풀렸다. 그리고 일본의 필로폰 중독자들, 속칭 '뽕쟁이'들 또한 급격히 늘어갔다.

이후 1951년 일본에서는 관련법을 정비하고 필로폰의 제조와 사용을 금지했다. '현실 자각 타임'을 가지며 '뽕쟁이'들의 폐해를 냉정하게 바라보았기 때문이다. 그래도 필로폰 끊기가 어디 쉬운가? 필로폰을 잊지 못한 일본인들은 이 물질을 계속 찾았다. 결국 일본 정부에서는 1964년 도쿄올림픽을 앞두고 대대적인 단속을 실시했다. 필로폰 사범을 적극적으로 검거해 길거리에 누워 있는 필로폰 중독자를 줄이고자 한 것이다. 올림픽의 파급은 생각보다 크다. 전 세계의 기자가 몰려오고 도쿄의 거리가 실시간으로 중계된다. 길거리의 필로폰 중독자들 때문에 자국의 이미지를 망칠 수는 없다.

그래도 필로폰 끊기가 어디 쉬운가? 소설 속 시마자키의 형이나 시마자키 본인처럼 음지에서 필로폰을 즐기는 사람들은 여전히 필로폰을 찾았다. 누군가 여전히 필로폰을 만들고 공급했기 때문이다. 이후 눈치껏 죽어지내던 이 필로폰 사범들은 우리나라로 생산 공장을 옮겨 자국으로 필로폰을 밀수입하기 시작했다. 하지만 꼬리가 길면 잡히는 법. 해양 밀무역에 대한 단속이 강화되자 한국산 필로폰은 아예 한국에서 유통되기 시작했다. 부산을 무대로 한 영화 〈범죄와의 전쟁〉이나 〈마약왕〉은 이런 역사적 사실을 배경으로 하고 있다.

우리나라라고 마냥 손 놓고 있었던 것은 아니다. 우리나라에서는 1957년에 마약법을 제정하고 단속을 시작했다. 일본의 1951년과 비교하면 살짝 늦은 감도 없잖아 있지만 1953년까지 이어진 한국전쟁을 감안하면 나름 이해도 되는 대목이다. 이승만 정부에서 마약을 강력하게 단속한 것도 사실 북한을 의식해서다. 북한군이 언제 밀고 내려올지 모르는 상황에서 마약에 빠져 있을 수는 없었다. 이 당시 타깃이 됐던 마약은 주로 아편류 진정제였다. 각성제인 메스암페타민이 본격적으로 상륙하기 전 우리나라에서 자생적으로 만들었던 아편이나 관련 제품을 없애는 데 초점을 두었다. 일제강점기부터 만들어졌던 아편이나 모르핀도 여기에 포함된다.

메스암페타민이 우리나라에서 문제가 된 것은 1970년대부터다. 메스암페타민은 기존의 아편류와는 결이 달랐다. 일단 힘이 났다. 도파민의 농도가 올라가면서 나타나는 변화다. 그리고 집중하게 된다. 보통 각성 효과로 부르는데, 기분이 좋아질 뿐만 아니라 잠도 안 온다. 그래서 잠깐이긴 하지만 일의 효율성이 올라간다. 심지어 효율성이 지속된다. 하룻밤 지새는 정도는 우스울 정도로 책상 앞에 앉아서 일을 할 수 있다.

그런데 일을 하는 경우는 드물다. 일보다는 본인이 꽂혀 있는 다른 것을 집중해서 하곤 한다. 단순히 집중하는 것이 무슨 문제가 될까 싶지만 가끔 큰 문제를 일으키는 경우도 있다. 예를 들면 성관계다. 혼자서 밤새 할 수 없는 관계로 상대방에게 필로폰을 권하기 때문이다. 이렇게 필로폰이 '전염'된다. 주사기로 투여하기 때문에 간염이나 에이즈바이러스가 따라서 들어가는 경우도 많다.

성관계에만 국한되지 않는다. 집중력이 좋아지다 보니 잠도 안 자고 밥도 안 먹는다. 2박 3일 동안 아무것도 먹지 않고 필로폰에만 빠져 있다. 그런데 뇌야 말똥말똥하겠지만 몸은 그렇지 못하다. 시간이 지나서 허기를 느낀다. 이때 미뤄둔 식사를 한꺼번에 먹곤 한다.

폭식. 필로폰의 특징이다. 먹고 나서는 미뤄둔 잠을 잔다. 이 각성제의 또 다른 특징이다.

필로폰의 효과를 느낀 사람이 다음 날 바로 이 약을 찾는 경우는 많지 않다. 헤로인 중독자는 약을 중단하면 하루 만에 금단증상이 올라오곤 한다. 하지만 필로폰을 처음 투약했을 때는 며칠 투약하지 않아도 당장은 별다른 부작용이 없다. 투약자가 방심하는 순간이다. 분명히 마약은 한 번으로 중독된다고 들었는데 본인은 그렇지 않기 때문이다. 사실 마약이라고 해도 종류가 많고 특징도 모두 다른데 일반화해서 위험성을 강조하니 생기는 뜻밖의 허점이다. 어쨌든 필로폰을 호기심에 처음 경험한 사람은 정작 며칠간은 부작용이나 금단증상, 중독성을 느끼지 않는다. 자기는 마약을 의지대로 조절할 수 있다는 착각에 빠진다. 그리고 시간이 지나 다시 필로폰을 찾는다. 본인은 마음만 먹으면 언제든 필로폰을 끊을 수 있다고 착각하기 때문이다.

그런데 '첫뽕'만 한 '뽕'이 없다. 처음 느낀 강렬한 자극을 이후에 느낄 수 없는 것은 내성 때문이다. 우리 몸은 필로폰으로 인한 도파민 과잉을 비상 상황으로 여기며 자체적으로 도파민을 만드는 과정을 줄이거나 도파민 신호전달체계를 조금 누그러뜨린다. 그래서 필로폰의 자극이 갈수록 줄어드는 것이다. 이러한 적응체계는 비단 필로폰뿐만 아니라 대부분의 마약류에 비슷하게 작용하는 원리다. 보통 이 단계까지 오면 필로폰에 중독됐다고 본다. 물론 아직 본인은 인정하지 않겠지만.

이후 필로폰 투약자의 일상은 불쌍하기 짝이 없다. 일단 집중하지 못한다. 분명 필로폰 주사를 맞으면 집중력이 좋아지는데 효과가 24시간 지속되지는 않는다. 시간이 지나면 필로폰을 맞아도 내성으로 인해 집중력이 좋아지지 않는다. 순간순간에 집중하긴 하는데 그 시간이 오래 가진 못한다. 제대로 된 문장 하나를 말하기도 어려울 정도로 주변의 모든 것에 신경을 쓰며 산만해진다.

여기까지 오면 제대로 된 업무를 처리하지 못하는 것은 당연한 수순이다. 법적인 문제가 생기기도 전에 직장을 그만둘 수밖에 없다. 이때부터는 모아둔 돈으로 필로폰을 사게 되고 차츰 주변 사람들도 떠나게 된다. 남는 건 가족밖에 없지만 가족마저 떠나는 경우도 많다.

부작용도 심해진다. 온몸의 신경이 각성하다 보니 조금만 가려워도 참지 못하고 긁어댄다. 긁는 것도 과격해지기 때문에 피가 날 때까지 긁는다. 신경계 이상으로 입안도 바짝 말라버린다. 그 와중에 가만히 못 있고 이를 갈다 보니, 그것도 세게 갈다 보니 치아가 금방 상한다. 메스암페타민 중독자를 겉으로 알아보는 대표적인 증상이 피부와 치아 손상이다.

환각도 나타난다. 메스암페타민은 보통 환각제보다는 각성제로 분류하긴 하지만, 그렇다고 해서 환각 효과가 없는 것은 아니다. 투약 기간이 길어질수록 환각이 심해져서 환시나 환청으로 모두를 힘들게 한다. 물론 가장 힘든 사람은 본인이다. 몸에 벌레가 기어다닌다며 온몸을 헤집거나 긁어대기 일쑤다. 그것도 과격하게. 바로 메

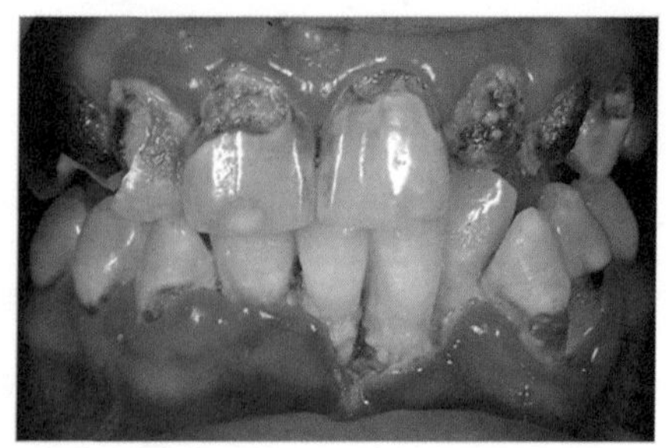

그림 15. 메스암페타민 중독자의 치아. 메스 마우스 Meth mouth**라고도 부른다.**

스버그Meth Bug 현상이다. 가려움증에 메스버그 현상이 더해져서 피부 손상은 더 악화된다.

더 심각한 건강상의 문제는 심장에서 발생한다. 메스암페타민의 구조는 심장을 조절하는 신경전달물질인 노르에피네프린norepinephrine과 비슷하다. 그렇다 보니 과량으로 흡수한 메스암페타민이 어느덧 심장에 무리를 주기 시작하는 것이다. 강하게 수축하는 경우도 있고 리듬을 잃어버리는 때도 있다. 원래 심장은 몸 밖에 내놔도, 심지어 뇌가 죽어도 독립적으로 운동하며 평생 30억 회를 작동하는 기관이다. 어떤 경우에도 흐름에 맞춰 박동하며 살아가기 위해 수많은 조절 장치가 있다. 신경전달물질도 여기에 속한다. 그런데 몸 밖에서 과량으로 흡수된 메스암페타민은 이런 자연 물질의 양을 가볍게 뛰어넘으며 심장을 망가뜨린다. 물론 마약중독자들은 개의치 않는다. 심장보다는 뇌로 들어가는 메스암페타민이 더 소중하기 때문이다. 결국 그러다 죽게 되겠지만 말이다.

메스암페타민에 중독된 사람의 뇌는 정상인과 다르다. 도파민을

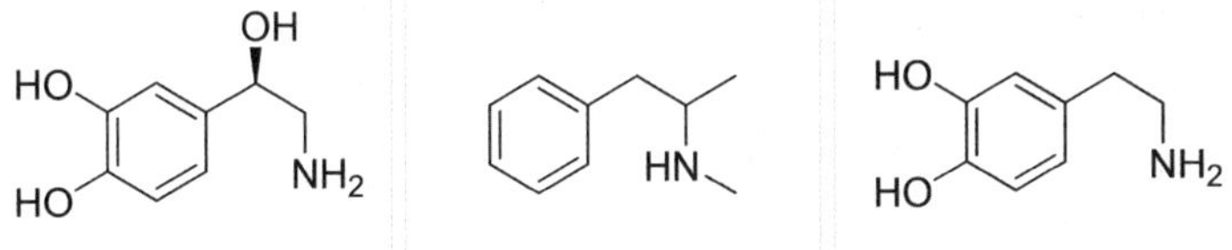

노르에피네프린 메스암페타민 도파민

그림 16. 주요 신경전달물질과 메스암페타민의 구조

받아들이는 뇌세포의 활성이 지나치게 떨어져 있다. 이 상태에서 중독자가 메스암페타민을 끊으려 한다면? 금단증상에 시달릴 수밖에 없다. 이미 중독자의 뇌는 과한 자극에 적응되어 있다. 그만큼의 양을 꾸준히 복용하지 않으면 견딜 수 없다. 그동안 뇌는 망가져 가고 정상적인 생활이 불가능한 수준까지 나빠진다.

메스암페타민 중독자의 뇌가 정상적으로 회복하려면 얼마나 시간이 걸릴까? 2001년 미국의 연구진은 메스암페타민 중독자의 뇌 스캔 사진을 발표했다. 도파민을 직접 시각화할 수는 없지만 도파민이 신호를 전달하는 정상 경로 정도는 적당한 방사성동위원소를 이용하여 시각화할 수 있다. 이를 이용해 간접적으로 메스암페타민 중독자의 뇌 상태를 판단할 수 있다. 이 방법으로 확인해 보면 오랫동안 메스암페타민을 복용하다가 중단한 지 1개월 된 사람의 뇌 속 도파민 경로는 정상인에 비해 상당히 위축되어 있음을 알 수 있다. 이 상태에서 도파민 농도를 올리는 메스암페타민 없이 살아가는 게 얼마나 힘들지도 짐작 가능하다. 이 사람의 뇌가 정상적인 상태로 돌

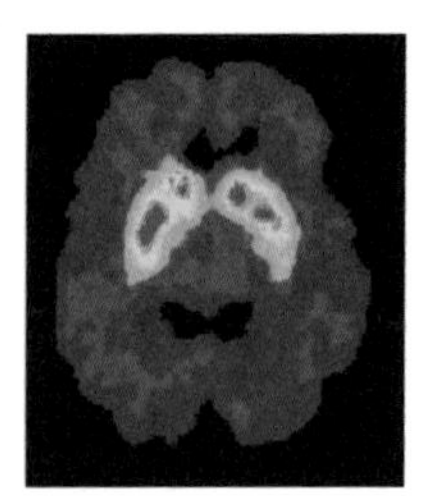

메스암페타민 비사용자

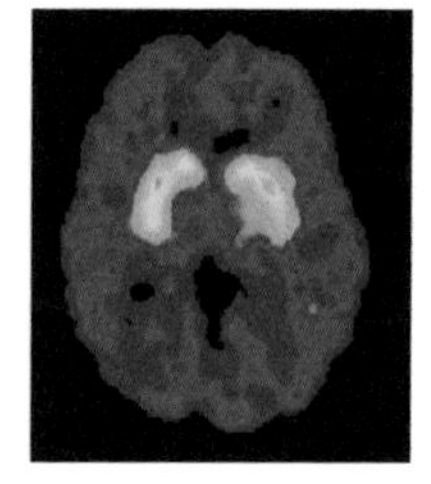

메스암페타민 중단 1개월

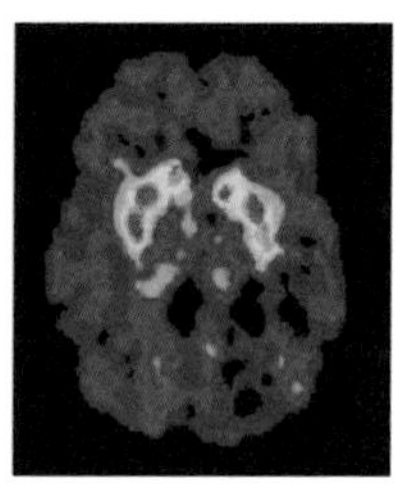

메스암페타민 중단 14개월

그림 17. 메스암페타민 중독자의 뇌 스캔 사진

아가는 데는 14개월 이상의 시간이 걸렸다. 아마 이 정도의 시간이 지나고 특별한 자극이 없다면 어느 정도 필로폰을 잊고 살아갈 수 있으리라 생각된다.

그런데 이것은 생리적인 답변일 뿐이다. 사람이 세포의 물질대사만으로 살아가지는 않는 법. 끊임없이 주변 사람과 교류하면서 살아가는 사회적 동물이 사람이다. 필로폰 중독자의 주변에는 필로폰을 권하는 사람이 많다. 교도소에서 알게 된 사람도 있고, 본인을 찾아오는 사람도 있다. 어떤 경우든 필로폰을 권한다. 이때가 한동안 약을 끊고 평화롭게 지내던 사람에게는 위험한 순간이다. 이 순간 별문제 없이 살아가던 사람이라면 이런 유혹을 독하게 이겨낼 수 있다. 하지만 경제적 어려움이나 가정불화와 같은 문제를 겪고 있던 사람이라면 이 작은 유혹을 쉽게 뿌리치지 못한다. 잔잔한 호수에 돌멩이 파장이 더 커지듯이 '오랫동안 참았으니 한 번만 맞아 볼까'라고 생각하는 순간 필로폰에 다시 빠지고 만다. 필로폰을 끊었다고 해서 일상에서 문제가 없는 것은 아니다. '약쟁이'라는 낙인을 가지고 살아가야 하기 때문이다. 우리나라 중독자뿐만 아니라 전 세계 중독자 모두가 겪고 있는 상황이다.

필로폰의 기억은 평생 간다. 10년간 약을 끊었다가도 불현듯 떠올라 중독으로 이끄는 물질이 필로폰이다. 그렇다 보니 잊을 만하면 다시 약을 하는 자신을 발견할 수 있는데, 이때쯤에는 본인도 약을 하지 않던 시절로 돌아가고 싶어 한다. 하지만 그러기엔 너무 멀리 왔다. 투약과 투약 중단(단약)을 반복하며 보낸 시간의 무게는 결코 가볍지 않다. 남은 인생 동안 중독자로서 살아가야 할 시간의 무게 역시 만만치 않다. 더 약에 의존하는 이유다.

메스암페타민 중독자는 우리나라 마약류 중독자 중 가장 큰 비중을 차지한다. 지리적으로 일본과 가깝고 역사적으로 오래전부터 쓰다 보니 자연스럽게 많아진 것이 아닐까 생각한다. 2023년에 발표된 「마약류 범죄백서」에 따르면 마약류 범죄 단속 건수는 1만 4,696건이고 마약류 사범은 1만 8,395명이다. 이 중 과반인 65.4%가 향정신성의약품 물질 사범이다. 여기에는 프로포폴 등의 수면제 사용자도 있지만 대부분은 메스암페타민 사용자다. 2023년 6월, 식약처에서 하수처리장을 분석하여 각종 마약류 사용 현황을 파악했을 때도 가장 높게 검출된 물질이 메스암페타민이었다.

메스암페타민은 왜 줄어들지 않을까. 사실 메스암페타민과의 전쟁에서 승리한 나라는 찾기 어렵다. 메스암페타민은 아직도 전 세계적으로 유행하는 '블록버스터'이자 '스테디셀러'다. 효과와 중독성도 강하거니와 만들기도 비교적 쉬운 편이다. 1893년에 이미 만들었던 약이다. 1993년도 아닌, 100년이나 더 전에 만들었던 약을 지금 못 만드는 게 더 이상하다.

실제로 2000년대 들어 감기약 성분을 추출해 메스암페타민을 만든 사건이 언론에 보도되며 사회문제로 불거진 적이 있다. 이후 단속이 심해지자 마약 제조업자는 다른 경로를 통해 메스암페타민을 생산하고 있다. 이 방법도 비교적 간단한 합성법이다 보니 전문 지식이 없는 사람들도 이 시장에 뛰어들어 뭔가를 만들어내곤 한다. 순도가 낮아서 더 위험한 것은 당연한 이치. 외딴 산속에 수상한 냄새와 연기가 나는 집이 있으면 눈여겨보길 바란다.

사람들이 마약에 빠져드는 것은 대부분 유혹과 호기심 때문이다. 유혹이라면, 힘들다 보니 마약에 의존하게 되는 것이다. 이 책의 후반부에 언급하겠지만, 이런 경우는 접근을 다르게 해야 한다. 하지만 호기심으로 메스암페타민을 복용하려는 사람은 스스로 좀 주의할 필요도 있다. 심지어 이 물질은 제2차 세계대전 당시 이웃 나라 일본의 군인들도 감당하지 못해서 금지한 물질이다. 굳이 80년 가까운 세월이 흐른 현대의 민간인이 굳이 돈과 시간을 들여 불법의 위험까지 무릅써 가며 약을 찾을 필요가 있을까? 모든 호기심을 다 풀어야 하는 것은 아니다. 궁금하다고 일일이 확인하기에는 세상이 너무 위험한 것으로 가득 차 있다.

대마약시대

The Age of the Fentanyl Crisis and Other Drugs

2

펜타닐과 21세기 아편전쟁

'파스'를 씹어 먹는 사람들

2008년 캐나다 연구진은 펜타닐로 사망한 사람들에 대한 사례를 보고했다. '펜타닐 패치의 경구 남용Oral abuse of fentanyl patches'이라는 문구로 시작하는 이 보고서는 짧은 제목에서부터 심상찮은 분위기를 풍긴다. 패치라면 파스처럼 피부에 붙이는 형태의 제제를 말한다. 일반적으로 접착 부위에만 효과를 발휘하는 파스와 달리, 패치는 저장된 약물이 피부를 투과해 우리 몸 전체에 약효를 보이도록 설계한 제제다. 어쨌든 패치도 피부에 붙이라고 만든 제형임은 틀림없다. 그런데 경구 남용이라고? 입으로 먹었다는 말인데 앞뒤가 맞지 않는다. 하지만 이런 일이 실제로 일어났다.

이웃에게 발견된 42세 사망자는 그 전부터 알코올과 약물 중독 전례가 있었다. 사망 직전에는 오른쪽 발가락을 동상으로 절단했다. 아팠을 것이다. 따라서 수면진정제와 펜타닐이 합법적으로 처방됐으며, 이 중

펜타닐은 일반적인 용량의 패치제였다. 이 패치를 피부에 한 장 붙이면 사흘간 통증에서 해방될 수 있다. 하지만 그는 오후 4시로 추정되는 시각에 침대에 웅크린 채 잠이 들었고 그날 밤 11시에 사망한 채로 발견됐다. 충격적인 것은 사후 검시. 사망자의 입안에서 펜타닐 패치 두 조각이 발견된 것이다. 즉 그는 피부에 붙이라고 준 펜타닐을 입에 넣고 빨았다. 그것으로 모자라 씹었다. 입에서 발견된 패치 조각이 이를 증명한다. 그리고 심지어 삼키려 했던 것으로 보인다. 구강 속 깊숙한 곳에서 패치 두 조각이 추가로 발견됐는데, 아마 물리적으로 식도로는 들어가지 못해 그곳에서 발견된 것으로 추정된다.

이 사망자가 억지로 복용한 펜타닐은 어느 정도의 양일까? 당시 그가 처방받은 펜타닐 패치에는 주성분인 펜타닐 8.4밀리그램이 함유되어 있었다. 이 양이 서서히 피부를 통해 흡수되어 낮은 농도로 사흘간 작용하게끔 설계한 진통제인데 굳이 억지로 한 번에 복용해서 사달이 난 것이다. 8.4밀리그램이 많은 양일까? 미국 마약단속국 자료에 의하면 펜타닐은 2밀리그램만 먹어도 죽을 수 있다. 그렇다면 2밀리그램은 어느 정도의 양일까? 어린아이 눈곱만 한 양이다. 연필심 위에 올라가는 양이기도 하다. 독극물의 대명사인 청산가리의 치사량은 복용자의 몸무게에 따라 다르긴 하지만 대략 200밀리그램 내외다. 단순히 질량만 따져도 100배가량 위험한 물질이 펜타닐이다. 이 위험한 물질을 한꺼번에 치사량의 네 배 이상 섭취하고 피해자는 그대로 사망했다.

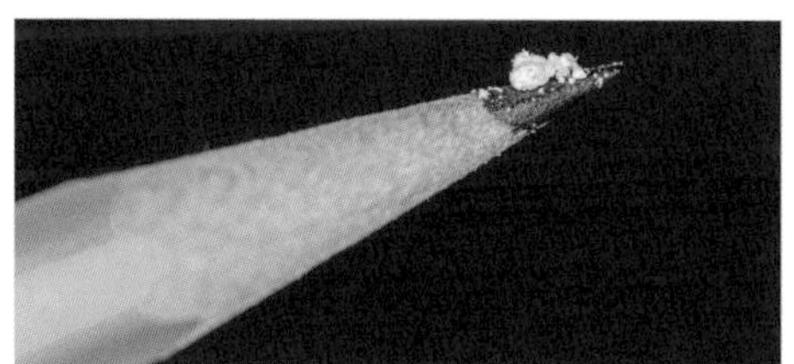

그림 18. 연필심 위에 올라가는 극미량의 펜타닐

이렇게 위험한 물질이라면 처음부터 안 쓰고 제도적으로 금지하면 되지 않을까? 강연을 하면서 주로 받는 질문 중 하나다. 그런데 하지 말란다고 안 할 리가 있겠는가. 오히려 규제가 심하면 이상한 쪽으로 구멍이 생기곤 한다. 엄마 몰래 길거리 불량식품을 찾는 아이처럼 펜타닐 판매를 금지하면 길거리에서 불법으로 조제된 펜타닐을 찾거나 다른 더 위험한 신종 불법 마약으로 갈아탈 가능성도 배제할 수 없다. 세상일 뜻대로 되는 게 별로 없는 법. 이미 1919년에 금주령을 내렸다가 14년 만에 백기를 들었던 미국의 역사가 이를 증명한다.

펜타닐이 마냥 나쁜 물질도 아니다. 약에 무슨 좋은 약, 나쁜 약이 있겠는가. 효과적으로 쓰는 약과 그렇지 않은 약이 있을 뿐이다. 제대로 쓰기만 하면 펜타닐보다 더 좋은 진통제를 찾기 어렵다. 모르핀의 100배 정도 되는 진통 효과를 내는 데다 패치 형태여서 사용하기도 편리하고 화학적으로 생산하기도 쉽다. 낮은 농도로 유지했을 때 수술로 인한 통증 환자나 임종을 앞둔 환자의 삶의 질이 극적으로 개선되는 것은 마법에 가깝다. 지금도 출산 시 무통 분만이나 제왕절개 수술에 사용하기도 한다. 이 약을 금지한다면 그 나름대로 또 큰 문제가 발생할 것이 자명하다. 양날의 검이다. 극도로 위험한, 그래서 제대로 알고 써야 하는 기적의 진통제가 바로 펜타닐이다.

아버지와 아들 그리고 펜타닐

콘스탄트 얀센Constant Janssen은 벨기에에서 활동하던 의사였다. 당시의 트렌드에 맞게 왕진 가방을 들고 환자를 찾아다니며 지역을 활보하던 그는 더 이상 환자 집을 찾아다니기 싫어졌는지 갑자기 직업을 바꿨다. 그가 새로이 택한 직업은 의약품 도매상. 사업 수완을 발휘해 지역 시장에 다른 업체의 제품을 납품하는 데 성공했고, 틈을 타서 비타민제나 자양강장제 등의 본인 제품을 끼워 파는 데에도 성공했다. 이후 지역에 5층 건물을 세우고 사업을 확장하는 등 여러 방면에서 능력을 보여주며 그는 성공한 사업가가 됐다. 그에게는 자랑할 만한 것이 하나 더 있었다. 뛰어난 그의 아들이다.

폴 얀센Paul Janssen도 아버지 콘스탄트 얀센을 자랑스러워 했지만 한편으로 아쉬움도 남았다. 비타민제도 좋긴 하지만 제대로 된 의약품을 판매한다면 훨씬 더 큰 수익을 올릴 수도, 지역사회에 도움이 될 수도 있었다. 그래도 개업의로 활동하다가 사업가가 된 50대의 아버지에게 신약 개발을 권할 수는 없는 노릇. 아들은 본인이 직접 약을 만들기로 결심했다. 대학원에서 화학을 전공하고 관련 일을 공부한 후 미국으로 가 6개월간 제약회사와 의료시장을 둘러본 것도 다 이런 이유 때문이었다. 얀센은 미국에서 쓸 여비를 그다지 준비해 가지 않았는데 모자라는 돈은 현지에서 벌면 된다는 생각에서였다. 방법은 체스. 그는 현지인들과 짬짬이 체스를 하며 체류비를 벌어 미국에 머물렀다. 얀센은 심지어 축구도 잘했다고 한다. 은근히 밥맛없는 캐릭터다.

이후 1953년에 얀센은 자신의 이름을 내건 벤처회사 얀센Janssen을 창업한다. 예나 지금이나 벤처회사가 살아남기 위해 필요한 것은 크게 두 가지다. 첫 번째는 돈. 초기 자본금은 아버지에게 받았다. 지금 돈으로 1,000만 원 정도의 현금을 받아 필요한 기자재와 시약을 구입했다. 부유한 집안치고는 소소한 지원이라고 생각할 수 있지만 아버지의 지원은 여기에 그치지 않았다. 직원 네 명을 구해주었다. 무엇보다도 자기 건물의 3층에 회사가 입주할 수 있도록 배려해 주었다. 벤처회사가 초반에 겪는 혹독한 자금난을 생각하면 아버지는 아들에게 좋은 우산이 되어주었다.

그렇다고 해서 아들 회사가 마냥 성공하는 것은 아니다. 지금도 회사 말아먹는 재벌 3세가 얼마나 많은가. 여기서 두 번째 요인이 중요하다. 바로 기술이다. 얀센에겐 전략이 있었다. 좋은 물질을 만들어서 거대 제약회사에 기술을 이전해 회사를 운영하고 조금 더 여유가 생기면 독자적으로 약을 개발해 판매하자는 전략이었다. 이러한 기술 기반 수익 모델은 지금의 벤처회사나 우리나라 제약업계의 트렌드와도 정확히 일치한다. 그렇다고 해도 빠른 시간 안에 좋은 물질을 만든다는 확신이 있어야 하는데 그는 자신감에 차 있었다. 도대체 이런 자신감이 어디서 오는 건지 나로서는 알 수 없으나 그는 이 어려운 일을 실제로 해내면서 빠르게 자리를 잡았다.

얀센이 첫해에 만든 화합물 중 일곱 개가 약으로 개발되어 시판됐다. 이 정도면 어느 정도일까? 지금까지 우리나라에서 만든 신약이 30여 개 정도다. 신약 개발 장벽이 지금보다 낮았던 1950년대라는 사실을 감안해도 얀센은 말도 안 될 정도의 빠른 속도로 약을 만든 것이다. 당시 다른 회사들과 비교해서도 그렇다. 기술이전으로 자금을 조달하겠다는 목표를 훌쩍 넘어 일찌감치 약을 시판하는 수준에 이른 것이다.

얀센이 이토록 빠르게 신약을 개발할 수 있었던 데는 여러 가지 요인이 있었다. 우선 시기가 좋았다. 만약 10년 뒤인 1963년이었다면 얀센은 이토록 빠르게 성공 신화를 쓸 수 없었을 것이다. 1962년 탈리도마이드로 인한 기형아 사태 이후 의약품의 안전성과 독성에 대한 규제가 강화됐기 때문이다. 10년 전인 1943년이었다면 제2차 세계대전으로 아무것도 하지 못하고 있었을 것이다. 앞서 폴 얀센의 아버지 콘스탄트 얀센이 지역 업체에 다른 업체의 제품을 납품하는 데 성공했다고 했는데, 이때 아버지 얀센에게 납품을 허락한 벨기에 지역 전체 의약품 총괄 게데온 리히터Gedeon Richter는 1944년 나치의 손에 죽었다. 결과적으로 얀센 일가가 자리를 잡는 계기가 됐지만, 어쨌든 그 당시는 제대로 일을 벌이기가 무척이나 어려운 때였다. 정치적인 이유를 차치하더라도 화학이나 의약학에서 큰 진보가 이뤄지기 전이었다. 1943년이라면 아직 DNA 이중나선 구조가 제시되기도 전이다.

그렇다고 해서 시대를 잘 탔다는 것만으로 모든 것을 설명할 수는 없다. 얀센의 접근법도 훌륭했다. 그가 택했던 구체적인 신약 개발 방식은 기존에 알려진 의약품 구조를 조금 더 개선하자는 것. 밑도 끝도 없이 화합물을 만들어 약으로 개발하기엔 시기상조였고, 약초에서 새로운 물질을 추출하는 방식은 성공률이 낮았다. 반면에 제2차 세계대전을 거치며 어설프게 개발되어 전시에 약으로 쓰이던 물질이 몇 가지 있었다. 이런 물질은 체계적인 개선을 통해 더 좋은 약으로 발전할 여지가 다분했다.

메페리딘Meperidine이 그런 물질이었다. 1937년 독일에서 자율신경조절제로 개발해 설사나 복통을 치료하는 용도로 시판했지만 정작 판매 이후에는 진통 효과로 유명세를 탄 약이었다. 물론 모르핀의 진통 효과에 비할 바는 아니었다. 그래도 모르핀의 수급이 원활하지 않던 제2차 세계대전(1939~1945년) 동안 순수하게 화학적으로 생산한 이 약은 그럭저럭 진통제로서 독일을 달래 주었다. 그리고 이 약이 얀센의 눈에 들어왔다.

1937년에 사람이 만든 물질이 복잡해 봐야 얼마나 복잡하겠는가. 모르핀처럼 자연이 만든 물질이 아니었다. 실험실에서 만든 물질이었다. 탄소 15개와 수소, 질소, 산소 등으로 이루어진 이 간단한 물질은 20여 년이 지난 1960년 얀센이 보기에 구조적으로 변형할 여지

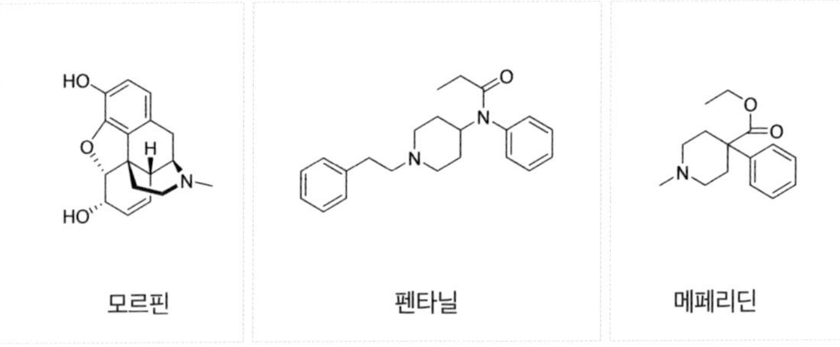

그림 19. 펜타닐의 구조. 단순히 모양만 봐도 모르핀과는 확연히 다르다. 반면 메페리딘과는 어느 정도 비슷함을 알 수 있다.

가 다분했다. 얀센은 이 물질이 가능하면 뇌로 잘 들어가도록 화합물을 개선했다. 이렇게 해서 만들어진 물질은 R4263. 코드네임의 알파벳 'R'은 앞서 잠깐 언급한 벨기에 의약품 판매업자 리히터Richter의 이름에서 따온 것이다. 1944년에 이미 살해당한 사람이지만 그 전부터 얀센 일가가 만든 비타민제나 의약품, 화합물에는 이런 코드네임이 이미 붙어 있었다. 아라비아 숫자는 만들어낸 화합물의 숫자를 뜻한다. 이후 2000년대 초반까지 이러한 코드명으로 14만 개가 넘는 화합물이 만들어지는데, 이 중 가장 유명한 물질이 바로 R4263이다. 이 물질의 후속 개발 단계에서 붙인 새로운 이름은 펜타닐. 지금 세상을 시끄럽게 하는 바로 그 펜타닐이 1960년에 태어났다.

궁극의 진통제

펜타닐이 모르핀의 100배 정도 진통 효과를 보일 정도로 뛰어난 물질인 것은 분명했지만 세상에 나온 직후부터 지금처럼 유명하진 않았다. 오히려 처음에는 너무 위험한 물질이 아니냐며 조심스럽게 접근했다. 미국에서 신약 승인을 받을 때도 심사위원회는 우려를 표했는데, 특히 강하게 반대했던 인물은 로버트 드립스Robert Dripps라는 마취 및 통증 분야 최고 전문가였다. 그가 반대했던 이유는 펜타닐은 효과 못지않게 중독성이 강하고 탐닉의 우려가 있다는 점이었다. 지금 세태를 정확하게 예언했던 이 판단은 그대로 심사위원회의 최종 결정에 반영되어 승인이 미뤄지고 있었다. 결국 폴 얀센이 드립스와 면담을 하고 중재안을 받아들이면서 1968년 미국 식약처에서 펜타닐을 승인하게 된다. 서로가 받아들인 중재안은 펜타닐을 다른 약물과 함께 섞어 남용의 우려를 없애자는 것. 드로페리돌Droperidol이라는 약물을 함께 섞으면 남용의 가능성이 줄어든다. 이 약물은 복용했을 때 기분이 안 좋아지도록 하기 때문이다. 즉 진통 효과는 살리되 행복감은 상쇄함으로써 약물 남용의 여지를 없애버렸다. 드로페리돌과 펜타닐의 비율은 50대 1, 드로페리돌이 50이다. 펜타닐이 얼마나 강력한 약물인지를 알 수 있는 대목이다. 상품명은 이노바Innovar. 전신마취제로 승인됐지만 그다지 널리 쓰인 제품은 아니었다.

이렇게 시장에 진입한 펜타닐이 널리 쓰이게 되는 계기가 있다.

계기는 세 가지. 첫 번째는 일단 시장에 들어왔다는 점이다. 어떤 형태로든 일단 들어오면 영역을 확장하게 된다. 좋은 약일수록 특히 더 그렇다. 낭중지추. 좋은 약은 누구나 알아본다. 두 번째는 펜타닐을 강력하게 반대했던 드립스가 1973년 62세의 나이로 죽은 점이다. 한 명이라도 기를 쓰고 반대하면, 특히 그 사람이 업계의 거물이라면 위원회에서 신약을 승인하기 쉽지 않다. 이런 측면에서 드립스의 퇴장은 펜타닐이 단독 제제로 승인받는 데 긍정적으로 작용했다.

세 번째가 가장 큰 계기였다. 1969년 하버드 의대 연구실이 모르핀을 심장수술 중 전신마취제로 사용한 결과를 발표한 것이다. 원래 대부분 흡입하는 형태로 사용하는 전신마취제는 수술 시간이 길어지면 호흡이나 심장 자체에 무리를 주곤 했다. 그런데 1,100여 명의 심장수술 사례에서 주사제로 사용한 모르핀은 환자를 잘 마취시켰다. 심장에 미치는 영향도 비교적 미미했다. 사람들은 번거로운 흡입 마취제 대신 간편한 주사용 마취제를 찾았다며 좋아했고, 이 수술법은 다른 병원으로 퍼져나갔다.

그런데 정작 다른 병원에서 이 방법을 적용하려니 어려운 점이 나타났다. 수술 중 각성이 나타나 마취과 의사를 곤란하게 하기도 했고, 수술 중 혈압이 급상승해 집도의를 당황케 하기도 한 것이다. 모르핀을 너무 고용량으로 넣어주는 것도 문제였다. 원래 한 연구진의 결과를 다른 연구진이 다른 환경에서 완벽하게 재현해 내기는 어려운 법이다. 결국 적은 양으로 확실한 효과를 내는 다른 마약성 진통제가 필요했다. 강력하기로 둘째가라면 서러운 펜타닐이 수술용 마취제로 등장하게 된 계기다. 이때는 마침 펜타닐의 특허 기간이 만료된 시점이기도 해서 저렴하고 강력한 마취제로 펜타닐이 시장에 안착했다. 다른 물질과 배합해서 겨우 승인받던 시절과는 위상이 많이 달라지게 된 것도 당연하다.

이후 펜타닐은 수술 후 통증이 심한 환자 등을 대상으로 영역을 확장해 갔다. 일반적인 의미의 진통제가 된 것이다. 제형도 주사제가 아니라 알약, 심지어 사탕 형태로도 만들어졌다. 사탕은 천천히 녹여 먹으며 일정량이 흡수되도록 설계한 제형인데, 나름 의사나 환자에게 좋은 의미로 다가왔다.

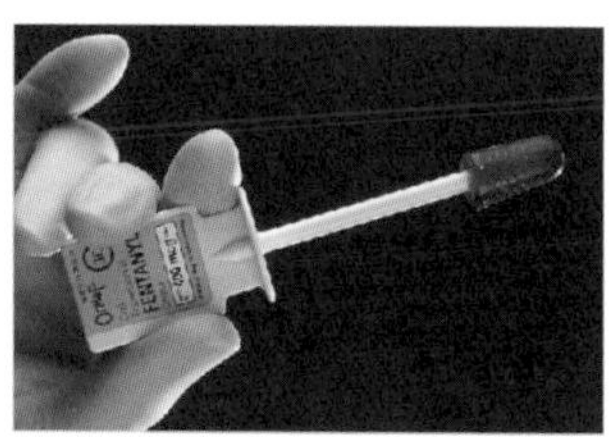

그림 20. 사탕 형태의 펜타닐

그래도 가장 대표적인 것은 패치제다. 상품명이 듀로제식(또는 듀라제식Duragesic)인 이 피부투과형 펜타닐은 간단한 사용법과 3일간 지속되는 효과로 인해 많은 사랑을 받았다. 2004년 듀로제식 매출액만 2조 원을 넘는다. 1조 원만 넘어도 블록버스터 의약품으로 대접하는 세상에서 그 두 배를 넘긴 것이다. 그것도 특허가 끝난 상태에서. 낭중지추, 바로 펜타닐을 두고 하는 말이다.

펜타닐이라고 단점이 없는 것은 아니었다. 모르핀 등의 아편 유래 진통제가 항상 그러하듯이 호흡근 마비가 나타났다. 펜타닐은 그 정도가 특히 심해서 일반적인 골격근의 경직도 초래했다. 중독의 우려도 여전했다. 진통 효과가 강력한 만큼 진정 효과나 행복감도 그만큼 컸고, 중독성에도 영향을 줄 여지가 다분했다. 그래도 의료전문가들 위주로 알려진 이 약을 남용하는 사람은 많지 않았다. 공급하는 사람이 많지 않아 약을 구하기도 어려웠다. 기껏해야 피부에 붙이는 패치 정도였다. 차라리 헤로인을 구하는 게 더 편했다. 그만큼 펜타닐로 인한 문제 또한 심하게 불거지지 않았다. 펜타닐 패치를 씹어 먹는 사람들이 나타나기 전까지는 말이다.

흑화된 펜타닐

사람들이 갑자기 펜타닐 패치를 씹어 먹기 시작한 것은 아니다. 코카인이나 메스암페타민, 헤로인처럼 전통적인 마약류 물질로 유지되던 시장에 변화를 일으킨 것은 앞서 언급한 옥시콘틴이었다. 길거리 마약상을 찾아다닐 필요 없이 병원에서 합법적으로 마약을 처방해 주었다. 얼마나 편한가. 심지어 보험 처리도 되는 이 약을 집으로 가져가 복용했다. 다행인지 불행인지, 병원은 묻지도 따지지도 않고 간단한 통증에도 약을 처방해 주었다. 모르핀보다 훨씬 더 중독성이 강한 이 마약을.

정부도 손 놓고 있지 않았다. 옥시콘틴으로 인한 중독자가 늘어나자 규제가 심해졌다. 예전처럼 옥시콘틴을 약국에서 편하게 구입하기는 힘든 상황이 도래한 것은 2010년 전후. 시장이 커지고 수요도 늘어났지만 갑자기 공급이 어려워진 것도 이때다. 옥시콘틴이 키워 놓은 시장을 잠시나마 접수한 것은 헤로인. 편하게 마약을 처방받던 중독자들이 마지못해 길거리를 뒤지고 다녔다. 하지만 도도한 역사의 물결을 과거로 되돌릴 수는 없는 법. 효능도 상대적으로 낮고 복용법도 주사 형태여서 불편한, 거기에 불법으로 구입해야만 하는 헤로인에 중독자들은 만족하지 못했다. 그러다 이들의 눈에 띈 게 바로 펜타닐이었다.

펜타닐은 여전히 합법적으로 처방되고 있었고 효과는 옥시콘틴보다도 강력했다. 사용법도 피부에 붙이는 형태로 간단했다. 마약중독자들은 숨겨진 보물을 찾았다며 펜타닐로 갈아탔다. 펜타닐도 어쨌든 태생부터 마약성 진통제여서 오남용 사례가 없었던 것은 아니다. UCLA의 한 연구진은 1983년에 두 달마다 한 건씩 나오던 펜타닐 중독 사례가 이듬해인 1984년에는 매주 한 건씩 나온다며 '급증했다increased dramatically'고 표현했다. 하루에 200명 넘게 죽어나가는 지금의 사태를 보면 뭐라고 할지 궁금하지만, 어쨌든 예전에도 펜타닐로 인한 중독자가 있긴 있었다. 그러나 전문가들에게나 친숙하고 일부 마약 사용자들이나 남용할 법한 이 괴물을 무대 위로 끌어올린 것은 2000년대 초반에 불어닥친, 옥시콘틴으로 대표되는 마약성 진통제 광풍이었다.

아래 그림은 미국에서 마약 과잉 복용으로 사망한 사람의 수를 인구 10만 명당으로 나타낸 것이다. 1999년 이후 꾸준히 늘어나던 옥시코돈 등의 처방 마약에 의한 사망자 수는 2010년을 전후해 제자리걸음을 하고 있다. 이때를 틈타 전통의 강자 헤로인이 올라왔다. 하지만 곧이어 신흥 강자 펜타닐 등의 합성 마약이 치고 올라오며 지금은 펜타닐의 세상이 된 것을 알 수 있다.

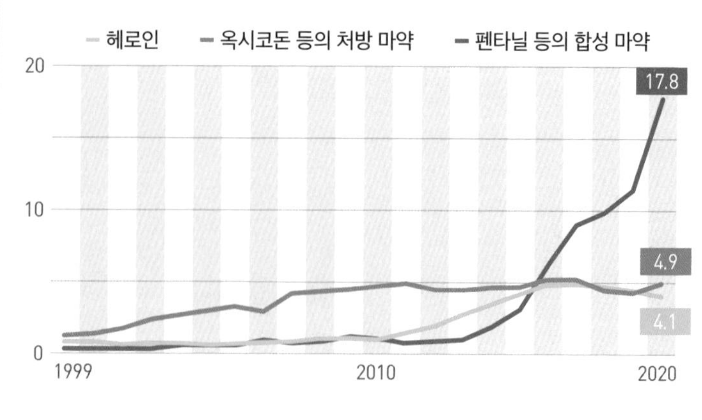

그림 21.　미국의 인구 10만 명당 마약 과잉 복용 사망자 수

펜타닐을 오남용 하는 방법도 다양해졌다. 중독자들은 열심히 펜타닐 패치를 붙였다. 그중에 죽는 사람도 생겨났지만 그런 것에 연연할 중독자들이 아니었다. 그런데 어느덧 패치도 마음에 들지 않게 됐다. 이미 내성이 생긴 중독자들의 몸은 더 많은 양을 더 신속하게 원했다. 보통 14시간 후에 효과가 나타나 사흘간 지속되는 패치형

제제가 이 수요를 만족시키기는 어려웠다. 그래서 사람들은 다양한 방법으로 펜타닐을 즐기기 시작했다.

가장 대표적인 방법은 펜타닐을 추출하는 것이었다. 어쨌든 눈앞의 패치 안에는 펜타닐이 들어 있다. 적당한 유기용매로 뽑아낸다면 펜타닐이 안 나오고 버티겠는가. 물론 그 와중에 다른 불순물이 함께 녹아 나올 것이다. 하지만 건강에 신경 썼다면 애초에 이런 시도조차 하지 않았을 중독자들이다. 이후 그들은 추출한 펜타닐을 주사기로 넣어주었다.

추출 대신 좌약 형태로 직장에 직접 넣어주는 사람도 있었다. 직장 또한 우리 몸에 약물이 들어갈 수 있는 주요 경로다. 다만 적절한 좌약 제형이 뒷받침되어야 하는데 그냥 마구잡이로 패치를 욱여넣어서 흡수시켰다. 그런데 그게 또 흡수돼서 중독자를 만족시켰다. 우리 몸은 참으로 대단하다.

유기용매와 주사기 또는 좌약이 별로 고상하지 않다고 생각했는지 다른 방법을 택한 중독자들도 있다. 바로 차로 우려내는 것이다. 보통은 뜨거운 물에 티백을 넣어서 녹차나 커피를 만들지만 이 사람들은 티백 대신 펜타닐 패치를 담갔다. 이후 중독자들은 고상하게 '펜타닐 차'를 즐겼다. 대부분의 마약은 입으로 먹어도 효과가 난다. 코나 입, 혈관 어떤 경로로든 효과를 보기 마련인데 그 와중에 패치를 우려서 음료로 마셨다니 발상이 기발하다.

패치제를 엉뚱한 방법으로 사용한 가장 대표적인 사례는 이 장의 초반에 언급한 씹어서 흡수하는 경우다. 이 장의 초반에 언급한 경우인데 이와 유사한 사례가 여러 차례 보고됐다. 대부분 입안에서 패치 조각이 발견됐다. 식도를 통과해서 위로 넘어가는 것은 당연히 어렵다. 그런데 이 어려운 일을 해낸 엽기적인 사례도 있다.

2008년 한 병원 의료진은 펜타닐 사망자의 특이한 사례를 보고했다. 이 남자는 이미 약물중독으로 병원을 여러 차례 드나들던 전력을 가지고 있었다. 하지만 이날은 조금 늦었다. 의료진이 출동했을 때 이미 이 사람은 죽어 있었다. 등에 여러 개의 펜타닐 패치가 붙어 있었는데 아마 이 패치로 인해 죽은 것으로 추정할 수 있다. 그래도 검시는 해야 하는 상황. 그리고 의료진은 놀라운 것을 발견하게 된다. 사망자의 위 속에서 펜타닐 패치 조각이 발견된 것이다. 입으로 씹어 먹다가 죽는 경우는 여러 차례 발견됐지만 식도를 넘어서 위까지 넘어간 사례는 처음이었다. 등에 붙인 펜타닐 패치와 배 속으로 삼킨 펜타닐 패치를 합치면 치사량을 넘은 것으로 추정할 수 있다.

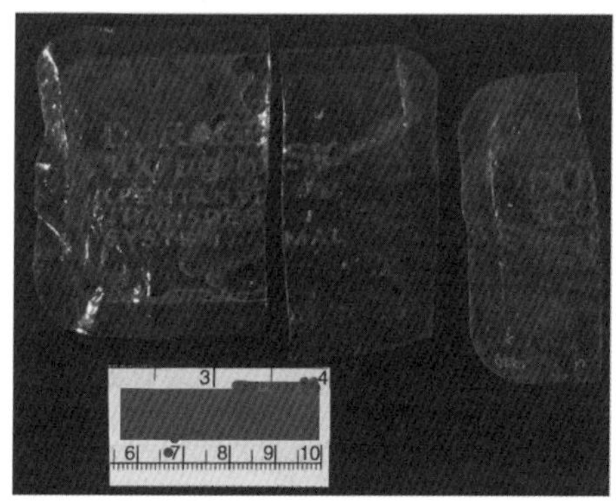

그림 22. 사망자의 위 속에서 발견된 펜타닐 패치 조각

이 사망자는 어떻게 펜타닐을 구한 것일까? 조사에 따르면 그의 형제brother가 처방받은 펜타닐을 훔쳐서 썼다. 원래부터 사망자와 이 형제는 펜타닐로 티격태격하던 사이였던 것 같다. 사망자가 자주 훔쳐가는 것을 못마땅하게 여긴 이 형제는 펜타닐을 몰래 숨겨놓기도 했다. 하지만 가족 간에 완전 범죄가 어디 쉬운가. 사망자는 펜타닐 패치 세 장을 훔쳤고 결국 죽었다.

그런데 살아남은 형제도 별반 차이가 없었다. 대략 1년 후 이 형제도 코카인과 펜타닐로 숨진 채 발견된 것이다. 부검 결과 위 속에서 펜타닐 조각이 나오지 않은 것을 보면 펜타닐을 먹는 행위가 위험하다는 사실은 1년 전 사건으로 충분히 배운 것 같다. 하지만 먹지 않아도 여전히 위험하다는 사실은 몰랐던 것 아닐까 싶다.

황당한 사례를 하나 더 소개한다. 31세 남자 한 명이 낚시를 하던 도중 어지러움을 호소했다. 구토를 하고 제대로 서 있지도 못하는 상황이 이어지자 동료들이 구조대에 연락했고, 10분도 채 되지 않아 구조대가 도착했다. 혈압도 높고 심박도 비정상적으로 높았다. 특히 호흡저하는 치명적인 수준이었다. 1분에 호흡 2회. 정상적인 생명 유지가 힘들 정도의 이 환자를 살리기 위해 구조대는 온갖 약물을 써가며 노력했지만 수포로 돌아갔다. 환자는 쓰러진 지 103분 만에 공식적으로 사망했다.

부검 결과 그의 혈액에서 다양한 약물이 검출됐다. 죽기 직전까지 의료진이 온갖 약물을 시도했으니 당연히 나올 수 있는 결과겠지만, 뜻밖에도 위험한 약물이 하나 더 검출됐다. 바로 펜타닐이었다. 일반적인 유효 농도보다 열 배 가까이 높았고, 죽을 수 있는 농도보다도 세 배 이상 높았다. 펜타닐 부작용으로 인해 죽은 것은 분명했다. 그런데 이 사람은 어디서 펜타닐을 얻은 것일까? 그는 죽기 전 두통으로 약을 먹고 치과 치료를 받긴 했지만 펜타닐을 처방받은 흔적은 없었다. 길거리에서 불법으로 펜타닐을 산 것일까? 하지만 사건이 일어난 시점은 1997년이다. 당시에도 불법 펜타닐 구매가 가능했지만 지금처럼 수월하게 구매할 수 있는 것은 아니었다. 조금 더 조사할 필요가 있었다.

망인과 펜타닐의 관계가 드러난 곳은 엉뚱하게도 망인의 직장이었다. 그는 지역의 장례식장에서 일하고 있었는데, 그가 죽던 날에도 평소처럼 요양원에서 죽은 할머니의 시신을 운구했다. 그런데 그 할머니의 시신에 펜타닐 패치가 부착되어 있었다. 하루 전에 부착된 이 펜타닐은 아마 할머니의 가는 길을 편안하게 만들어주었을 가능성이 크다. 하지만 당시 요양원에서는 시신에서 펜타닐과 같은 패치를 제거하도록 강제하지 않았고, 이 패치는 31세 남자에게 발견되어 그가 재활용하기에 이르렀다. 그가 시신에서 뺏은 패치는 두 종류로 고함량(75마이크로그램/시간)과 최대 함량(100마이크로그램/시간) 패치였다. 사흘간 서서히 방출되는 약물의 특징을 고려할 때 여전히 남아 있는 펜타닐의 양은 많았다. 이 최대 함량 패치의 펜타닐 총량만 16.8밀리그램. 하루가 지나도 치사량인 2밀리그램보다 훨씬 많은 양이 잔류해 있다. 여기에 고함량 패치까지 추가됐으니 살아남기 어려웠을 것이다.

이렇게 논문에서는 31세 환자의 사인을 다른 사망 환자가 쓰던 펜타닐 때문일 것으로 '추정the most likely'하고 있다. 이 사람이 통증을 없애려고 사용했는지 아니면 유흥을 목적으로 사용했는지에 대해서도 기록은 남아 있지 않다. 그래도 어이없이 사망한 이 사례는 묵직한 반향을 남긴다.

펜타닐 패치는 한번 붙이면 사흘간 약효가 지속되지만 사흘 뒤에도 효과가 완전히 사라지는 것은 아니다. 유효 농도 이하로 내려가기 때문에 다른 패치로 갈아줄 뿐이다. 즉 사흘이 지난 패치에도 유효 성분이 들어 있는데 그 양은 대략 50% 정도다. 누군가를 죽이기에 충분한 양이다.

미국 식약처에서 보고한 자료에 따르면 이 사건이 있고 나서 15년간, 버려진 펜타닐 패치 때문에 아이가 사고를 당한 경우가 열 명의 사망 케이스를 포함해 모두 26건이었다. 이 중 16건의 희생자는 2세 이하의 어린이였다. 이 나이대의 아이들은 쓰레기통에 버려진 패치라고 해도 장난감처럼 가지고 노는 경우가 많다. 그래서 미국에서는 다 쓴 펜타닐 패치도 접착면이 만나도록 접어서 버리도록 권고하고 있다. 우리나라에서도 이러한 권고사항은 마찬가지다. 작은 것까지 신경을 써야 할 정도로 위험한 물질이 펜타닐이다.

마약을 파는 자들

조금 큰 틀에서 보려 한다. 수요가 있는 곳에 공급이 따라가고 시장이 형성된다. 그 전까지 펜타닐을 찾던 사람들은 합법적으로 패치제를 처방받던 사람들이었다. 그런데 갈수록 펜타닐을 찾는 사람들이 늘어나자 펜타닐을 알약 형태로, 그것도 불법으로 공급하는 사람들이 나타나기 시작했다. 펜타닐 중독자 입장에서도 패치보다 알약이 먹기에 더 편했을 것이다. 중독자들도 건강에 신경 쓴다. 패치 먹으면 안 된다는 정도는 안다.

모르핀이나 헤로인은 아편에서 추출하거나 추가적인 한 단계의 화학 공정만으로 만들 수 있다. 아편은 전쟁 중이던 아프가니스탄의 무질서 속에 자라는 양귀비에서 뽑으면 됐다. 반면에 펜타닐은 여러 단계를 거쳐 순수하게 화학적으로 합성해야 하는 까닭에 아무래도 손이 많이 간다. 공급자 입장에서도 화학 기술이 있어야만 생산할 수 있다. 그만큼 어렵다. 하지만 찾는 사람들이 있다면 이야기가 달라진다. 여러 단계라고 했지만 일단 세팅을 마치면 넓은 벌판에 양귀비를 재배하고 아편을 제조하는 방식보다 오히려 더 효율적일 수 있다. 때로는 공장이 농장보다 낫다. 초기 투자 비용이 들긴 하지만 어차피 펜타닐로 벌어들일 돈에 비하면 충분히 감당할 수 있는 수준이었다. 그리고 좁은 땅에 공장 설비를 갖추는 게 넓은 농장을 유지하는 것보다 비용이 더 적게 들 수도 있었다. 때로는 공장이 농장보다 싸다. 결국 어디에선가 펜타닐을 불법적으로 생산하는 사람들이 나타났고, 이들은 펜타닐을 미국에 부지런히 공급했다.

여기서 말하는 '이들'이 누군가에 대해서는 의견이 엇갈린다. 중국에서 활동하는 불법 마약 생산업자 주목하는 사람들도 있고, 미국과 국경을 마주한 멕시코나 캐나다의 마약 조직을 의심하는 사람들도 있다. 어쨌든 특정 국가를 지목하기는 조심스러운 게 당연하다. 하지만 이런 것에 연연하지 않는 사람이 도널드 트럼프 전 미국 대통령이다. 그는 미국 내에 창궐하는 펜타닐의 주요 공급처로 중국을 지목하고 마약 단속을 요구했다. 어쩌면 미국과 중국의 힘겨루기가 한창이던 당시에 주도권을 잡기 위한 고도의 정치적인 행동일 수도 있겠다는 생각도 든다.

그런데 실제로 중국에서 펜타닐을 생산해서 미국으로 판매하던 조직이 검거됐다. 2019년의 일이다. 그럴듯한 웹사이트를 차려놓고 영어에 능통한 직원까지 뽑아서 펜타닐을 공급하던 조직은 중국 내 단속반에 걸려서 와해됐다. 중국에서 마약을 공급하는 자는 사형을 당할 수도 있다. 필로폰을 판매한 한국인 마약사범에게 2023년 8월에 사형을 집행하기도 했던 나라가 중국이다. 그럼에도 펜타닐 생산업자들은 개의치 않았다. 이들이 미국에 펜타닐을 보내는 방법은 주로 우편을 이용한 소량 전달. 펜타닐은 흰색 가루 형태의 물질이다. 미국으로 들어가는 모든 가루에는 안전성을 보장하는 서류가 포함되어야 한다. 일부 품목에 대해서는 직접 검사도 수행한다. 그러므로 대량의 흰 가루를 불법적으로 보내는 것은 불가능하다. 마약 조직이 펜타닐을 검출하기 힘들 정도의 소량만 우편으로 미국에 보내는 이유다. 어차피 미국 현지의 마약중독자들은 그 정도 양으로도 충분히 행복했으니까.

소량으로 보내는 물품은 단속이 안 될까? 두 눈 부릅뜨고 단속하자면 못할 것도 없겠지만 문제는 너무 소량이라는 점이다. 극미량으로 죽을 수도 있는 물질이라는 점은 앞서 언급했다. 그에 준하는 양이 들어오는데 일일이 확인하기는 힘들 것이다. 더군다나 우편으로 들어오는 제품의 양이 너무 많다. 2018년 1월, 〈CNN〉에서 보도한 자료에 따르면 그 전 1년간 해외 우편으로 들어온 물건 중 내용물에 관한 정보가 완전하게 기재되지 않은 경우가 3억 1,900만 건 정도 된다. 도저히 세관에서 걸러낼 수가 없는 환경이다.

중국에서 들어온 것만 철저히 검사하면 안 될까? 앞서 언급한 보도에 따르면 온라인으로 구매하는 제품 중에는 중국에서 제3국을 거쳐서 미국으로 들어오는 경우도 많다. 더군다나 중국에서만 펜타닐을 생산한다고 보기도 어렵다. 중국에서 검거된 사례가 있고 의심이 가긴 하지만 그렇다고 한쪽만 지킬 순 없다. 중국 외의 다른 나라도 펜타닐을 만들 정도의 기술은 충분히 가지고 있다. 우편 외에 여행자를 통해 들여보내는 등의 방법도 있다. 감당이 안 된다.

그런데 소소하게 펜타닐로 재미 보던 이 마약상들이 욕심을 내기 시작했다. 여행객을 통하거나 우편으로는 대량의 펜타닐을 보낼 수 없다. 어떤 방식으로든 대량으로 펜타닐을 공급하고 싶었다. 한 번의 대박으로 인생을 바꿀만한 그런 방식. 누구나 한 번쯤 떠올려 볼 법하다. 그래서 떠올린 것이 있다. 미국에 인접한 멕시코나 캐나다에서 직접 생산해서 국경을 넘는 방식이었다. 현지에서 생산과 판매를 하겠다는 방식인데, 성공만 한다면 훨씬 더 큰 수익을 얻을 것은 당연하다. 물론 더 많은 중독자와 사망자가 나오겠지만.

작정하고 국경을 넘겠다고 덤비면 막을 방법이 없다. 미국-멕시코 간 국경의 길이는 3,000킬로미터가 넘는다. 서울-부산 간 거리의 일곱 배에 해당하는 거리를 아무리 철통같이 지킨들 구멍은 있게 마련이다. 더구나 미국-캐나다 간 국경은 더 길다. 6,000킬로미터가 넘는데 그나마 캐나다-알래스카 간 경로는 뺀 거리다. 별로 주목하지 않던 이곳의 길이가 2,400킬로미터를 넘는다. 알래스카는 미국령이라서 한번 뚫리면 방법이 없다. 미국은 대륙이다.

2022년 12월 20일, 미국 마약단속국에서는 보도자료를 통해 당해 3억 7,900만 회의 투여량에 해당하는 펜타닐을 압수했다고 발표했다. 미국 인구가 3억 3,000만 명 정도 된다. 즉 갓난아이를 포함한 모든 미국인이 한 번씩 복용하고도 남을 양이 적발된 것이다. 같은 보도자료에 따르면 이 펜타닐의 생산지는 대부분 멕시코였으며, 현지

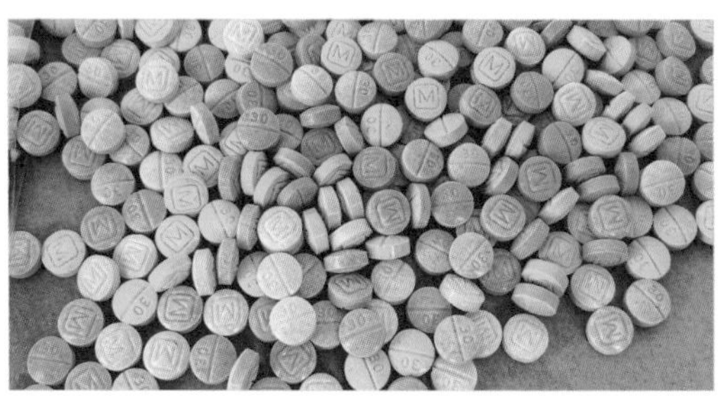

그림 23. 불법으로 제조한 펜타닐 알약

의 마약 조직이 중국산 원료를 이용해 대량으로 생산한 것으로 판단하고 있다. 총체적 난국이다.

펜타닐이 미국으로 직수입되면서 변화도 따랐다. 다양한 방식으로 펜타닐을 응용한 것이다. 예를 들어 펜타닐을 다른 약물과 함께 복용하는 경우가 늘었다. '차이나 화이트China white'라는 말은 과거 헤로인을 일컫는 속어였다. 불법으로 제조한 헤로인은 불순물과 함께 섞이면서 갈색을 띠는데 중국에서 만든 불법 헤로인은 그나마 불순물이 적어서 헤로인 고유의 색인 흰색을 띠는 것에 착안한 별명이었다. 그런데 어느 순간부터 헤로인과 펜타닐을 함께 쓰기 시작했다. 약물 하나로 모자라 두 개를 같이 쓰는 방식, 일종의 '쿠킹cooking'이 유행하면서 지역적인 '레시피'가 유행하기도 했고 개인이 알아서 자기에게 맞는 배합법을 찾기도 했다. 그러면서 '차이나 화이트'라는 말은 헤로인과 펜타닐이 섞인 마약을 뜻하다가 지금은 그냥 펜타닐 자체를 의미하게 됐다. 펜타닐 없는 헤로인을 찾아보기 어려웠기 때문이다.

그나마 펜타닐과 헤로인의 혼합물은 같은 계열, 즉 마약류 진정제를 섞은 형태다. 최근에는 각성제와 진정제를 함께 섞어 위험을 초래하는 경우가 많아 주의를 요하고 있다.

마약을 요리하다

에른스트 폰 프라이슐-막스코프Ernst von Fleischl-Marxow라는 학자가 있다. 1846년 오스트리아 빈에서 태어난 그는 의사가 되어 해부학과 생리학 연구에 크게 이바지했다. 그보다 열 살 어린 고향 후배 지그문트 프로이트Sigmund Freud에게도 많은 영향을 준 프라이슐-막스코프는 갓 태동하던 신경생리학 분야의 선구자로 지금도 인정받고 있다. 그러나 그의 이름을 역사에 더욱 깊이 아로새긴 것은 그가 빠져든 마약이다.

해부학자의 길을 갓 들어가던 때인 1871년, 그는 사체 해부 과정에서 실수로 그만 손을 다치고 만다. 누구나 실수는 할 수 있다. 다만 그 과정에서 엄지손가락이 정체불명의 병원체에 감염된 것이 문제였다. 당시 프라이슐-막스코프의 감염된 손가락을 치료하려면 항생제가 필요했다. 하지만 항생제가 개발된 것은 한 세기가 더 지난 20세기 중반의 일이다. 결국 당시 의료진이 택한 방법은 절단. 감염 부위를 잘라내 병변이 퍼지는 것을 막았다.

피아니스트만큼은 아닐지 모르지만 해부학자에게도 손가락이 없다는 것은 큰 문제다. 결국 그는 생리학 연구로 방향을 돌렸고 타고난 천재성으로 이 분야에서도 큰 성공을 거둔다. 사실 해부학과 생리학은 떼려야 뗄 수 없는 분야다. 그는 투수에서 타자로 전업해 성공한 야구선수처럼 학계에 존재감을 미치고 있었다.

정작 그를 괴롭힌 것은 손가락의 부재가 아니라 수술 부위의 합병증이었다. 신경종이라는 종양이 발생해서 끊임없이 통증 신호를 전달하고 있었던 것이다. 잊을 만하면 돌아오는 통증을 참다못해 그가 택한 것은 모르핀. 타이레놀도 아스피린도 없던 시절, 고를 수 있는 선택지가 사실상 전무했던 그로서는 위험한 선택을 해야만 했다. 그리고 그는 불행히도 모르핀에 중독됐다.

모르핀 중독으로 우울증과 자살충동까지 겪던 그에게 다가온 친구는 프로이드였다. 같은 고향, 같은 분야에서 함께 연구하며 교류하던 동료가 모르핀 중독으로 고생하는 것을 안타깝게 지켜본 프로이트는 프라이슐-막스코프를 치료하기 위해 비장의 약을 꺼내 들었다. 각성 효과가 강했기 때문에 당시 프로이트가 높이 평가하고 있던 약물 코카인이었다. 코카인은 각성 효과뿐만 아니라 국소마비 효과도 탁월하다. 지금도 코카인 구조에서 유래한 약물이 국소마취제로 쓰일 만큼 코카인은 여러모로 고통을 잊고 힘을 내는 데 최적화된 약이다. 그리고 프라이슐-막스코프는 모르핀 중독에서 해방됐다. 하지만 코카인에 영혼을 판 대가는 컸다. 어느덧 그는 코카인에 중독돼 버렸다.

코카인도 메스암페타민처럼 도파민의 양을 늘리고 활동 시간을 지속시킨다. 따라서 힘을 내고 집중력을 높이는 데는 좋은 약물이다. 하지만 중독성도 강하다. 이런 사실은 모두 후대에 와서 알게 된 것이다. 프로이트가 활약하던 시대에는 코카인의 위험성이나 중독성에 대해 알려진 것이 거의 없었다. 그래서 한때 코카콜라에 들어가기도 했던 물질이 코카인이다. 물론 코카인의 쓴맛을 가리기 위해 과량의 설탕도 넣어야 했다. 식물에서 나오는 물질은 보통 쓰다.

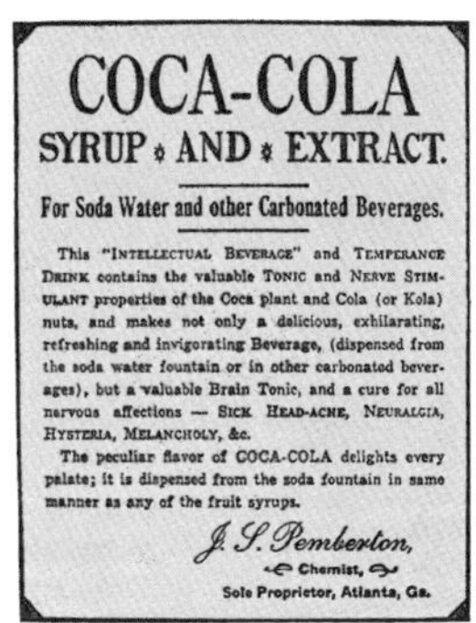

그림 24. 19세기 후반 코카콜라 광고

프로이트는 특히 코카인을 높이 평가했던 것으로 유명하다. 이런 코카인 사랑은 프로이트의 경력에 오점으로 남아 있다. 시간이 지나 지금에서야 할 수 있는 평가일 뿐 당시로서는 판단하기 어려웠음을 감안할 필요가 있다.

어쨌든 프라이슐-막스코프는 모르핀 대신 코카인 중독에 빠졌다. 모르핀 중독에서는 해방됐으나 마약중독에서 벗어난 것은 아니었던 셈이다. 심지어 오래지 않아 모르핀 중독마저도 재발해서 코카인과 함께 모르핀도 주사하는 지경에 이르렀다. 번갈아서 쓰는 것이 아니라 둘을 함께 사용하는 방식이었는데 지금 생각해도 위험하기 짝이 없다. 결국 이 위험한 줄타기를 계속하며 연명하던 그는 6년간의 중독 생활 끝에 죽었다. 1891년, 그의 나이 45세 되던 해였다. 촉망받던 신경생리학자의 허무하기 짝이 없는 죽음이었다.

내가 아는 한 그는 최초의 '스피드볼speedball' 중독자다. 스피드볼이란 마약류 진정제와 마약류 각성제를 함께 투여하면서 효과를 극대화하는 것이다. 사실 효과가 극대화되는지는 잘 모른다. 하지만 마약류 중독자들은 각각의 물질이 지니는 부작용은 상쇄하면서 행복감이 극대화된다고 믿고, 그렇게 스피드볼을 사용하고 있다. 프라이슐-막스코프가 이런 깊은 뜻을 가지고 모르핀과 코카인을 함께 사용했을 리는 없겠지만, 어쨌든 누구보다도 먼저 스피드볼을 사용했다는 점에는 변함이 없다. 그런데 한 가지 질문을 던져보자. 반대되는 계열의 약을 섞으면 정말 서로 부작용을 상쇄하는 걸까?

프라이슐-막스코프가 6년 후에 죽었다는 점을 염두에 두지 않더라도, 두 약물의 위험성이 여전히 남아 있으리라는 것은 쉽게 짐작할 수 있다. 예를 들어 모르핀은 호흡중추에 작용해 호흡기를 마비시킨다. 중독자들도 경험적으로 이를 알고 양을 조절하거나 해독제를 구비한 채로 쓰는 경향이 있다. 그런데 코카인이 들어간다고 호흡중추가 살아나는가 하면 그렇지 않다. 코카인은 작용점이 모르핀과 달라서 막혀버린 호흡기가 살아나는 데 그다지 도움을 주지 못한다. 그런데 중독자가 이걸 모르고 모르핀 투여량을 늘려버리면 어떻게 될까? 본인은 코카인 덕분에 모르핀의 부작용이 상쇄될 것으로 생각하겠지만 착각이다. 늘어난 모르핀의 양 때문에 부작용이 더 심해진다. 원래 양대로 모르핀을 썼더라면 살아 있을 중독자가 어느덧 죽게 된다. 스피드볼의 위험함이다.

헤로인이 마약류 진정제의 대세가 된 이후 스피드볼은 헤로인에 코카인을 쓰거나 메스암페타민을 쓰는 방식으로 조제됐다. 그런데 펜타닐이 헤로인을 대체한 이후 어느덧 펜타닐이 스피드볼에도 쓰이고 있다. 마약의 역사가 깊고 이로 인한 사회문제가 대두된 사례도 많지만, 2000년대 이후 미국 대륙을 초토화한 마약 사태는 크게 세 단계로 분류되곤 한다. 첫 번째 단계는 옥시코돈과 같은 처방 마약의 남용이다. 두 번째는 2010년부터 일시적으로 늘어난 헤로인 폭증 사태. 세 번째 단계는 그 후 역주행하여 지금까지 이어지고 있는 펜타닐 사태다. 그런데 전문가들 중에는 네 번째 단계를 따로 규정하기도 한다. 바로 혼합 마약이다. 펜타닐에 마약류 각성제, 즉 코카인이나 메스암페타민과 같은 물질을 혼합해 사용하는 형태를 말한다. 악당과 악당을 섞는데 착해질 거라 믿는 건 도대체 무슨 심리일까. 영화에선 악당이 힘을 합쳐 좋은 일도 하고 사람들도 구한다. 하지만 영화는 영화일 뿐이다. 사람도 그렇지만, 약물 잘 안 변한다.

펜타닐을 넘어서는 마약

상황을 더 암울하게 만드는 요인에는 펜타닐 유도체도 있다. 앞서 언급한 것처럼 제약회사 얀센이 펜타닐을 개발한 때는 1960년이다. 그 후로 얀센이 아무것도 안 했을 리는 없다. 얀센은 수장인 폴 얀센의 주도 아래 얄미울 정도로 많은 의약품을 만들었다. 이 중에는 펜타닐보다 강력한 마약성 진통제도 있다. 참고로 당시에는 펜타닐로 인한 사회적 문제가 없었고 그보다는 더 좋은 진통제를 만들려는 시도가 전 세계적으로 이루어졌을 뿐임을 염두에 두기 바란다. 과학자에게도 사회적 책임은 중요하지만 60년 후의 변화까지 고려할 것을 기대할 수는 없다. 2003년에 죽은 사람에게 본인 사망 후 20년 뒤에 벌어진 상황까지 책임지라고 강요할 수는 없는 노릇이다. 폴 얀센은 그저 연구를 잘했을 뿐이다.

그림 25. 폴 얀센. 칠판 위에 펜타닐 관련 구조가 살짝 보인다.

펜타닐보다 강력한 마약성 진통제로 대표적인 물질이 카펜타닐carfentanil이다. 효능은 펜타닐의 100배. 펜타닐이 모르핀보다 100배 정도 효과가 강하니 카펜타닐의 효과는 모르핀보다 만 배 정도 높다는 계산이 나온다. 이 정도 효과가 있는 물질을 굳이 복용해야 할까 싶지만 펜타닐에 내성을 보이는 중독자들은 더 강력한 물질을 찾는다. 그만큼 더 위험해지는 것을 알면서도 말이다.

심지어 카펜타닐은 전쟁 무기로도 사용된 적이 있다. 2002년 체첸 반군의 테러를 진압하는 과정에서 러시아 진압부대가 살포한 가스에서 카펜타닐이 검출됐다. 반군 무장해제 용도로 사용한 수면가스였지만 정작 이 가스로 인해 인질만 100명 넘게 사망한 것은 참혹하기 짝이 없는 결과다. 카펜타닐의 무서움을 보여주는 단면이기도 하다. 카펜타닐이 끝이 아니다. 레미펜타닐Remifentanil이란 약물도 검출됐다. 이 물질은 빠르게 작용하는 마취제다.

전쟁 무기까지는 아니더라도 위험한 물질이 있다. 가령 서펜타닐sufentanil처럼 동물 의약품으로 쓰는 경우도 있다. 그런데 이런 물질은 어쨌든 정식으로 승인받은 물질이다. 펜타닐에 의존해 살아가는 중독자들 중에는 이런 정식 의약품이 아니라 개발을 중단한 펜타닐 유도체를 찾는 경우도 있다. 이 중에는 독성이 너무 심해서 쓸 수 없는 물질도 당연히 여럿 포함되어 있다.

불법 펜타닐 유도체가 시장에 공급되자 이로 인한 중독과 사망 문제도 당연히 따라왔다. 단속도 힘들다. 펜타닐과 비교했을 때 분자량도 다르고 성질도 다르다. 관련된 마약류인 것은 분명하지만 그래도 무엇인지를 정확하게 알아야 규제도, 수사도, 단속도, 기소도, 처벌도 가능하다. 발등에 불이 떨어진 곳은 규제 기관이다. 미국의 마약단속국DEA이나 식약처FDA 같은 곳에서 압수한 물질을 분리, 분석해서 구조를 파악하기에는 너무 느리다. 그래서 유통 가능한 물질을 사전에 추려서 화합물을 합성하고 샘플을 확보해 둔다. 자체적으로 합성하는 경우도 있지만 관련 유도체를 시약 회사에서 구매하는 경우가 많다. 현재 이런 목적으로 구매할 수 있는 펜타닐 유도체 샘

플은 210개. 대표적인 회사 하나의 카탈로그만 검색했을 때 이 정도다. 펜타닐이 더 악랄하게 변하는 것을 막기 위해 생각보다 치열하게 준비하고 있음을 알 수 있다. 그만큼 펜타닐을 무서워한다는 방증이기도 하다.

그림 26. 펜타닐 유도체 샘플

전문가들은 펜타닐 유도체가 득세하는 지금의 상황을 신화 속 괴물 히드라Hydra에 비유한다. 머리가 여러 개인 이 뱀은 하나를 자르면 두 개가 나타나 상대하러 나선 헤라클레스를 당황하게 만들었다. 결국 헤라클레스는 히드라의 몸을 불로 지져서 재생을 막고 머리를 하나씩 자르는 방식으로 히드라를 제압할 수 있었다. 펜타닐 유도체를 막기 위해서도 방법은 비슷할 것이다. 근본적으로 펜타닐 유도체를 만들고 유통하는 조직을 처단해야 지긋지긋한 이 상황을 벗어날 수 있을 것이다.

지금 미국 대륙은?

지금 미국은 도대체 어떤 상황일까? 미국 국립보건원National Institutes of Health, NIH에서 질병통제예방센터CDC 자료를 분석해 발표한 결과에 따르면 2021년에 7만 601명이 합성 마약 남용으로 인해 죽었다. 합성 마약에도 여러 가지가 있지만 대표적인 물질이 펜타닐이다. 국립보건원NIH 자료에도 '주로 펜타닐primarily fentanyl'이라고 명시되어 있다. 한 해에 7만 명이 죽는다면 생각보다 심각하다. 제1차 세계대전 당시 전투 중 사망한 미군의 수가 대략 5만 3,000명이다. 미국은 지금 제1차 세계대전보다 더 힘든 전쟁을 치르고 있는 셈이다. 펜타닐에 비할 바는 아니지만 다른 마약으로 인한 사망자도 상당해서 전체 사망자를 다 합하면 10만 명에 이를 정도다. 제2차 세계대전 당시 전투에서 사망한 미군의 수는 대략 29만 명. 어느덧 미국은 제2차 세계대전급의 전쟁으로 나아가고 있다. 국가안보와 직접 관련된 이 사태에 정부가 나서는 게 당연하지만 정작 당분간 별로 나아지지 않을 것 같다는 게 더 암울하다.

전쟁 중 군인만 죽는 것은 아니듯이 마약중독으로 인해 억울한 희생자도 나타나고 있다. 2023년 3월, 미국에서는 에어비앤비 숙소에서 사망한 19개월 영아의 사례가 보도됐다. 부검 결과 사인은 급성 펜타닐 중독. 이불 등에 남아 있던 미량의 펜타닐에 노출되어 사망한 것으로 보고 있다. 다른 조사 자료에 따르면 2021년에 영유아

40명, 1~4세 어린이 93명이 펜타닐로 인해 사망했다. 지난 20년으로 범위를 넓히면 어린이와 청소년 사망자 수는 5,000명 이상에 달한다. 어른들이 미안할 따름이다.

이러한 추세는 논문으로도 잘 나타난다. 학술 데이터베이스에서 '펜타닐 사망fentanyl death'을 키워드로 입력하여 검색하면 2004년 전후 점진적으로 늘어나던 논문 수가 2016년 이후 폭증하는 것을 알 수 있다. 한 자릿수를 기록하던 논문 수가 갑자기 폭증한 것은 펜타닐 남용이 심각해지고 있음을 증명한다. 참고로 '불법 펜타닐illicit fentanyl'로 검색했을 때도 2016년 이후 급증하는 양상을 볼 수 있다. 그 전까지 합법적으로 패치를 처방받아 남용하던 사람들이 불법 펜타닐을 찾았기 때문이다. 사람들의 변화에 맞춰 연구자들의 관심도 바뀌고 있다.

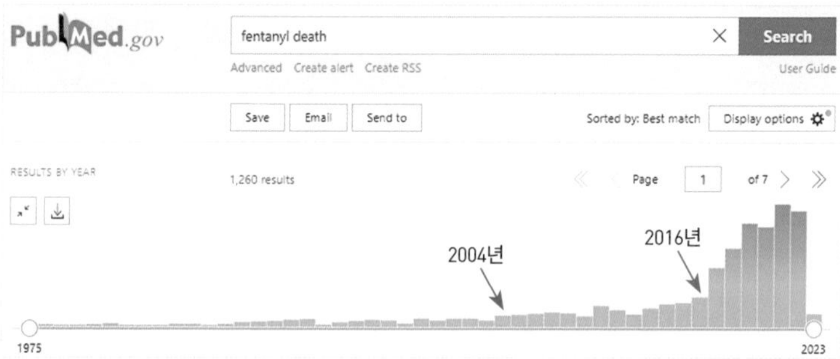

그림 27. 학술 데이터베이스에서 '펜타닐 사망fentanyl death'을 검색한 결과

펜타닐이 국내에 비교적 많이 알려지게 된 계기는 한 방송사의 취

재 영상이었다. 2022년 3월 방송에서 필라델피아의 켄싱턴 거리를 소개하며 '좀비 랜드'라고 소개했는데, 기괴한 자세로 서 있거나 비틀거리며 걸어가는 중독자의 모습은 많은 시청자들에게 충격을 안겨주었다. 그런데 지금은 켄싱턴 거리처럼 생소한 곳이 아니라 샌프란시스코나 뉴욕과 같은 대도시에서도 펜타닐과 관련한 문제가 이어지고 있다. 총기 사건 말고도 미국의 밤거리를 돌아다니지 않아야 할 이유가 하나 더 늘었다.

잠잠하던 펜타닐이 갑자기 미국 사회의 중심에 서게 된 데에는 역시 옥시코돈으로 인한 마약성 진통제의 과잉 공급이 주된 역할을 했다. 시장이 커지니 수요가 생기고 그 틈을 타서 펜타닐이 득세하기 시작했다. 많은 마약성 진통제 중에 왜 하필 펜타닐인지에 대해서는 의견이 엇갈린다. 펜타닐 만들기가 쉬워서가 아닐까 생각하는 견해가 많은데 확실하지는 않다. 이 지경이 되도록 펜타닐을 미국에 퍼뜨린 자가 누구인지를 알아야 잡고 물어볼 텐데 누구인지 모르기 때문이다. 물론 미국은 중국을 겨냥하며 왜 아편전쟁의 복수를 자신들에게 하냐고 비난하고 있다. 하지만 책임 소재를 명확하게 가리는 것은 언제나 어려운 법이다.

지금 미국에서는 어떻게 펜타닐에 대응하고 있을까? 과잉 공급이 먼저이므로 일단 강력한 단속이 우선이다. 펜타닐을 제조하는 멕시코 마약 조직을 와해하거나, 멕시코에 원료 물질을 수출하는 중국 마약 조직을 단속하는 것이다. 그러나 자국 조직이 아닌 까닭에 한계가 있다. 중국이 강하게 부인하는 상황에서 단속도 제대로 이루어질 리 없다. 미국 마약단속국은 대부분 자국 내 유통망을 차단하는 데 그치고 있다. 이 양도 무시할 수 없는 수준이라 전 미국인을 모두 죽일 수 있는 양을 압수하고 있지만 갈 길이 멀다. 국외에서 들어오는 펜타닐뿐만 아니라 자국 내에서 생산되는 펜타닐도 단속해야 하므로 일이 생각보다 복잡하다.

누가 펜타닐을 공급했든지 간에 그 발단은 어쨌든 미국 자체에 있다. 미국 회사가 미국 국민에게 마약을 팔았고 그렇게 미국에 마약이 넘쳐나게 됐다. 수요와 공급은 대부분 연계해서 움직이기 때문에 닭과 달걀의 관계처럼 명확하게 결론짓기 어려운 경우가 많다. 작금의 펜타닐 사태는 어쨌든 공급이 먼저 방아쇠를 당겼다. 중국이 자신들에게 화살을 돌리지 말라고 항변하는 배경이다.

미국이 스스로 만든 수렁에서 헤어나지 못하던 2015년, 미국의 기대수명이 줄어들었다. 공중보건이나 영양, 의약품이 개선되고 대규모 전쟁이 줄어든 현대사회에서 기대수명은 보통 늘어나기 마련이다. 미국도 2013년 78.74세, 2014년 78.84세로 조금씩 늘어나던 중이었다. 하지만 2015년 78.69세를 시작으로 2016년 78.54세로 조금씩 줄었다. 2017년에도 78.54세로 제자리걸음이었다. 일반적인 흐름을 역행하기 시작한 이 배경에 바로 펜타닐이 있는 것이다. 이후 2017년 트럼프 정부가 펜타닐로 인한 미국의 공중보건 비상사태를 선언하고 대대적인 개선에 들어가며 2018년 78.64세, 2019년 78.79세로 다시 기대수명이 조금씩 늘어나기 시작했다. 하지만 코로나19 팬데믹을 맞아 효율적인 단속이 이루어지지 않고 비대면 거래가 활성화되면서 펜타닐이 다시 존재감을 발휘하고 있다. 기대수명이 2020년 77.28세, 2021년 76.4세로 두 해 연속 대폭 감소했는데, 전문가들은 그 원인을 코로나19와, 펜타닐로 대표되는 합성 마약류에서 찾고 있다.

미국 국내에 원인이 있다고 할 수 있는 근거는 아직 이 사태가 다른 대륙에 퍼지지 않았다는 사실에도 있다. 이 책에서는 '펜타닐 사태'라고 지칭하지만 미국 현지에서는 '펜타닐 유행병fentanyl epidemic'이라고 부른다. 유행병이라면 한 대륙을 휩쓸고 있는 질환을 일컫는 표현이다. 아직 두 개 이상의 대륙은 아니므로 팬데믹으로 부르지는 않는다. 비록 빠르게 유행을 공유하는 세상을 살고 있지만 아직 펜타닐은 미국 대륙만의 일이다.

그런데 미국과 유럽은 문화를 공유하는 편이다. 미국에서 이처럼 문제가 불거졌는데도 유럽에는 정말 펜타닐이 전혀 문제가 되지 않는 것일까? 유럽의 마약중독자들은 여전히 헤로인으로 만족하고 있긴 하다. 그러나 유럽에서도 펜타닐로 인해 몸살을 겪고 있는 나라가 없는 것은 아니다. 이탈리아나 스웨덴 등에서는 펜타닐로 인한 문제가 조금씩 나오고 있다. 그리고 에스토니아가 있다.

지금 유럽 대륙은?

에스토니아는 동유럽 중에서도 오른쪽 끝에 위치해 러시아와 국경을 마주하고 있는 공화국이다. 인구 130만 명가량의 작은 나라이지만 유럽 대륙을 가로지르는 거창한 계획을 가진 여행객들에게는 그 출발점으로 자주 거론되는 나라이기도 하다. 물론 비자 문제로 복잡한 러시아를 제외했을 때 이야기다. 수도는 탈린Tallinn. 40만 명의 인구가 모여 있고, 비교적 일찍 정보화에 앞장선 까닭에 전 세계적인 스마트시티로 유명하다. 2시간여 만에 발트해를 건너면 핀란드 헬싱키에 도착하기 때문에 이웃한 상트페테르부르크와 묶어서 여행 일정을 짜는 사람도 있는 도시다. 이 작은 나라 에스토니아에 무슨 일이 있었길래 펜타닐이 범람하게 된 것일까?

그림 28. 에스토니아의 위치

에스토니아에 펜타닐이 퍼지게 된 시점은 보통 2001년 이후로 추정되고 있다. 이전까지 다른 여느 유럽 나라처럼 헤로인으로 만족하던 이 나라의 마약중독자들에게 큰 시련이 닥친 계기가 있다. 바로 2001년 전 세계를 충격에 빠뜨렸던 9·11테러였다. 에스토니아와 테러의 직접적인 연결고리는 없었다. 하지만 이후 미국이 한 달도 지나지 않아 오사마 빈 라덴을 체포하고 탈레반을 축출하기 위해 아프가니스탄을 침공하면서 에스토니아의 마약중독자들이 영향을 받게 된다. 아프가니스탄이 당시 전 세계 아편 공급의 60% 이상을 담당하는 세계 최대 양귀비 재배지였기 때문이다.

양귀비가 없으면 아편도 없고 모르핀과 헤로인도 없다. 화학적으로 생산이 불가능한 것은 아니지만 효율성이 거의 없다. 그렇다 보니 헤로인 생산은 전적으로 양귀비 재배에 의존하고 있었는데 하루아침에 그 양귀비 밭이 쑥대밭으로 변해버린 것이다. 이러한 아편 공급난은 전 세계 헤로인 중독자들에게 충격으로 다가왔을 것이 분명하다.

전 세계 헤로인 중독자들이 어떻게 이 시기를 견뎌냈는지에 대한 자료는 없다. 나라별로 상황이 다르기 때문이다. 이 기회에 독하게 헤로인을 끊어버린 곳도, 비축해 둔 재고를 축낸 곳도, 아편을 생산하는 또 다른 지역인 미얀마와 라오스에 줄을 댄 곳도 있었다. 여러모로 힘든 시기가 됐을 것은 틀림없다.

그러나 중독자들에게는 다행히도, 인고의 시간은 길지 않았다. 이듬해인 2002년 언제 그랬냐는 듯이 아프가니스탄의 농부들은 양귀비를 길렀고, 아편즙을 모아 건조했으며, 그렇게 만든 아편을 인근의 업자들에게 팔았다. 전쟁은 충격이었지만 어쨌든 적응해야 한다. 산 사람은 살아야 한다. 아편은 일단 돈이 됐다. 참고로 유엔에서 발표한 자료에 따르면 2021년 아프가니스탄의 연간 아편 생산량은 전 세계 아편 생산량의 86%에 이른다. 전쟁 이전보다 더 높아졌다.

에스토니아의 중독자들은 바로 그 1년을 참지 못했다. 그리고 펜타닐에 손을 댔다. 펜타닐이 어디서 왔는지에 대해 명확하게 밝혀진 바는 없지만 대체로 러시아의 마약 밀매상을 지목하고 있다. 지리적으로 가까울 뿐만 아니라 기술력과 생산력을 가진 나라, 다른 나라 사람들의 추적을 피할 만큼 베일에 가려진 나라가 바로 국경을 맞대고 있는 러시아이기 때문이다. 어쨌든 2001년 이후 펜타닐이 에스토니아에 상륙했다. 아프가니스탄으로부터 아편과 헤로인이 돌아왔지만 펜타닐 맛을 본 에스토니아의 마약중독자들은 여전히 펜타닐을 찾았다. 값싸고 수급이 안정적일 뿐만 아니라 효과도 강하니 거부할 이유가 없었다. 2003년부터는 자국의 능력자들이 자체적으로 펜타닐을 생산하기 시작했다. 이렇게 에스토니아는 펜타닐에 잠식됐다.

대가는 컸다. 「2018년 유럽마약보고서European Drug Report 2018」에 따르면 2016년 유럽 내에서 마약류 사용으로 인한 사망자가 가장 많은 나라가 에스토니아였다. 유럽 전체에서 100만 명당 22명이 사망했는데 에스토니아에서는 132명이 사망했다. 스웨덴(88명), 노르웨이(81명) 등 2위권과는 초격차의 1위였다. 이 보고서에서는 유럽 대부분 나라의 마약 사망 원인을 헤로인으로 지목했지만 '에스토니아만 특별히particularly in Estonia' 펜타닐이라고 명시했다.

에스토니아 정부도 가만히 있지는 않았다. 2017년에 단속반이 활약해 수도 탈린 외곽에서 펜타닐을 생산하던 비밀 시설을 급습하는 데 성공했다. 이때 압수한 펜타닐의 양은 거의 10킬로그램에 달했다. 전년도인 2016년에 0.3킬로그램을 압수했던 것과 비교하면 놀라운 성과임에 틀림없었다. 이후로도 활발한 단속이 이루어졌다. 2019년에는 펜타닐 생산에 사용되는 시약 33킬로그램을 압수하기도 했다. 단속이 활발하다는 것은 그 사회의 펜타닐 의존도가 그만큼 높다는 사실을 방증하는 것일 수도 있지만, 어쨌든 실질적인 단속 성과는 칭찬할 필요가 있다.

그렇다고 해서 상황이 좋아진 것은 아니다. 펜타닐 공급이 막히자 중독자들이 더 위험한 약물로 갈아탔기 때문이다. 그나마 일반적이고 약한 마약류로 갈아타며 연착륙할 수도 있었건만 반발 심리였는지 오히려 독성이 더 강하거나 실험적인 약물에 손을 댄 것이다. 플라카Flakka, alpha-PVP 같은 물질이 대표적이다. 이 물질은 펜타닐과 같은 진정제가 아니라 도파민 농도를 높여 사람을 흥분하게 만든다. 다만 그 도가 지나치다. 복용자로 하여금 허리케인에도 버틸 수 있는 문을 갑자기 때려 부수게 한다거나, 길거리에서 자신이 악마라고 외치면서 달려가게 하는 식이다. 도파민 활성을 증가시키는 마약류 각성제도 효과가 지나치면 섬망 증세를 보이며 환각에 빠지게 한다. 이는 메스암페타민도 마찬가지라서 우리나라 중독자들이 많이 힘겨워한다. 하물며 플라카 같은 물질을 쓰는 에스토니아 중독자들은 어떨까?

그런데 이 위험한 물질을 에스토니아 사람들과 별 접점이 없는 미국 사람들도 쓰고 있다. 마약을 하면 이렇게 끝을 봐야 하는 것일까? 술을 마시는 사람은 맥주에서 시작해 소맥, 소주, 폭탄주처럼 반드시 독한 술로 넘어가지는 않는다. 평생 맥주만 마시는 사람도 많다. 담배도 마찬가지. 자기에게 맞는 담배를 찾아 평생 그 담배를 즐긴다.

마약도 별반 다르지 않다. 평생 대마초만 피우는 사람이 대부분이다. 하지만 일부 중독자들은 위험한 마약을 찾고 그 위험한 마약을 퍼뜨리고 있다. 계기는 여러 가지로 꼽힌다. 에스토니아처럼 마약 공급선이 달라졌거나 미국처럼 제도의 허점이 있는 경우 등이다.

아무리 마약류 중독자라고 해도 이렇게까지 흥분하기를 원하지는 않을 것이다. 그보다는 이 물질의 부작용을 잘 몰라서 그랬다고 봐야 하지 않을까 싶다. 어쨌든 당장 한시가 급한 중독자들은 이런 물질마저도 사용하기 시작했다. 최근에는 동물에게나 쓰는 의약품까지 사용한다고 하니 갈수록 가관이다. 하지만 중독자들은 별로 개의치 않는다.

미국에서 촉발된 펜타닐 사태가 대륙을 넘어 에스토니아와 같은 유럽 국가로 확산되고 있는 현실을 살펴보았다. 우리나라는 어떨까?

다른 마약들 코카인, 유럽을 뒤흔들다

유럽에서 펜타닐과 관련하여 심각한 문제가 불거진 것은 아니지만, 그렇다고 유럽이 마약에서 자유로운 것은 또 아니다. 전통적으로 헤로인이 장악하던 유럽 마약 시장에 최근 들어 큰 변화를 몰고 오는 마약이 있다. 바로 코카인이다. 2022년 벨기에에서 적발한 코카인 밀수량이 100톤을 넘는다. 참고로 2022년 우리나라 전체 마약류 적발량은 600킬로그램을 조금 넘는 수준이다. 아예 단위가 다르다. 물론 벨기에로 밀반입된 코카인이 인구 1,100만 명에 불과한 벨기에에서만 소비될 리는 없다. 유럽 대륙의 관문이라고 봐야 할 것이다. 그래도 그렇지 너무 많다. 원래 코카인이 유럽에 없었던 것은 아니지만 갑자기 너무 늘었다. 무슨 일이 있었던 것일까?

지난 2017년에 펜타닐 등의 합성 마약과 관련하여 트럼프 정부가 비상사태를 선언한 것이 그 배경이다. 비상사태 선언 이후 미국 정부는 밀반입된 펜타닐을 강하게 단속했는데, 이 와중에 코카인이라고 들여보낼 리는 없었다. 남미에서 생산해 미국으로 밀반입하던 코카인도 덩달아 판로가 막힌 상황에서 남미의 카르텔이 주목한 곳은 바로 그 전부터 새로운 시장으로 눈독 들이고 있던 유럽. 그중에서도 상대적으로 마약에 대해 관대하고 유럽 본토와 가까울 뿐만 아니라 대형 항구도시가 있는 벨기에와 네덜란드가 우선적인 밀수 루트가 됐다. 그렇게 지옥문이 열렸다.

물론 벨기에와 네덜란드 정부도 가만있지는 않았다. 마약에 관대한 편이긴 하지만 그것도 어느 정도지, 선을 넘는 마약에 단호한 자세를 취하는 것은 모든 나라 정부의 공통점이다. 그래서 마약 조직을 상대로 대규모 검거 작전을 실시하고 밀반입을 막기 위해 검역을 강화했다. 하지만 마약 조직 또한 생사가 걸린 판국이라 갈등이 커지고 있다. 2022년 9월에는 벨기에 법무부 장관을 납치하려 한 혐의로 현지인 네 명이 검거될 정도다. 무섭다.

코카인은 마약류 각성제다. 각성제라는 측면에서는 메스암페타민, 즉 필로폰과 유사하다. 실제로 도파민 양을 늘려서 흥분시킨다는 점에서 일맥상통한다. 그런데 차이도 있다. 코카인은 마취 효과를 보인다. 신경세포를 교란하여 통각을 마비시킨다. 이런 효과는 필로폰에서는 찾아볼 수 없는 특징이다. 아마 코카나무가 자기의 잎을 갉아 먹는 벌레들을 일시적으로 마비시켜 자신을 보호하려는 의도로 마취 효과가 있는 물질을 만들었을 것이다. 결과적으로 코카나무는 지금까지 종족을 보존하는 데 성공했다. 이 나무를 불사르려는 미국 마약단속국의 시도가 끊임없이 이어지고 있지만 지난 50년간 성공하지 못한 걸 보면 코카나무는 앞으로도 살아남을 듯하다.

코카인이 각성 효과와 마취 효과를 동시에 지닌다는 사실은 2022년 넷플릭스에서 방영된 드라마 〈수리남〉에서 볼 수 있다. 극중 마약 조직원인 지태(조우진 분)가 콜롬비아의 거대 조직에서 들

그림 29. 코카나무의 모습

여온 코카인을 확인하는 장면이 있다. 이때 지태는 손등에 코카인을 얇게 늘어뜨려 놓고 코로 빨아들인다. 보통 코카인을 흡입하는 방식이다. 이때 지태의 표정이 가히 예술적이다. 처음에는 고통스러워하다가 약간 시간이 지나며 황홀해하는 표정을 짓는다. 실제로 코카인을 코로 흡입하면 가루가 코의 점막을 뚫고 들어가기 때문에 많이 아프다. 그렇지만 아픔은 코카인의 마취 효과로 인해 순식간에 사라지고 이후 뇌로 들어온 코카인이 작용하면서 각성 효과가 나타난다. 코카인이 뇌를 지배하면서 황홀감에 빠지는 것이다. 쉽게 넘어갈 수 있는 사소한 장면인데도 제작진과 배우가 얼마나 철저히 준비했는지를 알 수 있다. 이 장면은 필자가 수업 시간에 자주 활용한다. 제작진에게 여러모로 고마울 따름이다.

코카인은 코카나무 잎에서 추출하는 천연물이다. 코카나무는 습하고 선선한 지역에서 잘 자라는데, 이런 조건에 잘 맞는 지역이 남아메리카의 안데스산맥 주변이다. 그렇다 보니 자연스럽게 페루나 콜롬비아 등 해당 지역의 원주민들은 경험적으로 코카잎을 씹으면 힘이 난다는 것을 알았고, 이러한 경험은 해당 지역에 널리 퍼져 있었다. 코카잎을 씹으며 일하는 방식은 스페인이 남아메리카를 정복한 후에도 이어졌다. 정복자인 스페인의 입장에서도 원주민들에게 코카잎을 씹게 해주는 것이 생산성 측면에서 더 좋았기 때문이다. 마치 20세기 초반 일본이나 독일에서 노동자와 군인이 메스암페타민과 같은 각성제를 복용하는 것에 관대했던 것처럼 유럽의 정복자들 역시 코카인을 눈감아 주었다. 물론 그 대가를 지금 혹독하게 치르고 있다는 점은 공공연한 비밀이지만 말이다.

유럽이 코카인으로 혹독한 시련을 겪게 된 것은 코카잎에서 주성분, 즉 코카인을 분리하면서부터다. 때는 1859년, 독일의 대학원생이던 26세의 청년 알버트 니만Albert Niemann은 남아메리카에서 들

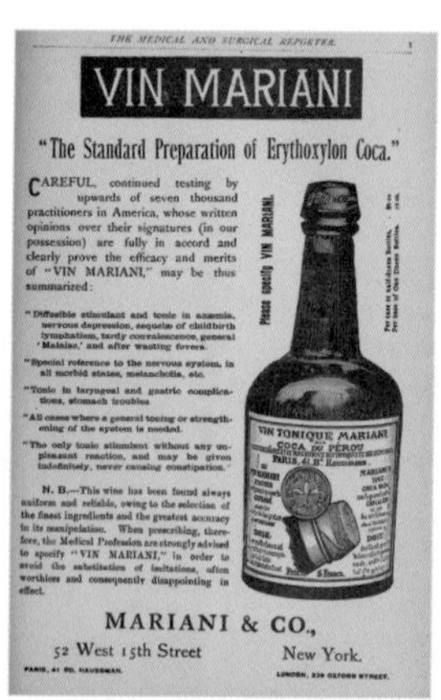

그림 30.　당시 시판되던 코카인 함유 와인

여온 코카잎을 연구해서 흰색 가루 형태로 코카인을 얻을 수 있었다. 그는 이 결과를 이듬해에 발표하는데, 이 발표 후 세상이 코카인으로 넘치게 됐다. 가령 보르도 와인은 코카잎 추출물을 추가해서 대박을 쳤고, 미국에서는 코카콜라를 만들어 판매해 알코올 없이도 코카인을 즐길 수 있도록 했다.

대중문화에서도 코카인의 유행을 엿볼 수 있다. 1890년에 출간된 아서 코넌 도일의 두 번째 셜록 홈스 시리즈 작품인 『네 개의 서명The Sign of the Four』은 그럴듯한 사건을 기다리다 지친 홈스가 코카인을 주사하는 장면으로 시작한다. 몸을 망가뜨리지 말라는 왓슨의 제안에 너무 따분해서 견딜 수 없다고 불평하며 7%의 코카인 용액을 팔에 주입하는 홈스의 모습은 우리가 상상하는 모습 그대로다.

다만 홈스의 코카인 사용에 대해서는 약간의 논란이 있는 것도 사실이다. 아마 판본에 따라 다소 차이가 나는 듯한데, 소설 전체를 관통하는 홈스의 캐릭터나 대사, 배경 등을 봐서는 코카인을 사용한

그림 31. 논문 「코카인 연구」 속 삽화. 오른쪽 빵모자를 쓰고 파이프를 피우는 인물이 홈스다. 왼쪽은 한때 코카인에 심취했던 프로이트의 캐리커처다.

것으로 보인다. 재밌는 점은 홈스의 코카인 사용과 관련하여 논문도 나와 있다는 사실이다. 가상의 캐릭터를 대상으로 이렇게까지 분석하다니 홈스의 존재감이 얼마나 대단한지 알 수 있다. 해당 논문의 제목은 「코카인 연구A Study in Cocaine」. 홈스의 데뷔작인 『주홍빛 연구A Study in Scarlet』의 오마주로 보인다.

코카인이 초기에 주목을 받았던 데에는 강렬한 각성 효과가 큰 역할을 했다. 하지만 같은 시기 의학계에서는 코카인의 마취 효과에도 관심을 기울이고 있었다. 코카인을 접했을 때 혀나 눈 등이 국소적으로 마비되는 효과를 발견한 것이다. 당시는 눈 수술을 하기 위해 번거롭고 위험하기 짝이 없는 전신마취를 해야 하던 시절이었다. 이때 간단한 물질로 필요한 부위만 마비되게 하는 물질이 나왔으니 학계에서 주목하는 것은 당연했다.

이 효과에 특히 주목한 사람은 프로이트의 친구이자 뛰어난 안과 의사였던 카를 콜러Carl Koller였다. 1884년 프로이트가 코카인을 찬양하는 논문을 쓰던 해에 콜러는 코카인을 마취제로 사용하는 논문을 발표했고 이후 동료 의사들의 검증을 통과했다. 마침 콜러는 이듬해에 개인적인 이유로 동료와 결투를 하게 됐는데, 상대방을 이겼음에도 불구하고 갈수록 고립되고 있었다. 결국 1888년 미국으로 건너와 관련 연구를 이어가게 됐고, 의도하지 않게 그의 연구는 미국에서도 인정을 받게 됐다. 유럽과 미국에서 모두 인정을 받은 것이다.

다만 한계도 있었다. 코카인의 지속 시간이 짧았던 것이다. 이 단점은 각성 효과에도 적용된다. 보통 15분밖에 안 된다. 효과가 3~4시간 지속되는 메스암페타민에 비하면 터무니없이 짧다. 안 그래도 메스암페타민보다 비싼 코카인을 15분마다 복용하는 것은 경제적으로도 무리다. 그래서 한때 코카인을 성공한 자들의 마약 정도로 여기기도 했다. 모두 오래전 일이다.

그런데 마취제로서도 15분은 짧은 시간이다. 수술 도구와 기술이 지금과 비교되지 않을 정도로 열악했던 당시에 15분 만에 마칠 수 있는 수술은 많지 않았다. 국소마취제로 사용하긴 했지만 불편한 것은 마찬가지였다. 사람들은 코카인의 마취 효과를 살리면서 지속 시간을 늘리는 것을 목표로 연구를 진행했다. 물론 중독성도 없애야 했다. 참 어렵다. 하나도 어려운 일을 두 가지나 하라니. 1900년대 초반의 일이다.

그런데 학자들은 이걸 해낸다. 모르핀의 중독성을 없애는 일, 진통 효과와 행복감을 분리하는 일은 지금도 이루어지지 않은 난제다. 그런데 코카인 연구자들은 아무렇지 않다는 듯 이 과업을 달성해 냈다. 차이가 무엇일까?

두 가지다. 우선 코카인의 구조가 모르핀에 비해 간단하다는 차이점이 있다. 화학자들을 고민하게 만드는 부제탄소chiral carbon나 고리cycle의 수, 치환체의 양상 등에서 코카인은 모르핀에 비해 상대적으로 단순한 편이다. 그래서 화합물의 구조도 1800년대 말에 이미 제시됐다. 이후 갑론을박이 있었지만 1902년에 화학적으로 합성을 완료하며 구조에 대한 논란을 종식했다. 모르핀의 화학적 합성이

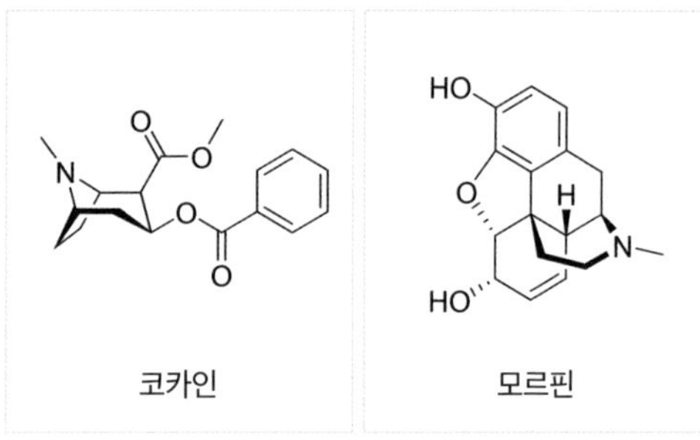

그림 32. 코카인과 모르핀의 화학 구조

1952년에 완료된 것과 비교하면 상당한 차이를 보인다.

구조가 간단하다는 게 왜 차이가 될까? 구조에 변화를 주기 쉽기 때문이다. 모르핀이 헤로인으로 전환되는 과정은 장님이 코끼리 만지는 과정과 다름없다. 전체적인 구조를 모르고서 끝부분만 살짝 바꿔서 효과를 개선하겠다는 생각은 소 뒷걸음질 치며 쥐 잡겠다는 생각과도 다름없다. 누울 자리가 있어야 다리를 뻗고, 비벼댈 언덕이 있어야 비빌 수 있다. 구조를 알고 시작하는 것과 모르고 시작하는 것은 하늘과 땅만큼이나 차이가 크다.

코카인의 구조를 알게 되면서 학자들은 곧이어 코카인의 구조를 단순화했고, 여러 차례의 시행착오 끝에 국소마취 효과와 각성 효과를 분리하는 데 성공했다. 이후 보다 체계적인 연구를 거쳐서 지금은 코카인과는 비교도 할 수 없을 정도로 우수한 국소마취제를 사용하고 있다. 그래도 그 뿌리는 여전히 코카인에 있다. 근본을 잊어선 안 된다.

그런데 구조를 알면 이렇게 쉽게 활성을 분리할 수 있는 것일까? 모르핀의 구조도 1952년에 확인했다고 앞서 설명했다. 그러면 사람들이 모르핀에 대해서는 이후 연구를 열심히 안 했다는 말일까? 그렇지는 않다. 모르핀만큼 열심히 연구한 물질도 별로 없다. 그럼에도 불구하고 모르핀의 진통 효과와 행복감, 중독성은 여전히 분리되지 않고 있다. 구조의 단순함과 상관없는 또 다른 차이가 있음이 분명하다.

두 번째 차이는 작용점이 다르다는 데 있다. 코카인의 각성 효과와 그로 인한 행복감은 도파민과 관련되어 있고, 마취 효과는 세포 내 이온통로ion channel와 연결되어 있다. 이 둘은 완전히 다른 기전이므로 어쨌든 활성 또한 분리하는 데 성공할 수 있었다.

반면 모르핀은 중추신경계에 작용하는 고유의 효과가 대부분 동일한 회로를 통해 나타난다. 보통 아편 수용체(또는 아편유사제 수용체)opioid receptor라고 부르는 세포 내 신호전달체계를 통해 전달되는 이 감각은 모르핀의 긍정적인 효과와 부정적인 효과를 모두 관장한다. 그래서 이 두 효과를 차별화하기는 극도로 어렵다.

엄밀히 말해서 코카인이 의료계에 기여한 것도 국소마취 효과 때문이지, 각성 효과와 중독성은 여전히 골치 아픈 문제다. 가령 코카인의 구조가 간단하고 오래전부터 알려졌다고 했지만 코카인에 기반한 중독성 없는 각성제는 여전히 개발되지 않고 있다. 개발은커녕 지금도 천연물인 코카인을 그대로 이용하며 코카인 중독자만 양산하고 있다. 코카인의 구조를 바꿔 진통 효과를 차별화하고 좋은 국소마취제를 만드는 데 성공했지만 본질적인 문제인 각성 효과와 그로 인한 행복감, 중독성은 여전히 해결해야 할 과제로 남아 있다.

코카인 중독자들은 어떤 문제를 겪을까? 도파민 과잉이라는 측면에서 메스암페타민 중독자들과 비슷한 양상을 보인다. 지나친 흥분과 각성으로 인한 에너지 소비와 탈진 등이다. 이런 과정이 길어지면 내성을 보여서 처음만큼의 흥분이 나타나지 않거니와 신체적인 무리도 가중된다. 심장이나 혈관계 이상으로 인해 사망할 수도 있다. 특히 코카인은 도파민 외에도 노르에피네프린이란 신경전달물질의 농도를 높여주는데, 이 물질은 혈관을 수축시킨다. 시간이 지나면 코카인 중독자가 고혈압으로 사망하겠지만 그 전에 허혈성 장기 손상으로 사망하는 경우도 많다. 혈관이 수축하여 각종 장기에 산소를 공급하지 못하기 때문이다.

「세계마약보고서」에 따르면 세계 제일의 코카인 산지는 중남미의 콜롬비아다. 지리와 기후 조건이 유리하고 마약 카르텔 등 사회적 환경도 우호적이어서 지금은 전 세계 코카인의 절반 이상을 공급하고 있다. 2020년 생산량은 1,228톤. 코카인이 하나의 산업이라고 해도 과언이 아니다. 이를 막기 위해 지난 50년간 미국이 노력했지만 자국이 아닌 이유로 결국 실패했다. 영화나 드라마에서는 미국 마약단속국이 다른 나라도 침략해서 마약 조직을 소탕하는 것으로 그려진다. 하지만 20세기도 아닌 지금에서는 상상하기 어려운 일이다. 심지어 2022년 콜롬비아 정부에서는 코카인 산업을 합법화하겠다고 선언했다. 불법으로 기르다 보니 관리가 되지 않는 만큼 차라리 정부의 통제하에 두고 생산을 조절하겠다는 의미다. 마약을 연구하다 보면 은근히 마약과 타협하는 경우가 많다. 마냥 고깝게 볼 일만은 아니다.

참고로 콜롬비아 마약이 2021년 국내에도 풀릴 뻔한 적이 있었다. 2021년에 부산 세관을 통해 컨테이너 하나가 들어왔다. 서류상의 내용물은 아보카도. 그런데 정작 컨테이너를 열자 가장 먼저 눈에 띈 것은 한눈에 보기에도 아보카도와는 전혀 다르게 생긴 하얀 가루였다. 분석 결과 코카인. 양이 더 문제였다. 무려 400킬로그램. 시가로 6,000억 원어치에 해당하는 양이었다. 당시 우리나라에서 매년 적발하는 마약류의 전체량이 400킬로그램 정도였다. 즉 1년 치에 해당하는 마약이 한꺼번에 들어온 셈이다. 특별히 숨기지도 않았다. 대놓고 보라는 듯이 컨테이너의 맨 앞에 놓여 있었다.

이 코카인이 어떻게 국내로 들어왔는지는 결국 밝혀지지 않았다. 우선 아보카도를 주문한 국내 업체는 연간 매출액이나 그간의 활동으로 봤을 때 코카인과는 전혀 관련이 없는 작은 판매업체였다. 코카인 뭉치에는 13일간 작동하도록 배터리가 장착된 위치추적기가 있었다. 콜롬비아에서 출발해 45일이나 걸리는 우리나라까지 추적할 수 있는 장치가 아니었다. 검찰에서 내린 결론은 배송 사고. 콜롬비아 마약 조직이 다른 컨테이너에 선적해야 할 코카인을 누군가의 실수로 우리나라 아보카도 컨테이너에 넣어버린 것으로 보고 있다. 6,000억 원짜리 배송 사고라니. 스케일이 남다르지만 어쨌든 다행이다.

그런데 이런 상황이 우리나라만의 일이 아니라는 게 더 신기하다. 2023년 2월 8일, 뉴질랜드 언론에서는 태평양 바다 위에 떠다니는 코카인 3.2톤을 수거했다고 보도했다. 주인 없이 바다에 둥둥 떠다니던 코카인은 호주로 가던 것으로 추정되지만 정확한 경위는 밝혀지지 않았다. 이 코카인으로 인해 처벌을 받은 사람 역시 단 한 명도 없다. 역시 배송 사고로 봐야 하지 않을까 싶다. 배송 사고가 참 많다. 그래서 한편으로 무섭다.

대마약시대

The Age of the Fentanyl Crisis and Other Drugs

3

지금 우리나라는?

이미 망가진 장벽

2022년 9월, 우리나라에도 결국 보디패커body packer가 등장했다. 보디패커는 몸속에 마약 등을 숨겨서 운반하는 사람을 뜻하는 말이다. 마약을 콘돔이나 비닐에 꽁꽁 싸서 먹거나 항문, 질 등으로 삽입하면 세관을 통과하던 시절이 있었다. 지금이야 공항에서 단속하는 기술이 좋아져서 적발되는 경우가 많지만 예전에는 두껍고 은밀한 사람 몸을 이용해서 엄격한 세관을 통과했다. 공항을 통과한 이후에는 구역질을 하거나 좌약으로 설사를 유도해 빼내곤 한다. 비닐로 터지지 않게 싸매는 것이 이래서 중요하다. 터지면 급성 마약중독으로 죽게 되니까.

우리나라에 보디패커가 없었던 것은 아니다. 하지만 대부분 우리나라를 경유해서 가는 외국인이었다. 우리나라가 만만해 보였다는 뜻이기도 해서 살짝 기분 나쁘지만 현실이 그렇다니 할 말은 없다. 그런데 2022년 9월에 보도된 보디패커는 달랐다. 우리나라

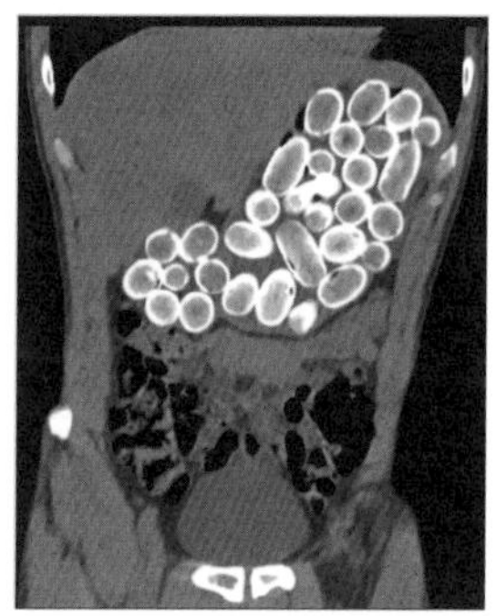

그림 33. 보디패커의 몸속 촬영 사진

사람이었던 것이다. 심지어 현장에서는 적발되지도 않았다. 이 50대 남성은 다행인지 불행인지 세관을 무사히 통과한 후 서울 용산의 자택으로 아무 일 없다는 듯 귀가했다. 그리고 사달이 났다. 몸속에 숨겨두었던 마약이 터졌고, 결국 급성 마약중독으로 사망한 채 발견됐다.

부검 결과 이 사람의 위에서 엑스터시Ecstasy 봉지 79봉지가 터진 채로 발견됐다. 아마 직접적인 사인으로 봐도 될 것이다. 급성 마약중독. 참고로 안 터진 엑스터시 130봉지도 함께 나왔다. 배 속이 가득 찬 상태로 입국했다는 말인데, 배든 비행기든 이동 자체가 보통 일이 아니겠다는 생각이 든다.

이게 끝이 아니다. 대장 안에서는 클럽에서 사용하는 향정신성의약품인 케타민ketamine도 나왔다. 가루 형태의 118g. 보통 한 번에 0.2~0.3g을 투약한다. 500명 이상이 한꺼번에 투약할 수 있는 양의 케타민이다. 이 사람은 한 번에 크게 옮기려고 한 듯하다. 통이 큰 거야 그러려니 하지만 방법이 잘못됐다. 우리는 캐리어가 아니다. 우리 몸은 마약을 옮기기에 너무 작고 약하다.

이 사건의 마지막 반전은 모발 검사에서 등장한다. 사망자의 모발을 확인한 결과 어떠한 마약도 나오지 않은 것이다. 즉 사망자 본인은 마약을 하지 않으면서 유통만을 위해 마약을 먹고 삽입했다고 볼 수 있다. 마약중독이 위험한 것은 알았던 듯하다. 하지만 마약은 봉지째 먹어도 위험하다. 꼭 마약이 아니라도 당연한 일이다. 먹을 수 있는 게 있고 없는 게 있다.

시계를 살짝만 되돌려 보자. 한국인 최초의 보디패커 사망자가 나오기 대략 세 달 전인 2022년 6월 23일, 식약처에서는 우리나라의 마약 실태를 평가하는 자료를 발표한다. 하수처리장을 통해 마약이 얼마나 퍼져 있는지를 추산한 것이다. 우리가 마약을 복용한다면 어떤 형태로든 배설된다. 마약 그 자체로 배설되는 경우도 있지만 마약이 몸에서 배설되기 좋은 형태로 전환되어 몸 밖으로 나가는 경우도 많다. 어떤 경우든 차이는 없다. 하수처리장에서 검출되는 나쁜 물질을 확인하면 우리 사회의 마약 정도를 추적할 수 있기 때문이다.

2021년 4월부터 1년간 이뤄진 조사의 결과는 어땠을까? 전국 27개 대형 하수처리장을 조사한 결과 놀랍게도 27개 처리장 모두에서 메스암페타민이 검출됐다. 양도 늘었다. 1년 전 조사에서보다 10% 정도 상승한 수치가 나왔다. 우리나라에 메스암페타민이 만연해 있다는 사실을 실증적으로 확인한 것이다. 참고로 식약처에서는

2023년 6월에도 후속 연구 결과를 발표했는데 이때도 양상은 다르지 않았다.

한동안 우리는 마약을 너무 쉽게 생각했다. 마약은 남의 나라 일이라고 생각했다. 삼면이 바다로 둘러싸여 있고 위로 북한이 가로막고 있는 우리나라는 소위 마약 청정국이라며 마음 놓고 살던 모습이 우리의 풍경이다. 그러다 보니 '마약'이란 단어에 대해서도 너무 관대했다. 중독성 강한 제품 앞에 '마약'이란 수식어를 붙이면서 강조하곤 했는데, 이런 현상을 웃어넘기는 사회적 분위기가 있었다. 하지만 마약은 절대로 가볍게 여길 단어가 아니다. 우리가 모르는 새 마약이 성큼성큼 다가와 은밀하게 우리를 둘러싸고 있다. 종류도 다양하다. 앞서 언급한 엑스터시나 케타민과 같은 소위 '클럽 마약'뿐만 아니라 전 세계적으로 가장 많이 쓰는 마약류 대마도 우리나라를 예외 없이 공략 중이다. 전통의 강자 필로폰도 있다. 하수처리장에서 나온 바로 그 물질이다. 하수처리장에서 필로폰만 나온 것도 아니다. 암페타민이나 코카인도 검출되어 관계자들을 경악하게 만들었다. 지난 10년간 마약류 사범이 두 배 가까이 늘어난 것은 결코 우연이 아니다.

여기까지가 우리나라 상황이다. 그리고 여기에 지금 미국을 강타하고 있는 핫 아이템, 펜타닐이 추가된다.

장벽을 넘어오는 위협

펜타닐이 '지금' 미국을 집어삼키고 있지만 '과거'에 전혀 문제가 없었던 것은 아니다. 전문가들이 사용하는 의약품이긴 했지만 언제나 그렇듯 이 약도 나쁜 용도 또는 잘못된 용법으로 인해 사람들을 위험에 빠뜨리는 사례가 있었다. 이는 미국만의 이야기가 아니다. 우리나라에도 비슷한 사례가 있었다.

2006년 전남대학교 병원 응급의학과에서는 펜타닐로 인한 중독 사례를 보고했다. 환자는 76세의 스님. 별다른 질환 없이 건강하게 지내던 스님이었지만 전날 우유를 마신 뒤 여러 차례 구역질과 구토를 한 것이 불길한 징조였다. 그리고 다음 날 의식저하 상태로 병원에 이송됐다. 혈압(140/90mmHg)이나 체온(36.8℃)에는 특별한 이상이 없었다. 다만 호흡이 너무 약했다. 분당 6회. 10초에 한 번만 호흡하는 것은 생각보다 괴롭다. 그리고 위험하다. 의료진은 긴급히 기도를 확보하고 인공호흡을 실시하여 위험을 넘겼다.

원인을 없애야 한다. 특별히 호흡중추가 약해진다면 자율신경계 이상이 원인일 가능성이 크다. 음식물을 잘못 먹는 등의 외부요인으로 근무력증이 발생해 호흡근을 마비시켰을 수도 있다. 하지만 관련 검사에서 이런 징후는 나타나지 않았다. 그렇다면 뇌의 이상일까? 각종 첨단장비를 동원해서 확인한 결과도 역시 음성이었다. 이렇게 특별한 병인을 발견하지 못하고 시간이 지나간다면 증상이 재발할 가능성이 크다.

그런데 정작 14시간이 지나자 환자의 의식이 명료해졌다. 근력도 어느 정도 돌아오면서 인공호흡기를 제거했고 환자와 의사소통도 가능해졌다. 그리고 원인도 밝혀졌다. 환자의 등에 펜타닐 패치 두 장이 붙어 있었던 것이다. 환자와의 면담에 따르면 전날 어깨 통증으로 고생하던 중 알고 지내던 암 환자가 건네준 펜타닐 패치를 붙였다. 아마 지인은 자신의 암 통증을 신기할 정도로 가라앉히는 펜타닐 패치를 스님에게 좋은 뜻으로 건네주었으리라 본다. 하지만 펜타닐 패치는 단순한 진통 파스가 아니다. 더구나 암 환자가 건넨 패치는 일반 함량 펜타닐 패치(50마이크로그램 /시간)였다. 마약성 진통제를 처음 쓰는 사람에게 지급되는 저함량 펜타닐 패치(25마이크로그램/시간)의 두 배 용량이다. 이 위험한 패치를 처음 쓰는 사람이 두 장이나 붙였으니 구역질이 올라오고 호흡중추가 마비되는 것은 충분히 짐작할 수 있는 일이다. 다행히도 이 스님은 펜타닐 패치를 제거한 후 건강을 회복하고 퇴원했다.

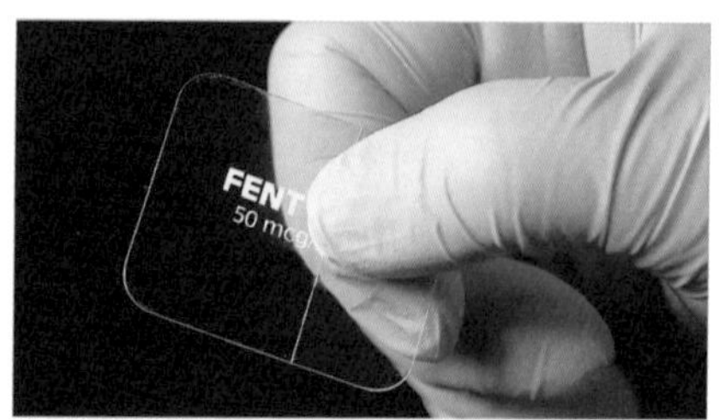

그림 34. 50마이크로그램/시간 펜타닐 패치

앞에서 언급한 사례가 지인들 간의 약 돌려쓰기에 의한 피해라면 다음 사례는 병원에서 일어난 일이라는 점에서 더 심각하다. 67세 환자가 잠잘 때 자세를 잘못 잡아서 목 부위에 통증을 느끼고 다음 날 아침 연고지의 1차 병원에 들렀다. 그 병원에서 간단한 시술을 받은 것에도 문제가 없었던 듯하다. 그러나 마지막에 펜타닐을 처방받고서 이상이 일어났다. 이 환자가 처방받은 펜타닐도 처음부터 쓰면 안 되는 일반 함량 펜타닐 패치였다. 3시간 후 환자는 서서히 의식을 잃었다.

이때 환자와 보호자는 그저 약간 졸린 탓이라 여기며 대수롭지 않게 생각했다. 이로부터 다시 3시간이 지난 후 환자는 혼수상태로 발견됐다. 펜타닐을 사용한 지 불과 6시간 만에 혼수상태에 빠진 셈인데, 일반적인 펜타닐 약효 개시 시간인 14시간보다는 많이 빠른 편이었다. 약물을 고함량으로 사용했기 때문이기도 하지만 환자의 지병인 만성 폐쇄성 폐질환 때문으로 볼 수 있다. 호흡이 불편한 사람에게 호흡중추를 억제하는 약을 쓴 셈이다.

이 환자는 지역 병원으로 이송됐을 때 잠시간 사망 상태였다. 부랴부랴 펜타닐을 제거하고 20분간의 심폐소생술을 시행한 후 인공호흡기를 부착해서 겨우 살려내어 응급의료센터, 즉 3차 병원으로 전원했을 때는 다시 2시간이 지나서였다. 이후 이틀이 지나서 신체적으로는 호전됐지만 의식이 돌아오지 않아 5일째 되던 날 연고지의 병원으로 옮겨졌다. 이후 이 환자가 의식을 회복했는지는 보고되지 않았다.

방금 소개한 두 사례는 2006년 《대한응급의학회지》에 실린 것이다. 내가 아는 한 우리나라에서 논문으로 보고된 최초의 펜타닐 패치 부작용 사례다. 2020년대를 지나고 있는 지금이야 펜타닐이 일반인에게도 알려져 있지만 이 당시에는 비교적 생소한 약이였다. 논문에서도 펜타닐 중독을 놓쳤던 점과 그로 인해 호흡을 되돌리는 약물, 즉 해독제를 쓰지 못한 미숙함을 첫 번째 사례의 개선 사항으로 지적했다. 어쨌든 스님이 건강하게 퇴원한 것을 위안으로 삼는다.

하지만 두 번째 사례의 환사는 병원에서 처방한 진통제로 인해 죽음의 문턱까지 갔고, 결과적으로 완벽하게 회복하지 못했다. 그 당시 펜타닐은 종합병원이나 마취통증의학과에서 많이 쓰는 진통제였다. 일반적인 1차 병원에서는 덜 쓰는 약이긴 했다. 그래도 병원과 약국을 통해 약이 사용됐음에도 불구하고 문제가 발생했다는 점에서 아쉬움이 많이 남는다.

널리 퍼져버린 위협

약물이상반응Adverse Drug Reaction, ADR이라는 개념이 있다. 부작용side effect과 비슷해서 혼동하는 경우가 많지만 엄밀한 의미에서 약물이상반응과 부작용은 조금 다르다. 정상적인 방법으로 약을 사용했을 때 목적하는 효과 외에 나오는 모든 효과를 부작용이라고 한다. 그러니까 일부 부작용은 도움이 될 수도 있다. 협심증 치료제로 약을 복용했는데 발기부전이 개선됐고 결과적으로 비아그라를 개발한 사례는 부작용을 차별화해서 약으로 만든 경우라고 볼 수 있다.

그런데 대부분의 부작용은 도움이 안 된다. 그래서 원하는 효과 외에 다른 효과가 나타나 건강에 안 좋은 영향을 끼쳤을 때 그리고 그 원인으로 약물과의 인과관계를 배제할 수 없을 때를 약물이상반응으로 분류한다. 이 단어는 코로나19 백신과 관련해서 일반인에게도 비교적 친숙한 단어가 됐다. 약물이상반응은 식약처에 개인이 신고하면서 조사가 이루어진다. 지금도 식약처 홈페이지에서 약간의 인증 절차만 거치면 누구나 신고할 수 있는 이 데이터베이스는 과거에도 의약품의 유해성을 조사하는 데 여러모로 도움을 주었다.

약물이상반응과 관련한 자료가 있다. 2007년 1월부터 2010년 6월까지 식약처에 보고된 약물이상반응(당시는 약물유해반응)을 종합해서 어떤 약물로 인해 문제가 발생했는지를 통계로 집계한 것이다. 이 42개월 동안 신고된 약물이상반응은 총 7만 4,037건. 단순히 계산하면 하루에 60건가량 약물이상반응이 나타난 것이다. 생각보다 많다. 그런데 어떤 약물이 주로 이상반응을 일으켰는지가 더 중요하다.

가장 빈번하게 신고된 약물은 독감 치료제인 타미플루Tamiflu의 주성분 오셀타미비어Oseltamivir다. 원래 감염증 치료제가 위험한 약물인 것은 맞지만 이렇게까지 이상반응 사례(3,364건)가 늘어난 것은 당시 상황과 관련이 있다. 바로 2009년부터 전 세계를 강타한 신종플루가 나타났기 때문이다. 우리나라에서도 상황이 별반 다르지 않아 독감 치료제인 타미플루의 수요가 급증했다. 그렇게 시중에 타미플루가 풀렸고 약물이상반응 신고도 폭발적으로 증가한 것이다. 당시 질병관리본부에서 발표한 자료에 따르면 2009년 9월 셋째 주에 일평균 2,138회이던 항바이러스제 처방 건수가 10월 넷째 주에는 6만 7,894건으로 급증했다. 이때 사용한 항바이러스제의 대부분이 타미플루다. 약간의 의심 증상만 있어도 타미플루를 복용하던 당시 관행을 생각해 보면 부작용이 없을 수가 없다. "신종플루 불안 '먹고 보자' 타미플루 오남용 더 심각". 당시 이 현상을 보도한 국내

〈2007년 1월부터 2010년 6월까지 자가 신고된 약물이상반응 건수〉

성분명	신고 건수	용도
오셀타미비어	3,364	독감 치료제
펜타닐	2,856	마약성 진통제
이오프로마이드	2,147	X선 조영제
트라마돌	2,068	진통제
아스피린	1,753	소염 진통제
아세트아미노펜	1,641	해열 진통제
프레드니솔론	1,477	스테로이드성 소염제
타크로리무스	1,474	면역억제제
트라마돌 / 아세트아미노펜	1,426	진통제
이마티닙 메실레이트	1,370	만성 골수성 백혈병 치료제

출처: 유기연, 이숙향. 한국임상약학회지 2011년, 21(2), 138-143.

한 일간지의 제목이다. 2010년에 신종플루는 거짓말처럼 종식됐고 타미플루 또한 원래의 위치로 돌아갔다.

타미플루(오셀타미비어)에 이어 약물이상반응 2위에 오른 약은 무엇일까? 바로 펜타닐이다. 무려 2,856건. 경쟁 순위에 있는 다른 약물이 항암제나 면역억제제 또는 일반의약품의 대명사 아스피린(아세틸살리실산)이나 타이레놀(아세트아미노펜)인 것을 감안하면 펜타닐의 존재감이 얼마나 대단한지 짐작할 수 있다. 펜타닐이 일반인에게 덜 알려진 것은 맞지만, 적어도 이 약을 사용하는 환자는 갈수록 늘어가고 있었고 의료계에서도 슈퍼스타로 서서히 떠오르고 있었다. 그래서일까. 2010년대에 들어서는 여러모로 상황이 변한다. 무엇보다도 펜타닐에 보다 능숙하게 대처할 수 있게 됐다.

2013년 인천에서 있었던 일이다. 퇴행성 관절염으로 힘겨워하던 74세의 환자가 이웃의 암 환자에게 잘 모르고서 펜타닐 패치를 빌려 붙였다. 여기까지는 2006년 사례와 비슷했다. 호흡이 얕고 부족했고, 이로 인해 산소가 부족했으며, 의식이 약해 제대로 대화할 수 없다는 점도 마찬가지였다. 하지만 의료진은 이 환자의 호흡을 정상으로 되돌리기 위해 능숙하게 펜타닐 중독 해독제를 투여했다. 이후 추이를 지켜보며 해독제의 양을 늘렸고 환자의 호흡은 정상으로 돌아왔다. 사흘 후 호흡 보조 장치를 제거하고 일반병실로 보냈으며, 닷새째 되던 날 별다른 문제 없이 퇴원할 수 있었다.

사실 이 환자가 병원에 가게 된 경위를 보면 더 위험할 수도 있었다. 이웃의 암 환자에게 받은 펜타닐 패치의 함량은 최대치(100마이크로그램/시간)였다. 오후 5시에 효과 좋다는 이 마법의 패치를 받아서 왼쪽 무릎에 붙였고, 이후 저녁 10시까지 별다른 이상 없이 행동했다. 하지만 다음 날은 그러지 못했다. 오후 4시에 전기장판에 누운 채로 발견됐는데, 며느리가 깨워도 일어나지 못하는 상태였다. 이때부터 이상함을 느꼈는지 며느리는 수시로 시아버지를 깨웠고, 계속해서 잠에서 깨지 못하는 모습을 보며 오후 7시에 응급실로 내원했다. 그렇게 시아버지는 환자가 됐고 이후 살아났다.

이 환자가 더 위험할 수도 있었다고 말하는 첫 번째 요소는 최대 함량 패치다. 약물의 양이 많으면 당연히 그만큼 더 위험하다. 두 번째 요소는 전기장판이다. 따듯한 곳에 있으면 약물이 패치에서 빠져나오는 속도가 더 빨라진다. 역시 더 위험하다. 참고로 펜타닐 패치의 사용설명서에는 다음과 같이 적시되어 있다. "모든 환자는 이 약을 부착하는 동안 핫팩, 전기담요, 전열램프, 태닝램프, 강한 일광욕, 뜨거운 물병, 사우나, 장시간 온탕욕, 가온 물침대 및 뜨거운 욕조 스파 목욕과 같은 외부 열원에 노출되지 않도록 해야 한다. 열이 이 약의 흡수를 증가시켜 혈중농도를 높이므로 이상반응이 나타나기 쉽다." 이 환자에 대한 복약지도가 어땠는지를 지금에 와서 파악할 수는 없지만, 이 환자는 이처럼 여러 가지 이유로 위험한 상황에 노출되어 있었다. 치명적일 수도 있었다. 하지만 이 환자가 내원한 2013년은 펜타닐과 같은 마약류 진정제에 충분히 대처하던 때였다. 호흡 등의 이상 징후를 파악해 정상으로 되돌리기 위해 프로토콜대로 대응했고, 그 결과 환자를 일상으로 돌려보내는 데 성공했다.

펜타닐이 익숙한 약이 됐다는 사실은 한편으로 난감하기 짝이 없는 일이기도 하다. 약은 어쨌든 모를수록 좋다. 피임약과 같은 일부 경우를 제외하면 대부분 건강에 이상이 생겼을 때 복용하는 물질이 약이다. 그러므로 약이 많이 알려졌다는 것은 사람들이 많이 아프다는 말이다. 오남용 문제가 심각한 물질이어서 앞으로 많이 아플 것을 의미하는 불길한 예고이기도 하다. 그리고 불길한 예고는 보통 들어맞는다.

더 심각한 문제는 따로 있다. 약물이상반응은 어쨌든 약을 '정상적인 방법으로' 사용했을 때의 결과다. 나쁜 용도로 사용하면 건강에 더 치명적일 수밖에 없다. 실제로 펜타닐은 널리 알려지기 시작하면서 용법과는 전혀 다른 형태로 쓰이기 시작했다.

이제부터는 병원의 '사례'가 아니다. 법원의 '판례'다.

병원 사례에서 법원 판례로

2022년 2월, 창원지방법원에서는 펜타닐과 관련한 재판이 열렸다. 피고인은 지인들과 함께 전국 각지의 병원을 돌며 펜타닐을 처방받았다. 이들이 들렀던 병원은 주로 내과나 마취통증의학과, 정형외과 등 통증을 호소하기 좋은 진료과였다. 의사들에게 호소하는 말도 고정적이었다. 대상포진이나 복합부위 통증 증후군을 호소하는 경우도 있었고, 허리 통증을 말하는 때도 있었다. 공통점은 펜타닐. 이들은 의사에게 통증을 이야기한 후 펜타닐을 처방해 달라고 구체적으로 요구했다. 그리고 별다른 어려움 없이 처방전을 받았다. 이후 약국을 돌며 펜타닐 패치를 구입한 피고인과 지인들은 펜타닐을 투약하며 마약류 사범의 길에 들어섰다. 이 피고인에게는 징역 2년 6개월의 실형과 40시간의 마약류 사범 재활교육 프로그램 이수, 약간의 추징금이 선고됐다. 취급한 마약의 수가 많고 수법이나 경위가 악질적이긴 하지만 이 사건 이전에 형사처벌 전력이 없는 점 등을 감안하여 내려진 판결이다.

이 범죄를 돌아보면 마약을 관리하는 데 의외로 허점이 많았음을 알 수 있다. 우선 처방. 여러 병원을 돌면서 수십 장의 펜타닐을 받는 게 가능하단 말인가? 가능했다. 환자가 어떤 약을 처방받았는지를 파악하는 것이 어렵기 때문이다. 환자의 의료정보는 민감한 개인정보다. 어떻게 아픈지 또는 아팠는지에 대한 정보는 치료하는 의사 외에는 볼 수 없도록 되어 있다. 그래서 환자가 단기간에 여러 병원을 다니며 펜타닐을 처방받는 것이 가능했다. 이런 문제는 미국에서 옥시코돈이나 펜타닐과 같은 마약성 진통제가 범람하는 과정에서 허점으로 나타나기도 했다.

그래도 마약은 좀 위험하다. 정부에서도 이런 면을 인지했기에 마약류통합관리시스템을 구축하고 환자들이 처방받은 의약품 정보를 모았다. 일선 의사로서는 이 정보에 접근할 권한이 필요하다. 현행 마약류 관리법에서도 이것은 가능하다. 의사는 환자에게 해당 내역 열람을 고지하고 시스템에 접속하여 환자가 다른 병원에서 관련 약을 처방받았는지 확인할 수 있다. '의료용마약류 빅데이터활용서비스' 시스템에 접속하면 '마약류 의료쇼핑 방지 정보망'을 통해서 확인할 수 있다. 2020년 6월에 식욕억제제나 프로포폴 등의 향정신성 의약품 위주로 운영되다가 이듬해인 2021년 3월에 전체 마약류 의약품으로 확대됐다. 2022년 7월에는 모바일에서도 접근할 수 있도록 개선됐다. 제도는 잘 만들어져 있다. 당국의 고민이 엿보이는 부분이다. 의사가 마음만 먹으면 환자의 마약류 중복 사용 여부를 확인할 수 있는 토대 또한 구축됐다.

그림 35. 마약류통합관리시스템 캡쳐 화면

하지만 이런 형태의 각종 시스템이나 서비스의 한계를 우리는 너무 잘 알고 있다. 안 쓰면 그만이다. 실제로 의사들은 이 제도를 그다지 활용하지 않는다. 관련 보도자료에 따르면 2021년에 이 정보망을 사용한 의사는 2,000여 명에 불과하다. 이용 횟수는 3만여 건. 그해 마약류 처방 의사는 10만 명, 처방 건수는 1억 건을 넘는다.

의사들이 사용하지 않는 이유는 간단하다. 불편하니까. 아무래도 민감한 개인정보를 확인하다 보니 휴대폰이나 각종 인증 장치를 이용해서 접근하는 과정이 까다롭다. 정보화에 빠르게 대처하는 의사도 있지만 그렇지 않은 의사도 많다. 햄버거 매장 키오스크조차 어려워하는 의사도 있다. 물론 기호식품의 키오스크와 본인 업무의 인증 과정을 직접 비교하는 것이 적절한 비유는 아니지만, 어쨌든 어렵게 느끼는 의사가 많고 그로 인해 이 시스템을 기피하는 경우 또한 많은 것이 사실이다. 더군다나 까다로운 인증 절차를 짧은 진료 시간 안에 마무리해야 한다. 시간이 길어질 경우 환자는 다른 병원을 찾아 떠나갈 것이 분명하다. 모든 병원에서 이런 경우에 처방전을 주지 않아야 하지만 세상이 그리 교과서 같지 않은 것은 모두가 아는 사실이다.

2023년에 마약류통합관리시스템 사용 경험에 대한 분석 결과가 발표됐다. 의사, 약사 중 자원자를 모집하여 수행한 조사에 따르면 아직은 이 통합시스템으로 마약류 오남용을 줄이기는 어려워 보인다. 여러모로 입력할 창이 많아서 불편하지만 익숙해지면 기존 마약류의 재고관리에는 도움이 될 것으로 판단하고 있다. 하지만 가장 중요한 목적이 마약류 처방을 조절하자는 것인데 이 부분은 어렵다고 평가한다. 평가를 내린 이들은 이 시스템에 관심이 있어서 직접 참여해 사용해 본 사람들이다. 이 자원자들마저도 박하게 평가를 내렸다니 시스템의 인터페이스 등에 아쉬움이 남는다.

실제로 현장에서는 환자가 기존에 처방받은 약을 잃어버렸다고 하거나 다른 말로 둘러댔을 경우 마땅히 거절하기가 어렵다. 마약류 중독이 의심된다고 해도 경찰에 수사를 의뢰하는 것은 또 다른 차원의 일이다. 과거의 처방 이력까지 검토해야 하는데 여전히 틈은 있다. 그리고 그 틈을 타고 펜타닐 처방전이 나온다.

약국에서 걸러낼 수는 없을까? 마스크 하나까지도 일일이 관리하는 것을 전 국민이 경험하지 않았던가. 마약류 중복 구매도 당연히 막을 수 있지 않을까? 물론 약국에도 처방전을 검토하는 시스템은 있다. 의약품안전정보시스템Drug Utilization Review, 통칭 DUR이라고 부르는 시스템이다. 의약품 관리나 복약지도, 배합금기 검토 등에 도움을 주는 마법과 같은 프로그램이다. 하지만 이 프로그램에도 한계는 있다. 같은 시기의 중복 처방은 걸러낼 수 있지만 과거의 처방 이력까지는 확인할 수 없다. 한꺼번에 마약을 쇼핑하는 경우가 아니라면 약국에서 할 수 있는 일이 별로 없는 셈이다.

사실 이렇게 순순히 펜타닐 패치를 처방하는 행위는 가이드라인에서 벗어나는 일이다. 2021년 식약처에서 제시한 기준에 따르면 마약성 진통제를 처방하는 경우는 까다롭기 짝이 없다. 우선 아세트아미노펜이나 이부프로펜과 같은 일반 진통제를 쓸 수 없거나, 먼저 써서 효과가 없는 것을 확인했을 때 좀 더 강력한 진통제를 쓰도록 기준을 제시하고 있다. 이때 사용하는 강력한 진통제도 효과가 빠르게 나타나는 일부 약물을 권하고 있다. 사흘간 천천히 효과가 지속되는 펜타닐 패치는 여기에 해당하지 않는다. 그리고 만 18세 이상의 환자에게 사용하도록 권하고 있다.

즉 앞서 예로 든 것처럼 환자가 다짜고짜 병원을 찾아가 허리 통증이나 복합부위 통증 증후군을 호소하더라도, 이 가이드라인에 따르면 타이레놀이나 부루펜 또는 유사 성분의 진통제를 처방하고 이후에 효과를 확인한 후에 보다 강한 진통제를 권할 수 있다. 그럼에도 효과가 없다면 다음 단계인 마약성 진통제, 즉 펜타닐 패치로 바꾸는 것을 고려할 수 있다. 바꿀 때도 저함량 패치부터 시작해야 한다.

식약처 기준이 마냥 절대적인 규범은 아니지만 다른 학회의 가이드라인도 크게 벗어나지 않는다. 그렇다 보니 비정상적으로 펜타닐을 많이 처방한 의사를 대상으로 조사할 때 참고 사항은 된다. 2022년 식약처에서 발표한 자료에 따르면 한 의원은 2019년부터 약 27개월간 특정 환자에게 고함량 펜타닐 패치를 243회(2,430매)나 처방했다고 한다. 매달 90매를 처방한 셈이다. 한 사람이 한 달 동안 쓰는 패치 10매를 훌쩍 뛰어넘는 수치다. 어떤 근거에서 처방했는지 조사가 필요한 대목이다. 이때 일반적인 가이드라인과 함께 비교해 볼 수 있을 것이다. 이 의원을 포함해 34개 의료기관, 16명의 의심 환자를 적발했다.

펜타닐을 불법으로 처방받는 것이 얼마나 위험한지를 보여주는 사례가 2020년 서울에서 발생했다. SNS를 통해 친해진 두 명은 이후 실제로 만나면서 더욱 가까워졌다. 이후 친구가 1명 합류하며 3명은 어느덧 마약을 함께하는 사이로까지 나아갔다. 이들이 함께 즐긴 마약은 펜타닐. 병원에서 처방받은 펜타닐을 함께 즐겼고, 어떤 병원이 펜타닐을 쉽게 내주는지에 대한 정보도 교환하며 서로의 '성지'를 공유했다. 그러던 중 사건이 발생했다.

3명 중 1명이 펜타닐을 너무 많이 처방받은 것이다. 아무리 펜타닐을 쉽게 처방하는 병원이라고 해도 너무 자주 처방받는 이 환자에 대해 의심하기 시작했고, 마약류 중독을 우려해 어느 날부터 처방을 거부했다. '황금알을 낳는 거위'의 배를 가른 한 친구 때문에 '성지'가 '험지'로 바뀐 것이다. 하필 이 시기 다른 친구는 경제적 어려움을 겪고 있었기에 펜타닐을 처방받아 팔 생각을 하고 있었는데 한 친구의 과욕으로 인해 이 전략도 물거품이 됐다. 한때나마 함께 약을 빨며 친하게 지내던 세 명이 본격적으로 다투기 시작한 것도 이 때부터다.

2020년 7월 29일, 세 명은 홍대 주변의 음악 연습실에서 만나 펜타닐을 함께 흡입했다. 이때까지만 해도 분위기가 좋았던 듯하다. 하지만 3시간 후인 오후 2시경, 펜타닐 처방이 힘들어졌다는 이유로 책임을 떠넘기며 싸우기 시작했다. 펜타닐 흡입으로 인한 일종의 흥분상태에서 싸움은 더 과격해졌다. 결국 가위가 날아다니고 청테이프로 사람 몸을 결박하는 등 가혹한 구타 끝에 한 명이 머리부위 둔력 손상으로 사망했다. 다툼이 있고 나서 대략 10시간이 지난 23시 30분경이었다. 이후 현실을 자각한 가해자 두 명은 사체를 급히 여행용 가방에 싣고 인적이 드문 공터에 유기하며 범행을 마무리했다. 그리고 잡혔다. 완전 범죄는 없다.

두 명의 범인에게 각각 징역 18년과 10년이 선고된 이 사건은 언론에서 '홍대 펜타닐 살인사건'으로 많이 보도됐다. 펜타닐은 이 사건의 전개에 중요한 역할을 했다. 구매 과정의 어려움에서부터 다툼이 있던 날의 흥분상태까지 펜타닐이 아니었다면 일이 이렇게 커지지는 않았으리라.

개인적인 의견이지만, 이런 일련의 사건이 보도되고 펜타닐로 인한 사회적 문제가 부각되면서 역설적으로 의사들이 펜타닐 처방을 부담스러워하는 듯하다. 사실 의사 입장에서는 경찰서에서 선화만 와도 부담스럽다. 거리낌 없이 처방하던 의사라도 이제 누군가가 보고 있다는 생각을 하며 펜타닐 처방을 조심하게 된다. 단속의 힘이다.

판례에서 미디어로

2022년 11월, OTT 플랫폼 웨이브wavve에서는 〈약한 영웅 Class 1〉이라는 드라마를 방영했다. 학교 폭력을 주로 다룬 이 드라마는 입체적으로 변화하는 캐릭터와 빠른 전개, 참신한 소재로 좋은 평가를 받았다. 그런데 이 참신한 소재 중에 펜타닐도 있었다. 학교에서 문제를 일으키던 무리가 클럽에서 펜타닐을 흡입하는 장면이 나온다. 그중 최고 악당이 펜타닐 패치를 몸에 붙이면 어지러워진다는 것을 알고서 주인공에게 몰래 붙이는 계획을 짠다. 드디어 시험 당일 이 악당은 다른 친구를 협박해 성실하게 시험을 치르던 주인공의 목에 펜타닐 패치를 붙이게 만든다. 결국 주인공은 시험 도중 극심한 어지러움을 느끼고, 놀라운 정신력으로 시험을 마무리하지만 좋은 점수를 얻지는 못한다. 이후 목에 붙어 있던 펜타닐 패치를 발견한 주인공의 응징과 함께 드라마의 본격적인 스토리가 전개된다.

극 중 장면을 보면 제작진이 펜타닐에 대해 꽤 많이 준비했다는 느낌을 받는다. 가령 불법으로 처방받는 펜타닐이 최대 함량이라는 점이나 이 패치를 적당량 잘라서 사용하는 장면은 현실을 어느 정도 반영하고 있다. 학생들이 클럽에서 펜타닐을 흡입하는 장면은 실제로 비슷한 시기 법원 판례에서도 서술하고 있는 대목이다. 앞서 언급했듯이 펜타닐은 패치로 붙이면 처음 약효가 시작될 때까지 대략 14시간 정도 기다려야 한다. 피부를 통해 흡수되는데 이 정도의 시간이 소요되는 것이다. 그런데 14시간은 클럽에서 노는 아이들에게 너무 긴 시간이다. 클럽이 끝나고도 남을 이 시간을 획기적으로 줄이기 위해 펜타닐을 불법으로 사용하는 사람들은 은박지 위에 펜타닐 조각을 놓고 밑에서 가열한다. 이후 주성분이 연기로 피어오르는데, 이 연기를 흡입해서 빠르게 효과를 보는 방식으로 펜타닐을 오용하고 있다. 미국에서 10년 정도 전에 펜타닐을 즐기던 방법이다. 어쨌든 지금 우리나라에서는 이 방법으로 펜타닐을 사용한다. 이런 현실이 드라마에도 잘 반영되어 있다.

다만 드라마에 오류도 있다. 악당이 시험 도중 주인공에게 몰래 붙인 펜타닐은 패치였다. 그러므로 앞서 언급했듯이 보통 14시간가량 지나야 본격적으로 효과가 나타난다. 즉 주인공은 목에 펜타닐 조각이 붙어 있다고 한들 별다른 이상 없이 시험을 잘 마무리하고 집에 가서 잠자리에 누웠을 것이다. 이후 펜타닐이 효과를 발휘해 숙면을 취했을 가능성이 크다.

그렇다고 마냥 좋은 일은 아니다. 다음 날 아침 주인공이 깨어나지 못하기 때문이다. 앞서 예로 든 스님이나 다른 부작용 피해자들처럼 펜타닐의 수번이나 호흡중추 마비 효과 때문에 여러모로 위험한 상황에 처했으리라 본다. 아무 일도 없이 시험을 치르고 이튿날 아침 주인공이 혼수상태로 발견된다면 드라마 진행이 안 되는 것도 당연한 노릇. 극적인 전개를 위해 펜타닐 효과가 곧바로 나타나는 설정으로 바꿨으리라 예상한다. 다큐멘터리가 아니다. 드라마다. 충분히 이해한다.

박찬욱 감독의 영화 〈헤어질 결심〉에서는 펜타닐을 독약으로 사용하는 내용이 나온다. 영화 후반부에 여주인공이 펜타닐 네 알이면 사람 죽는다고 별일 아닌 듯이 말하는 장면이 있다. 극 중 펜타닐은 고유의 효과와 상관없이 그저 독약으로 작용했을 뿐이지만 그 위험성에 대해 말하는 장면은 사뭇 묵직하게 남아 있다. 그런데 실제로 남을 해치려는 목적으로 펜타닐을 쓰는 경우가 있을까?

53세의 한 환자가 8년 전 사업 실패 이후 우울증이 겹쳐서 평택의 한 병원에서 치료를 받고 있었다. 이 환자는 등에도 통증을 느끼기 시작했기에 여동생이 권해주는 '파스'를 별생각 없이 건네받았다. 여동생이 권해준 이 '파스'는 최대 함량(100마이크로그램/시간) 펜타닐 패치. 그것도 무려 10장이었다. 잘못하면 죽을 수도 있는 양이다. 실제로 환자는 자신을 살해하고 보험금을 타기 위한 친동생의 권유였다고 진술했다. 그리고 거의 성공했다.

이 환자는 펜타닐에 대해 아무런 정보를 가지지 않았기 때문에 그저 간단한 진통 파스려니 생각하면서 양쪽 어깨를 포함해 총 네 장을 붙였다. 시간이 지나며 과량의 펜타닐은 위력을 발휘하기 시작했고, 환자는 남편의 도움으로 병원에 이송됐다. 때는 2014년. 병원의 조처는 신속했다. 펜타닐로 인한 호흡부전을 원인으로 규정하고 곧바로 인공호흡기를 가동한 것이다. 다행히도 환자는 4일째 의식을 회복했고, 그 이틀 뒤에는 스스로 호흡을 할 수 있는 상황에 이르러 일반병실로 옮겼다. 그리고 병원에 들어온 지 대략 2주 후에 퇴원했다.

하지만 펜타닐로 인한 호흡저하 때문에 이 환자는 치명적인 후유증을 겪게 됐다. 바로 뇌세포 괴사다. 병원에 입원해 있는 동안에도 이러한 괴사를 관찰했는데, 당시로서는 딱히 할 수 있는 일이 별로 없었다. 그런데 퇴원 후에 문제가 불거진 것이다. 우선 인지 기능이 떨어졌다. 양측 팔다리도 제대로 움직일 수 없었다. 재활병원에 머물면서 어느 정도 정상으로 돌아오는 듯했지만 그마저도 일시적이었을 뿐 오히려 갈수록 상황이 나빠졌다. 예를 들어 특정 도시로 가라는 환청이 들리기도 했고, 이미 돌아가셨던 아버지가 보인다는 말을 하기도 했다. 이후 조현병 치료제를 복용하는 동안에는 증상이 사라졌지만 시간이 지나자 아무 일도 없었다는 듯이 환각 증상이 재발했다. 2015년 강원도에서 보고된 사례인데, 이후 이 환자의 상태에 대해서는 보고되지 않았다. 언니에게 펜타닐 패치를 권했던 동생에 대한 뒷이야기도 전해지지 않고 있다.

이 사례에서 동생이 진정 언니를 살해할 목적으로 펜타닐 패치를 건네주었는지는 불분명하다. 언니는 살해 목적이 있었다고 의료진에 진술했고 그 표현이 논문에도 나와 있다. 하지만 경찰 조사로 이어진 것도 아니고, 동생의 입장을 들어본 것도 아니니 어느 정도는 걸러서 판단해야 한다. 정신병적 증상을 보이는 환자 상태에 대한 논문이라는 것까지 감안한다면 섣부르게 판단하기가 더욱 조심스럽다. 하지만 펜타닐이 영화의 소재로 쓰일 만큼 위험한 물질이라는 결론을 내리기에 충분한 사례다.

타인에 대한 범죄는 아니지만 펜타닐의 위험성을 보여주는 사례가 있다. 2021년 12월, 래퍼로 인기를 끌었던 불리 다 바스타드(본명 윤병호) 씨가 펜타닐을 복용한 후기를 털어놓았다. 한 TV 프로그램의 인터뷰에서였는데, 어떻게든 펜타닐을 끊어보겠다는 의지를 엿볼 수 있었다. 전 국민이 보는 TV 프로그램에 본인의 어두운 모습을 공개한다는 게 쉬운 일은 아니지 않은가.

당시 그는 인터뷰에서 펜타닐을 최악의 마약으로 꼽았다. 펜타닐 중독자를 벌레라고도 표현했다. 벌레로 표현한 이유는 펜타닐 조각을 찾기 위해 온 집안을 헤집고 바닥을 쓸거나 쓰레기통을 뒤집기 때문이었다. 방송 중 그가 공개한 집은 유리가 박살 나 있었다. 금단 증상으로 유리를 깬 흔적이었다. 또한 그는 펜타닐 복용 후 구역질이 너무 심해 위산이 올라오고, 어금니 네 개가 삭고 앞니 하나가 빠졌다고 이야기했다. 이로 인해 발음이 어눌해지는 것은 래퍼에게 치명적이지만 어쩔 수 없는 귀결이었다.

금단증상도 극심했다. 온몸이 끓는 기름을 붓는 듯이 뜨겁다가 또 극심한 오한이 찾아와 온몸을 두꺼운 이불로 꽁꽁 싸매고 있어야 했다. 수시로 찾아오는 공황 발작이나 공격성도 힘겹기 짝이 없었다. 젊을 때 멋모르고 빠졌던 펜타닐 중독의 대가치고는 너무 참혹하다.

하지만 끝이 아니었다. 펜타닐을 끊기 위해 몸부림치던 그는 시간이 지나 다시 마약에 손을 댔고 결국 검거됐다. 이번에 적발된 마약은 대마와 필로폰. 그가 다시 마약에 빠지게 된 경위는 알 수 없지만 안타까움은 여전히 남는다. 그는 징역 7년의 실형을 선고받고 복역 중이다. 때로는 논문보다 살아 있는 경험담이 더 와닿는다.

우리가 모르는 새 펜타닐은 병원의 사례 보고에서 법원 판례를 거쳐 일반인이 보는 뉴스까지 진출했다. 그리고 이러한 현실은 드라마를 통해서 그대로 반영되고 있다. 펜타닐은 거침없이 진격하고 있다.

통계에 잡히지 않는 중독자들

우리나라에서는 펜타닐을 얼마나 쓰는 걸까? 이 질문에 답을 하기에 앞서 다시 한번 언급하고 싶은 사실이 있다. 펜타닐 자체가 나쁜 것은 아니다. 지금도 펜타닐을 사용하는 사람들의 절대다수는 반드시 필요한 경우에 적법한 절차를 거쳐서 사용하고 있다. 좋은 제품이 많이 팔리는 것은 당연한 이치. 꼭 의약품에만 해당하는 사실은 아니다. 펜타닐도 더 많이 알려지면서 더 많이 쓰이는 것으로 생각할 수 있다. 많이 팔린다고 해서 꼭 나쁘게 바라볼 필요는 없다. 내가 아는 한 모든 신약 개발자들은 자신의 의약품이 많이 팔리길 바라고 연구한다. 그리고 펜타닐 자체는 참 좋은 약이다. 오해가 없었으면 한다.

그래도 판매량이 너무 급하게 오르긴 했다. 2010년 1월부터 4년간 건강보험심사평가원 자료를 기반으로 추산했을 때 조사 기간 내내 마약성 진통제의 처방 건수와 처방받은 환자 수가 늘었다. 2010년에 4만 3,000건 정도이던 것이 2013년에는 6만 4,000건으로 증가한 것이다. 펜타닐로 국한해 보면 어떨까? 이 조사에서는 성분별로도 통계를 내고 있는데, 4년간 가장 큰 폭으로 사용량이 늘어난 의약품이 바로 펜타닐이다. 일일상용량Daily Defined Dose, DDD으로 환산했을 때 2010년 3,816DDD에서 2013년 52만 2,770DDD로 늘었다. 산술적으로 계산하면 137배 오른 셈이다. 특히 암 환자의 펜타닐 사용(약 104배)보다 암이 아닌 환자의 펜타닐 사용(약 260배)이 더 큰 폭으로 늘었다. 갑자기 우리나라 사람들이 많이 아프게 된 것일까? 100배나?

이때 펜타닐 사용량이 늘어난 배경에는 2011년 전후로 출시된 펜타닐 패치제의 제네릭generic 의약품이 있다. 보통 복제약이라고 부르는 제네릭 의약품의 출시는 특허가 만료된 오리지널 의약품을 값싸게 공급하는 계기가 된다. 즉 가격이 내려가고 접근성이 좋아지면서 펜타닐에 대한 수요가 늘어난 것으로 추정할 수 있다. 하지만 이게 다일까?

제네릭 의약품 출시'만'이 이유라면 펜타닐'만' 늘어나야 한다. 그리고 펜타닐이 늘어난 만큼 다른 마약성 진통제는 줄어들어야 한다. 하지만 옥시코돈과 같은 다른 마약성 진통제의 처방 건수도 늘어나고 있다. 무엇보다도 앞서 언급했듯이 전체 처방 건수가 늘었다. 4년 내내. 사람들은 마약성 진통제를 더 많이 찾고 있었다.

다른 자료에서도 이런 경향을 확인할 수 있다. 서울대학교 병원에서 발표한 자료에 따르면 2015년 우리나라의 1인당 의료용 아편유사제opioid 사용량은 55밀리그램으로 OECD 국가 평균(258밀리그램)이나 미국(678밀리그램)보다는 낮은 수치를 보였다. 그러나 10년 전 10밀리그램이었던 것을 감안하면 그동안 대폭 상승했음을 알 수 있다. 같은 시기 아시아에서는 베트남(62밀리그램)과 말레이시아(60밀리그램)에 이어 세 번째로 아편유사제를 많이 사용하는 나라로 올라섰다.

이 자료에서 보여주는 수치는 의료용으로 사용한 경우를 뜻한다. 아프면 진통제를 써야 한다. 따라서 약물 오남용과는 거리가 먼 결과다. 하지만 미국에서 펜타닐 사태를 불러온 장본인이 처방 마약의 남용이었음을 염두에 둔다면 같은 시기 다섯 배 이상 늘어난 수치를 마냥 쉽게 넘길 수만은 없다.

2015년 이후로는 어떻게 됐을까? 저명한 국제 학술지인 《란셋 공중보건Lancet Public Health》에 발표된 자료에 따르면 2015년부터 2019년까지 우리나라의 의료용 아편유사제 사용량은 연간 30%씩 늘어났다. 증가 폭만을 따지자면 일본이나 중국, 인도 등을 제치고 아시아에서 가장 높다. 절대량 자체는 아직 일본 등에 비할 바가 아니지만 너무 가파르게 늘어나고 있다.

2019년 이후로는 어떻게 됐을까? 2022년 국정감사에서 마약성 진통제 처방 현황이 공개된 적이 있다. 당시 식약처에서 제출한 자료에 따르면 2021년 펜타닐 처방 건수는 148만여 건. 2018년 89만여 건에 비해 두 배 가까이 늘어나 있었다. 펜타닐만 늘어난 것이 아니라 옥시코돈과 같은 다른 아편유사제 계열의 마약성 진통제 사용량도 마찬가지로 두 배 가까이 늘어나 있었다. 펜타닐을 비롯한 마약성 진통제가 국내에 너무 많이 풀리고 있다. 이 중에 의료용 마약에 중독되어 오남용 하는 사람의 수는 통계조차 잡히지 않는다. 산발적인 단속과 검사를 통해 법적 조치를 취하고 있지만 경계가 불명확하다 보니 어려움이 있다. 그래도 지난 10여 년간 펜타닐 등의 의료용 마약 사용이 급격히 늘어난 것을 감안할 때 숨어 있는 오남용자의 수가 상당하리라고 개인적으로 생각해 본다.

대검찰청의 2023년 6월 발간 자료에 따르면 2022년 우리나라 마약류 사범은 역대 최다인 1만 8,395명을 기록했다. 이 숫자만으로도 충분히 많다. 언론이 말하는 소위 '마약 청정국'으로 부를 수 없는 것은 물론이고 지난 10년간 거의 두 배 가까이 늘어난 수치다. 그런데 이 수치에는 의료용 마약 남용자가 포함되어 있지 않다. 처방전을 받아서 합법적으로 쓰는 사람들이기 때문에 마약류 사범은 아니다. 그러나 이처럼 통계로 잡히지 않는 숨은 마약중독자까지 합친다면 그 수가 얼마나 늘어날지 짐작조차 하기 어렵다. 대마약시대, 우리나라도 예외가 아니다.

우선 용어 정리부터 해야겠다. 대마와 대마초를 정의하는 방식에서 법과 상식이 많이 다르기 때문이다. 우선 법. 우리나라 마약류 관리법에서는 '대마'를 마약류로 규정하고 있고, '대마초'를 식물 그 자체, 학명으로는 칸나비스 사티바Cannabis sativa로 지칭한다. 그런데 이 정의는 상식과 많이 다르다. 학계나 일반 시중에서는 보통 풀 그 자체를 '대마'로 지칭하고, 마약류로 흔히들 피우는 제품이나 그 형태를 '대마초'라고 부른다. 즉 법에서 정의하는 대마초는 기르는 대상이지만 상식적으로 대마초는 피웠다가 잡혀가는 대상이다. 1975년의 '대마초 파동'이나 그 후로 계속 이어진 대마초의 이미지, 학계에서 정의하는 식물 대마를 고려하면 법률이 조금 동떨어진 표현을 쓰고 있다는 생각이 든다. 이 책에서는 '대마'를 원료 식물, 피우면 잡혀가는 물질을 '대마초' 또는 '대마 유래 마약류'로 표현한다. 대마 유래 마약류에는 대마초 외에도 마리화나, 해시시 등 여러 가지 형태가 포함된다.

마약의 대명사로 양귀비나 모르핀을 흔히 떠올리곤 한다. 그러나 정작 마약의 기원을 거슬러 갈 때 근본에 도달하는 식물은 대마다. 양귀비 씨앗이 일반적으로 기원전 5000~3000년경의 역사에 등장하는 데 비해 대마는 그보다 시간을 더 거슬러 올라가 기원전 1만

그림 36. 대마 Cannabis sativa

2000~1만 년경의 자료에서도 흔적을 찾을 수 있다. 그 시절 종교지도자이자 의사였던 부족장이 대마를 사용했을 것으로 추측된다. 대마는 비교적 척박한 토양에서도 잘 자라고 음식으로서도 쓸 수 있을 뿐만 아니라 복용 시에 적당한 진정 효과와 함께 약한 환각 작용도 보인다. 여러모로 그 당시 제례의식에 적합한 물질이다.

여러 가지 용도 때문이었을까? 대마는 인류와 함께 성장해 왔다. 음식으로 사용한 것은 당연한 이치. 음식과 약이 원래는 하나이듯 약으로도 썼다. 설사나 구토 치료제로 쓰기도 했고 식욕촉진제로도 썼다. 제대로 된 약이 없던 시절임을 감안하면 대마가 양귀비처럼 만병통치약으로 쓰인 것이 그다지 이상한 일은 아니다. 먹는 것 외에도 여러 가지 방법으로 활용했다. 천, 종이, 기름 등 다양한 용도로 썼다. 대마는 자라기도 쉽고 쓸 것도 많은, 마지막까지 활용 가능한 천연자원이었다.

그래도 우리에게 제일 친숙한 용도는 마약이다. 전 세계에서 유통되는 마약류의 거의 70%가 대마 유래 마약류다. 즉 현재 가장 대중화된 마약류라고 볼 수 있다. 유엔에서 추산하는 대마 유래 마약류 사용자는 무려 2억 명 이상. 이름이나 형태도 다양하다. 대마초, 마리화나(marihuana 또는 marijuana) 등이 대표적이지만 대마를 농축해 주성분 함량을 높인 해시시hashish의 형태로 피는 경우도 있다. 참고로 마약의 '마' 자는 대마를 뜻하는 '삼 마麻' 자다. 흔히들 마약을 '악마의 약' 정도로 생각하며 '마귀 마魔' 자를 생각하는 경우가 많다. 그러나 '저릿하다'는 의미의 '마비 마痲' 자를 쓰는 일부 경우를 제외하면 대부분 '삼 마麻' 자를 쓴다. 한마디로 대마는 마약계의 시그니처 제품이다.

그런데 어느 지역에서 이렇게 많이 쓰는 걸까? 미국에서 제일 문제 되는 마약은 펜타닐, 유럽에서는 헤로인, 일본에서는 필로폰이다. 도대체 이들 나라 외에 어디에서 얼마나 대마를 마약으로 쓰길래 전 세계에서 점유율이 가장 높은 것일까?

사실 미국에서 가장 많이 '사용하는' 마약류는 대마 유래 물질인 마리화나다. 미국 질병통제예방센터 자료에 따르면 2019년 미국 내 대마 유래 마약류 사용자는 4,800만 명에 이른다. 출처는 다르지만 미국 보건복지부Department of Health and Human Service 자료에 따르면 같은 기간 미국 내 아편류 중독자는 160만 명에 그친다. 많긴 하지만 그래도 대마 유래 마약류 사용자와는 자릿수부터 다르다. 그럼에도 불구하고 미국이 대마 유래 마약류보다 펜타닐과 같은 아편류 중독에 더 신경 쓰는 이유는 앞서 설명했듯이 이 계열의 약물로 인해 사람들이 '죽기' 때문이다. 펜타닐 등의 아편계 합성 마약 때문에 2019년에만 4만 8,000명이 죽었다. 반면 대마 유래 마약류로 인한 사망자는 거의 보고된 바가 없다.

대마 유래 마약류는 마약류 중독 물질 중에서는 독성이 상대적으로 약한 편이다. 호흡곤란이나 구토, 편집증, 조현병 등의 부작용이 나타나 중독자를 힘들게 할 수 있지만 빈도가 조금 낮은 편이다. 그나마도 장기 사용자에나 해당하는 이야기다. 중독성도 상대적으로 낮아서 9~30%의 사용자가 대마 유래 마약류 중독을 일으킨다는 보고가 있다. 이 정도 수치면 담배와 비교해도 더 나빠 보이지 않는다.

효과는 어떨까? 보통 대마 유래 마약류를 복용하면 일차적으로는 진정 효과가 나타나 편안함을 느낀다. 쾌감도 살짝 따라온다. 여러모로 담배와 비슷하다. 차이점이라면 환각 효과다. 대마 유래 마약류를 과량 흡연 또는 복용할수록 환각이 심해진다. 복용자 입장에서는 이 단계에서 더 행복감을 느끼는 경우도 있지만 환각이 심해지는 만큼 그다지 권장할 만한 상황은 아니다.

대마의 위험성이나 효과를 보면 현대사회가 대마에 지나치게 엄격함을 알 수 있다. 이런 이유 때문인지 최근에는 일부 국가나 미국의 특정 주에서 대마를 합법화하기도 했다. 과학적으로나 사회적으로 대마는 합법화의 대상으로 자주 논쟁거리가 되곤 한다.

대마는 어쩌다 마약으로 낙인찍혔을까? 원래 대마는 규제의 대상이 아니었다. 우리나라에서도 그랬고 전 세계적으로도 그랬다. 규제를 하기도 힘들었다. 아프가니스탄이나 동남아시아 등지에서 집중

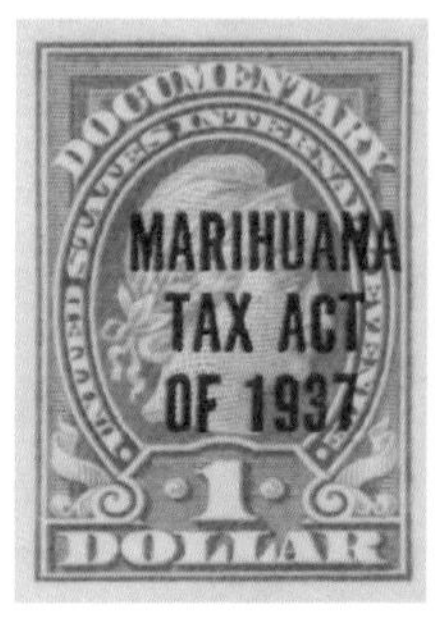

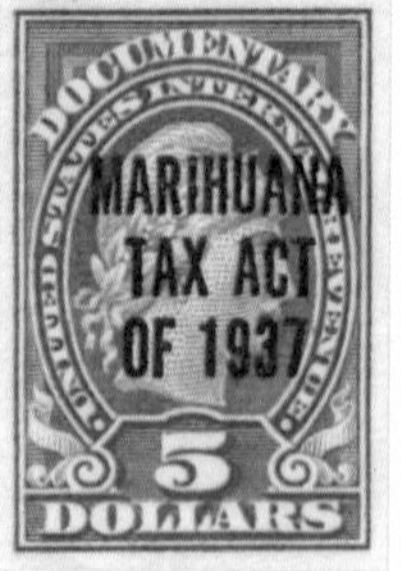

그림 37. 마리화나 세금법 시행 당시 발행한 스탬프

적으로 생산되는 아편이나 남아메리카에서 주로 만들어지는 코카인과 달리 대마는 전 세계 대부분의 지역에서 잘 자란다. 그냥 씨만 뿌려둬도 된다. 심지어 단속해서 대마 밭을 갈아엎어도 한해살이인 대마는 이듬해에 아무 일도 없다는 듯이 다시 자란다. 이처럼 전 지구적으로 자라는 유구한 역사의 대마를 규제하기는 사실상 불가능한 일이다. 1914년 마약법으로 헤로인, 코카인 등을 금지할 때도 대마는 단속에서 살짝 비켜나 있었다.

그런데 이 대마에 대한 규제가 이루어졌다. 1937년 미국에서 마리화나 세금법Marihuana Tax Act을 제정해 대마를 금지한 것이다. 이전부터 대마 규제 움직임이 없었던 것은 아니지만 법을 제정해 공식적으로 제재를 가한 것은 주요 국가 중 최초였다. 엄밀히 말하면 '금지'가 아니라 '세금 부과'지만 번거로운 절차와 함께 우표를 구매하는 형태로 과도한 세금을 강제했으니 사실상의 '금지'라고 봐도 무방하다.

배경은 여러 가지로 추측된다. 1933년 말 폐기된 금주령 관련 예산을 가져오기 위해 새로이 대마를 금지했다는 주장도 있고, 대마와 경쟁하던 플라스틱 업계의 영향력이라는 이야기도 있다. 여러모로 따져볼 부분은 있지만, 대마 유래 마약류를 규제하는 것을 넘어 결과적으로 대마의 모든 상업적 가치를 '0'으로 만들어버린 이 법안은 지금도 큰 논란이 되고 있다. 하지만 이런 논란은 모두 시간이 한참 지난 후의 일이다.

잘 알다시피 미국은 당장 제2차 세계대전 이후 소련과 함께 세계 최강대국이 됐다. 미국의 영향력은 자연스럽게 국제사회로 이어져 1961년 유엔에서 대마 유래 마약류를 금지하는 단계까지 이르렀다. 헤로인이나 코카인과 같이 강력한 마약과 나란히 분류됐으니 비교적 효과가 약한 대마 입장에서는 조금 억울할 수도 있는 일이다.

그런데 역설적으로 대마는 그 와중에도 잘나갔다. 금지한다고 사라지는 것이 아님을 보여주는 좋은 예지만, 정작 당국의 단속도 그렇게 강하지는 않았다. 원칙을 강하게 세워두고 집행을 느슨하게 하는 방식이었다. 어느 정도 수긍이 간다. 밥 딜런이나 지미 헨드릭스와 같은 당대의 슈퍼스타들이 마리화나를 암암리에 즐겼다는 점도 무시할 수 없었을 것이다.

하지만 베트남전쟁을 계기로 대마 유래 마약류에 대한 단속도 강화된다. 당시 히피 문화로 대변되는 젊은 층이 마리화나를 즐기며 자유로운 분위기 속에서 반전운동을 펼쳐나갔기 때문이다. 베트남전쟁을 성공적으로 마무리해야 하는 당국으로서는 반전운동이 선을 넘은 것으로 느껴졌고, 이에 따라 대마 유래 마약류에 대한 단속을 원칙대로 실시하게 된다. 암묵적으로 넘어가던 관행이 어느덧 불법이 되어 많은 사람들이 당황해하며 잡혀가던 시기다.

우리나라 상황도 미국과 별로 다르지 않았다. 1957년 마약법을 제정해 아편류 마약을 강력하게 금지한 이후 한동안 마약이 자리를 잡지 못했다. 이 틈을 타고 성장한 것이 대마다. 당시 정권이 함부로 건드리지 못했던 구역부터 시작된 것으로 보는데 바로 주한미군이다. 당시 주한미군의 젊은 군인들은 미국 본토에서 대마를 가져와 타국살이의 애환을 달랜 것으로 전해진다. 그러나 너무 멀었다. 광활한 태평양 건너 이역만리 타국 아닌가. 더구나 미국 본토에서 대마에 대한 규제가 본격적으로 시작되자 본국에서 대마를 공수하는 일도 어려워졌다.

이때 주한미군의 대마 사용자들이 주목한 것은 바로 우리나라에서 자생하는 대마였다. 앞서 설명했듯이 대마는 지역과 기후를 가리지 않고 대충 잘 자란다. 각종 번거로운 절차와 검역에 오랜 비행을 거칠 필요 없이 부대 밖으로 슬그머니 나가보면 전국 각지에서 대마가 자라고 있었다. 우리나라에서는 '삼'이라고 불렀는데, '삼베'를 만들거나 약용으로 쓰곤 하던 평범한 식물이었다. 주한미군이 혹시나 해서 잎을 이용해 피워보니 효과가 좋았다. 이후 'K-대마'에 빠진 미군을 보며 우리나라 사람들도 대마에 빠지게 됐고 그렇게 1970년대를 맞았다.

그런데 우리나라에서도 당시 젊은 사람들의 히피 문화나 반정권

演藝人3名拘束

歌手 李章熙·尹亨柱·李鍾鏞씨등

속보=대마초담배 해피스모우크 밀조판매 일제수사를 펴고 있는 서울지검趙寶衡검사는 3일오후 해피스모우크를피워온 가수尹亨柱(28) 李鍾鏞(26) 李章熙씨(28)등3명도적발, 습관성의약품관리법 위반혐의로 구속했다. 검찰에 따르면 가수李鍾鏞씨는 지난달20일 대마초60여g을 서울중區남창洞모살롱에서 金기태씨(21)로부터 1만원에 사들여 일부는 尹씨에게 또 일부는 다른사람을 통해 李씨에게 나누어준 혐의를 받고있으며 尹씨와 李씨는 73년 3월이래 매주 2, 3회씩 해피스모우크를 상습적으로 피운혐의를 받고있다.

大邱서 6名檢

演藝人 大學生에 習慣吸煙者 많아

拘束회오리몰고온 해피스모우크

뉴스의 現場

舞臺뒤서 차츰中毒

그림 38. 1975년 대마초 파동 당시의 기사

성향은 미국과 별반 다르지 않았다. 이를 단속하는 당국의 움직임도 마찬가지. 기타를 치고 포크송을 부르던 유명 대중 가수들은 그 전까지는 별말 않다가 갑자기 바뀐 대마 유래 마약류 단속 분위기에 억울함을 토로했다. 하지만 당시는 서슬 퍼렇던 군사 정권 시절이었다. 1975년 12월, '대마초 파동' 속에서 많은 사람들이 구치소나 교도소로 끌려 들어갔다. 대마가 본격적으로 어둠의 길로 빠져드는 순간이었다.

이후 우리나라에서 대마 유래 마약류 사범이 사면·복권된 적은 없다. 잡초처럼 잘 자라던 그리고 전국에 퍼져 있던 대마 밭이 삽시간에 사라진 것을 보면 당시 군사정권의 힘이 얼마나 절대적이었는지를 느낄 수 있다. 이후 대마 유래 마약류 합법화에 대한 논란이 거세지고 공중파 방송에서 〈백분토론〉을 진행하기도 했지만 법이 바꿔지는 않았다. 그런데 다른 나라에서는 합법화된 경우가 꽤 있다. 그리고 점점 늘어나는 추세다. 가령 미국의 일부 지역이나 유럽에서는 현실적인 이유나 역사적인 배경을 근거로 대마 유래 마약류를 합법화하기도 했다. 우리나라와 가까운 곳으로는 태국이 그랬다. 2022년 여름, 대마에 대한 규제를 풀었다. 물론 그렇다고 우리나라 사람들이 대마 유래 마약류를 태국에 가서 할 수 있는 것은 아니다. 현지에서 할 수는 있겠지만 귀국하면 마약류 관리법 위반으로 잡혀 들어간다. 관련 제품을 사오다가는 능숙한 마약 탐지견이 공항에서부터 주변을 맴돌며 으르렁거릴 것이다.

많은 지역에서 대마 규제를 푸는 이유가 단지 대마의 억울함을 해소해 주기 위해서일 리는 없다. 대마는 수익용 작물로서 훌륭한 가치를 지닌다. 우선 잘 자란다. 그리고 쓸모가 많다. 먹을 수도, 기름으로 활용할 수도 있다. 줄기를 이용해 종이로 만드는 것도 가능하다. 펄프로 만든 일반 종이에 비해 여러 번 재활용할 수 있어 많은 주목을 받고 있다. 대마의 속대에 풍부한 셀룰로오스 등에 착안해 바이오에너지를 만드는 움직임도 있고, 전통적인 용도였던 옷감으로 활용하자는 주장도 있다. 다재다능한 팔방미인이다.

의약품으로서의 가치 또한 크다. 대마는 오래전부터 약으로 써온 물질이다. 그러다 보니 경험적으로 약효를 찾아낸 경우도 있다. 제대로 된 약이 없는 질병의 경우에는 이런 경험이 큰 도움이 된다. 소아뇌전증 등의 경우가 바로 이런 사례다. 대마에 엄격한 기조를 유지하던 우리나라에서도 2019년 국내 대체 치료 수단이 없는 경우에

그림 39. 자가치료용 대마 성분 의약품 신청 및 처리 절차

한해 대마 성분의 약용 목적 수입을 허가했다. 뇌전증, 다발경화증, 항암 환자의 구역과 구토 등에 한해 해외에서 허가받은 의약품만 수입할 수 있다. 따라서 허가받지 않은 대마 오일이나 추출물은 제외된다. 한국희귀·필수의약품센터에 의사의 소견서를 첨부해 신청하면 동 센터가 구매를 대행하는 방식으로 이루어진다. 절차가 번거롭긴 하지만 마약류의 오남용을 고려하면 납득할 수 있는 제한이다. 대마의 의학적 가치를 인정했다는 점에서도 나름 의의가 있다.

이런 여러 가지 상황을 고려하여 우리나라 중소벤처기업부에서는 '헴프 규제자유특구' 제도를 시행 중이다. '헴프hemp'는 환각 성분이 기준치인 0.3% 미만의 대마 또는 그 추출물을 가리키는 말로 보통 산업용 대마를 지칭한다. 굳이 번역하자면 전통적으로 재배하던 '삼' 정도로 해석할 수 있다. 경북의 안동 등 일부 지역이 선정되어 2020년 8월부터 4년간 비교적 자유롭게 대마를 재배할 수 있다. 물론 제한은 있다. 앞서 언급한 것처럼 주요 환각 성분의 함량이 기준치보다 낮아야 할 뿐만 아니라 섬유나 종자의 채취만 목적으로 해야 한다. 또한 대마 중에서도 환각 성분이 비교적 높은 잎과 미수정 암꽃 등의 부산물은 전량 폐기한 후 보고해야 한다. 마약류의 중요한 한 축을 담당하는 대마이다 보니 관련 규제를 풀었다고는 하지만 여전히 조심스러워하는 것을 엿볼 수 있다.

양귀비가 모르핀으로 사람을 홀렸다면 대마에서도 그런 역할을 하는 물질이 있을 것이다. 대마에서 추출한 565개의 화합물 중이 효과를 담당하는 주물질은 (-)-트랜스-Δ9-테트라히드로칸나비놀trans-Δ9 -tetrahydrocannabinol, THC. 통칭 THC로 부르는 물질이다. 1964년에 이스라엘 학자들이 찾아낸 이 물질이 대마의 진정 효과와 환각 효과를 유도하는 주범이었다. 대마의 약효와도 관련이 있었음은 당연하다. 약은 독이니까.

다만 THC가 그다지 강한 독은 아니다. 각종 동물 실험과 그간 이뤄진 실험으로 볼 때 사람을 죽게 하는 데 필요한 THC의 양은 대략 10그램 이상. 통상적으로 대마초나 마리화나를 피웠을 때 THC 섭취량은 그 1,000분의 1인 10밀리그램 남짓이다. THC 자체의 독성으로 죽으려면 대마초를 1,000대 이상 피워야 한다는 건데 쉽지 않은 일이다. 물론 대마초에는 THC 외에도 564개의 천연물이 있으니 1,000대를 피우기 전에 죽을 수도 있다. 대마초의 위험은 THC 자체로 인해 죽기보다는 환각 상태에서 부수적으로 위험한 행동을 취함

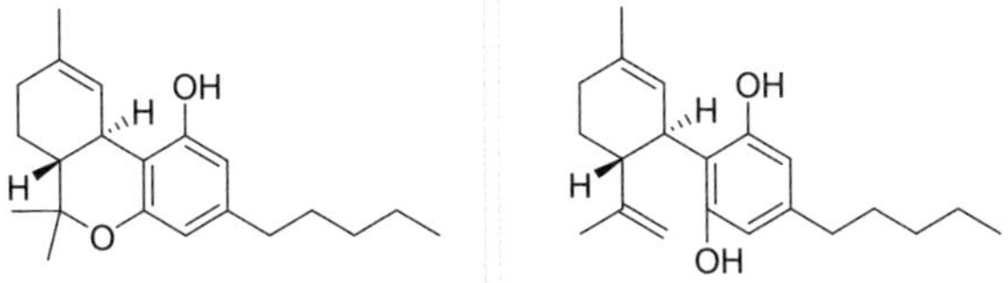

THC

CBD

그림 40. THC 와 칸나비디올CBD의 구조

으로써 나타나는 경우가 많다. 대마초를 과소평가해서는 안 된다. 다만 대마초 자체의 독성에 비해 위험이 지나치게 과장된 면도 없지 않아 있음을 알아두었으면 한다.

THC가 분리될 즈음 관련된 다른 물질의 분리와 구조 확인도 이루어졌다. 가령 칸나비디올cannabidiol, CBD의 구조도 1963년에 확인됐는데, 이 물질은 환각이나 중독 등의 부작용이 비교적 약하면서도 대마의 약효에는 깊이 관련된 물질이었음이 밝혀진다. 따라서 지금 대마 관련 의약품은 대부분 이 두 물질, 즉 THC 또는 칸나비디올과 주로 연결되어 있다. 소아뇌전증 치료제로 주목받은 에피디올렉스Epidiolex는 칸나비디올이 주성분이고, 에이즈나 항암 환자의 구역, 구토, 식욕부진을 위한 약물인 마리놀Marinol은 THC가 주성분이다. 다발경화증에 쓰는 사티벡스Sativex는 THC와 칸나비디올이 섞여 있는 형태로 사용한다. THC의 합성 유도체를 사용하는 세사멧Cesamet이란 약을 포함하더라도 대부분 대마의 천연 성분 구조를 크게 벗어나지 않음을 알 수 있다.

대마에 대한 인식이 바뀌고 있는 만큼 앞으로 대마 관련 물질이 전면 합법화되는 날이 올까? 일부 지역에서 의료용 대마를 넘어 기호용 대마까지 합법화하며 그 수가 갈수록 늘어나고 있지만 완전한 합법화까지 가지는 않을 듯하다. 마약류인 대마초나 마리화나를 비교적 일찍 허용한 네덜란드에서도 자국민에 한해 일정 장소에서 일정량 이하만 구매할 수 있도록 하고 있다. 미국에서 최초로 오락 목적으로 대마초나 마리화나를 합법화한 콜로라도주의 경우에도 시간이 지나며 관련 마약류 남용으로 인한 문제를 호소하는 사람들이 늘어나고 있다.

개인적으로도 대마초 합법화에 대해서는 조금 보수적으로 접근했으면 한다. 대마의 억울함을 풀어주는 것도 의미 있겠지만 결국 우리 사회에 어떤 도움이 될지가 더 중요하다. 지금 시점에서 대마초를 오락용으로 허용하는 것이 굳이 필요한지도 생각해 볼 문제다. 오히려 대마약시대를 살고 있는 우리에게 잘못된 시그널을 주지 않을까 조심스럽다.

다만 대마에 대한 지나친 우려는 걷어낼 필요가 있다. 산업용 대마가 가진 잠재력을 살릴 수 있는 좋은 기회를 근거 없는 걱정과 소모적인 논쟁으로 놓치지 않았으면 한다.

대마약시대

*The Age of the Fentanyl Crisis
and Other Drugs*

4

마약을 줄이는 방법

마약이라는 늪

연예인은 왜 마약을 많이 할까? 사실 연예인이 특별히 많이 한다기보다는 연예인이라서 더 많이 이슈화됐다고 봐야 하지 않을까 싶다. 일반인도 많이 한다. 10년 전에 비해 마약류 사범의 수가 거의 두 배 가까이 늘어났다. 마약류 사용자가 늘어났기 때문인지, 수사를 철저히 하기 때문인지는 알 수 없으나 일반인이든 연예인이든 마약류 사범이 늘어난 것은 확실하다.

마약류 사범 관련 기사에서 끊이지 않는 것은 기존에 했던 마약류 사범이 다시 잡혀 들어오는 일이다. 유명 연예인이 마약류 투약 혐의로 잡혔는데 알고 보니 그 전에도 관련 전과가 있다거나, 마약류 투약으로 추방됐다가 우여곡절 끝에 한국으로 돌아와 다시 마약에 손댄 사건 등은 익숙한 레퍼토리다. 대검찰청 발표에 따르면 2022년도 전체 마약류 사범의 재범률은 35%에 이른다. 3명 중 1명은 다시 죄를 저지른다는 말인데 생각보다 높다.

사실 마약류 사범이라고 다 같은 급은 아니다. 시골에서는 어르신들이 판매와는 상관없이 본인들의 약으로 쓰겠다며 양귀비를 재배하는 경우도 많다. 서울 한복판 연립주택 텃밭에서 관상용으로 양귀비를 길렀다가 입건되는 경우도 발생했다. 1900년대의 일이 아니다. 무려 2021년의 일이다. 당연히 현행법상 불법이다. 이런 경우에는 쉽게 예측할 수 있듯이 재범률이 낮다. 14.7%. 따라서 평균의 원리를 감안했을 때 나머지 경우, 즉 필로폰 등 향정신성의약품이나 대마 사범처럼 우리가 흔히 생각하는 마약류 중독자의 재범률은 더 높아진다. 거의 40%에 육박한다. 법무부에서 발표한 전체 범죄 재범률 23.8%와 비교했을 때도 마약류 사범의 재범률이 더 높음을 알 수 있다.

그림 41. 관상용, 약용, 판매용 등 어떤 경우든 우리나라에서 양귀비 재배는 불법이다.

왜 이렇게 마약류를 끊기 힘들까? 마약류 중독에서 헤어나온 사람들의 인터뷰에 따르면 중독의 패턴이 있다. 본인이 평소에 경험하기 힘들 정도의 쾌락을 경험한 후 그 기억을 잊지 못한다는 것이다. 너무나도 강렬했던 기억을 찾아서 다시 그것만 갈구하게 된다. 그

쾌락이 흥분이든 진정이든 환각이든 별로 차이는 없다. 월급에 심드렁해진 복권 당첨자처럼 평범한 일상은 지루하기만 하다.

그래도 일주일 내내 쾌락 상태에 빠져 있지는 못한다. 내성이 생기기 때문에 같은 양을 투여해도 쾌락의 감도가 내려간다. 투약량이 늘어나는 순간이다. 아무것도 하지 않고 마약류만 찾아다니며 인간관계가 파탄 나거나 가지고 있는 돈을 소진하기도 한다. 마지막에 망가지는 것은 본인의 건강. 마약류의 위해성이다. 결국 그들도 어느 순간 거울 속에 비친 초췌해진 자신의 모습을 발견하고 마약류에서 헤어나오려고 한다. 하지만 이때 금단증상이 나타난다. 갑자기 마약류를 끊으면 실제로 호흡계나 순환계 이상으로 인해 죽을 수도 있다. 이 순간 다시 투약하는 마약류는 이제 생명수다. 드라마 속 마약류 중독자를 보면서 저걸 왜 못 넘기냐고, 끊으면 안 되냐고 생각하지만 그렇게 쉽지 않다. 실제 중독자였던 사람들의 회고를 들어보면 생각보다 어려운 일임에 분명하다. 주위를 보면 담배도 제대로 못 끊는 사람이 얼마나 많은가.

내성, 위해성, 금단성 못지않게 마약류 중독자가 헤어나오지 못하는 또 다른 이유는 주변 관계에도 있다. 마약류를 하게 된 사람의 주변에는 마약류를 하는 사람이 꽤 있을 것이다. 본인이 끊으려고 마음을 먹어도 옆에서 돕지 않으면 말짱 도루묵이다. 술을 끊는다는 것은 같이 술을 마시던 사람과의 관계가 변할 수도 있다는 말이다. 함께 마시던 술친구와의 관계가 소원해질 것은 분명한 노릇. 같이 한잔하면서 뒷담화를 나누고 은밀한 정보를 주고받던 친구나 동료와 멀어질 각오를 해야 끊을 수 있는 게 술이다. 마약류 중독은 더 심하다. 같이 불법을 저지르던 사람들 아닌가. 서둘러 끊어내야 할 관계인 것은 분명하지만 그만큼 또 어렵다. 특히 금단증상을 겪고 있는 사람들에게는 더 그렇다. 마약류를 끊기 위해 독하게 마음먹고 핸드폰까지 바꿔가며 전화번호를 몽땅 지워버려도 그 번호만큼은 또렷이 기억난다고 한다. 자신에게 마약류를 공급하던 그 번호 말이다. 머릿속에 떠오르는 걸 어떡하겠는가.

사실 학자들도 마약류 중독성에 대해 명쾌한 답을 내놓지는 못하고 있다. 실험 모델을 만들기도 어렵고 그 모델이 공신력을 가지기도 어렵다. 그래서 측정하는 방식에 따라 다양한 결과가 나온다. 과학적으로 중독성을 설명하는 것이 무척이나 어려운 이유다. 그래도 사람들은 중독성에 대해 여러 가지 이론을 제시하는데, 그중에서 가장 밀접하게 관련된 것은 앞서 설명했듯이 효과다. 일단 효과가 크면 기억에 오래 남고 다음 행동에도 영향을 미치게 된다.

그다음으로 사람들이 주목하는 요소는 접근성이다. 비교적 효과가 약한 편인 술이나 담배를 정작 끊지 못하는 것은 편의점에서 쉽게 살 수 있기 때문이다. 설령 본인이 사지 않더라도 지인들과 함께하는 것까지 고려하면 접근성은 더 높아진다. 생각해 보면 핸드폰 게임에 빠져드는 이유도 단순히 재미있기 때문만은 아니다. 터치 몇 번으로 다시 할 수 있기 때문이다. 즉 편하다. 무시할 수 없는 요인이다. 해외여행이나 테마파크에 놀러가는 게 재미있긴 하지만 정작 중독에 빠지기 어려운 것도 비슷한 맥락이다. 쉽게 못 가기 때문이다.

이러한 접근성 이슈는 2000년대 들어 폭발적으로 증가한 옥시콘틴 중독자를 설명하는 데에도 유용하다. 병원에서 합법적으로 마약성 진통제를 처방받는 것은 길거리에서 헤로인 딜러를 찾아다니는 것보다 훨씬 안전하고 또 편리했기 때문이다.

이처럼 마약류 중독에서 헤어나오기 어려운 이유는 생리적인 요인과 사회적인 요인으로 어느 정도 설명된다. 공감도 된다. 경험자들의 생생한 증언보다 강력한 근거는 없다. 우리가 일상적으로 경험하는 가벼운 중독과도 일맥상통한다. 하지만 과학적으로 한 번 정도 접근해 봤으면 한다. 학문적으로 들어가다 보면 조금 다른 관점에서 실마리가 보일 수도 있기 때문이다.

전환점을 만들다

1921년 오토 뢰비Otto Loewi는 간단한 실험을 했다. 개구리 심장을 적출해서 미리 준비해 둔 수조에 담근 것이다. 심장은 조건만 맞으면 몸 밖에서도 뛴다. 개구리 심장도 마찬가지로 적절한 리듬으로 뛰고 있었다. 뢰비는 개구리 심장을 하나 더 마련했다. 즉 두 개의 수조, 두 개의 심장이다. 모두 잘 뛰고 있다.

뢰비가 엽기적인 생리학자라서 이런 실험을 설계한 것은 아니었다. 당시 신경이 어떻게 감각을 전달할까에 대한 논쟁이 극에 달해 있던 시점에서 뢰비는 본인의 실험이 하나의 전환점이 될 것으로 생각했다. 그때 학계는 신경이 전기적 자극으로 감각을 전달한다는 학파와 화학적 자극으로 감각을 전달한다는 학파로 나뉘어 있었다. 전기파의 주장은 간단했다. 시체도 전기를 가하면 움직인다. 더 이상 무슨 증거가 필요하겠는가?

그러나 화학파의 주장도 일리는 있었다. 화학물질로도 감각을 전달하는 경우가 보고됐다. 무엇보다도 신경도 세포인데 세포와 세포 사이의 신호전달을 설명할 방법이 없었다. 떨어져 있는 신경이 어떻게 전기를 전달한다는 말인가. 벼락을 맞아도 붙어 있어야 같이 감전된다. 이처럼 당시 학계는 각자의 근거와 논리를 바탕으로 부지런히 논쟁하고 있었다. 전형적인 학계의 모습이었다.

뢰비는 중립적이었다. 하지만 그는 답을 확인할 수 있는 간단한 방법을 고안했다. 우선 개구리 심장이 뛰고 있는 하나의 수조에 전기 자극을 가하여 심장을 느리게 뛰도록 했다. 이후 이 심장이 담겨 있는 수조의 액을 다른 쪽 수조에 옮겨주었다. 만약 첫 번째 심장에서 특정한 화학물질이 나와서 심장을 느리게 뛰도록 만들었다면 그 물질은 다른 수조에도 소량 녹아 있을 것이 분명했다. 그렇다면 그 물을 옮긴 두 번째 심장, 즉 전기적 자극을 따로 가하지 않은 개구리 심장도 느리게 뛸 것이다. 화학물질은 물에 녹아서 옮겨 가니까. 만약에 신경세포를 조절하는 것이 전기적 자극이라면 수조의 물을 옮겨받은 두 번째 심장은 아무 변화가 없을 것이다. 전기는 물로 전달되지 않으니까.

결과는? 뢰비가 설레는 마음으로 준비했던 실험은 명확하게 결론을 보여주었다. 두 번째 심장이 첫 번째 심장처럼 느리게 뛰기 시작한 것이다. 분리돼 있던 심장이 동기화했다. 자극을 전달하는 것은 화학물질임이 분명했다.

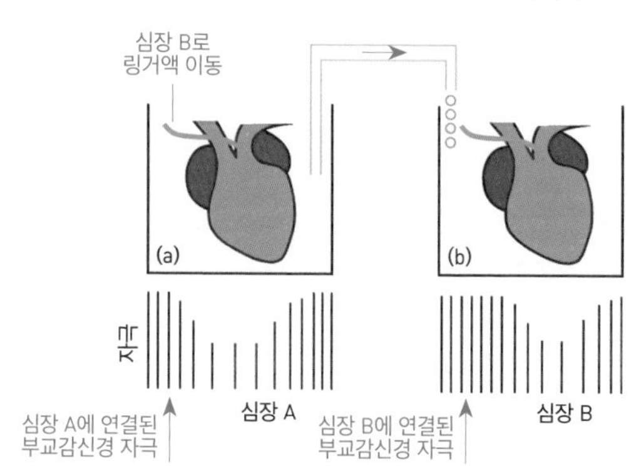

그림 42. 뢰비의 개구리 심장 실험

실험은 간단했지만 파장은 꽤 컸다. 신경전달물질의 근거를 명확하게 밝힌 이 실험은 학계의 흐름을 바꿨다. 이후 수많은 후속 실험을 통해 사람들은 어느 정도 결론을 내리게 됐다. 신경세포 내에서는 전기적 변화에 따라 자극이 세포 말단으로 이동하고 다음 세포로 전달될 때는 화학적 자극이 담당한다는 것이다. 뢰비 본인에게도 변화가 따라왔다. 1936년 노벨 생리의학상을 받은 것이다. 유태인이었던 그가 이후 나치 독일을 피해 오스트리아에서 미국으로 망명하는 데 이 상이 큰 역할을 하기도 했다.

이후 수많은 신경전달물질이 분리됐다. 아드레날린adrenaline처럼 기존에 분리된 물질이 알고 보니 신경전달물질이었던 경우도 있다. 심장이나 기관지의 자율신경을 조절하면서 심장박동을 빠르게, 호흡을 깊게 하도록 만든다. 아드레날린 외에도 많은 물질이 분리됐는데 모두 100개가 넘는다. 도파민이나 세로토닌처럼 누구나 한 번쯤 들어봤을 법한 물질이 여기에 속한다. 엔도르핀endorphin도 그렇다.

엔도르핀

양귀비가 사람들 아편 피우라고 모르핀을 만들리는 없다. 그보다는 나름 자기를 지키는 물질이라고 봐야 할 것이다. 식물은 천적을 피해 도망갈 수도 없다. 뿌리를 뽑지 않는 한. 결국 식물이 선택한 방법은 다양한 화합물을 만들어 자신을 지키는 것이다. 그중에는 작고 가벼운 물질이 식물체 밖으로 빠져나오는 경우도 있다. 우리가 피톤치드phytoncide라고 부르는 물질이 여기에 해당한다. '식물'이란 뜻의 접두사 'phyto'와 '죽인다'는 뜻의 'cide'로 이루어진 말이다. 우리는 피톤치드라면 마냥 몸에 좋은 것으로 생각한다. 하지만 그것은 우리가 충분히 커다란 개체여서 식물체의 살충제를 감당할 수 있으니 가능한 이야기다.

식물체가 자기를 지키는 방법에 피톤치드만 있는 것은 아니다. 식물은 조금 더 고차원적인 물질도 만든다. 이런 물질을 공기 중에 살포하는 것은 비효율적이다. 그보다는 아껴두었다가 곤충이나 동물이 자기를 공격할 때 작용하는 게 더 낫다. 비장의 한 방이다. 쓴맛이 여기에 해당한다. 약초나 한약이 쓴 이유이기도 하다.

그런데 맛으로만 공격하는 것은 조금 약하다. 그래서 식물은 자신을 보다 적극적으로 지키는 물질도 만들어낸다. 양귀비가 고생 끝에 만든 모르핀이 여기에 해당한다. 구조적으로 복잡하기 짝이 없는 모르핀은 양귀비가 허무해하지 않도록 열매를 먹은 동물을 순식간에 재워버린다. 아마 그 동물은 다음에 양귀비를 쉽사리 먹지 않을 것이다. 물론 이런 전략이 항상 성공하는 것은 아니다. 호주의 유칼립투스Eucalyptus도 모르핀만큼은 아니라도 나름 고유의 수면 성분을 만들어 자기를 지키려 했지만 뜻밖의 임자를 만났다. 코알라다. 먹고 그냥 잔다.

그림 43. 유칼립투스의 천적, 코알라

양귀비의 전략도 마냥 성공했다고 보긴 어렵다. 코알라가 그랬듯이 사람들도 모르핀을 노리고 양귀비를 찾아다녔기 때문이다. 열매가 익을 때쯤이면 여지없이 다가가 열매에 상처를 내고 유액을 모아 모르핀을 즐겼다. 하긴, 이런 과정이 길어지면서 나중에 사람들이 양귀비를 재배하고 전 세계에 양귀비 밭이 널리 퍼졌으니 유전자 보존이라는 측면에서는 성공했다고 볼 수도 있겠다.

식물이 만드는 모르핀은 어떻게 동물을 잠재우는 것일까? 일단 사람의 신경세포에 모르핀을 인지하는 단백질이 존재한다는 것이 밝혀졌다. 아편유사제 수용체 또는 아편 수용체라고 이름 붙은 이 단백질은 모르핀과 같은 아편유사제와 결합하여 세포 내로 신호를 전달하고 있었다. 적당히 자극하면 통증을 없애고 흥분을 가라앉히며 편안하게 만드는 것도, 사람들이 마약류 중독에 빠지는 것도 결국 여기에 이유가 있었다. 후속 연구를 통해 사람들은 아편 수용체도 하나가 아니라 여러 가지 세분화된 형태로 존재하며, 뇌신경뿐만 아니라 심장이나 호흡기, 근육 같은 말초신경에도 존재한다는 것을 밝혀냈다.

열쇠 없이 자물쇠만 있을 리가 있겠는가. 수용체가 있다는 것은 원래부터 이 수용체를 자극하는 물질도 있다는 것을 뜻한다. 사람이 수십만 년 동안 식물의 모르핀을 염두에 두고 신경세포를 진화시켰을 리도 없다. 결국 사람의 몸 안에 아편 수용체에 작용하는 물질이 따로 있다는 말이다.

1973년에 미국, 스코틀랜드, 스웨덴의 연구진이 거의 동시에 이 물질을 찾아냈다. 메트-엔케팔린Met-enkephalin과 류-엔케팔린Leu-enkephalin이라는 두 물질이었는데, 다섯 개의 아미노산으로 이루어진 작은 화합물이었다. 모르핀과는 전체적인 구조나 물성에서 차이가 크지만 부분적으로는 비슷한 구조도 존재한다. 아마 이러한 공통점 덕분에 모르핀이 우리 몸속 단백질에 결합해 구조를 바꾸고 결국 고유의 활성을 띠는 게 아닐까 추정하고 있다. 이후 베타-리포트로핀β-lipotrophin이라는 비교적 큰 호르몬도 유사한 작용을 한다는 것이 밝혀졌다.

이름이 좋아야 유명해진다. 이 복잡한 학술명을 가진 화합물군에도 적절한 이름이 필요해졌다. 학자들이 모여 의논했고 이후 '내인성 모르핀endogenous morphine'이라는 뜻의 엔도르핀으로 정했다. 꽤 훌륭한 작명이다. 직관적으로 와닿는다. 메트-엔케팔린, 류-엔케팔린, 베타-리포트로핀보다 낫지 않은가?

엔도르핀은 뇌 속에 주로 존재하며 신경전달물질처럼 신호를 전달한다. 일반적인 신경전달물질은 지극히 간단한 구조의 물질이다. 이에 비해 엔도르핀은 비교적 크기가 커서 신경전달 '호르몬'으로 분류하기도 한다. 그래도 어쨌든 아편 수용체에 결합해서 신경세포를 자극하면 통증을 줄여준다. 학자들이 "잡았다. 요놈"을 외치며 구조 개선에 돌입한 것도 당연한 노릇. 그러나 엔도르핀에 기반한 물질 중에 중독성 없는 진통제는 내가 아는 한 없다. 분자가 너무 거대하다 보니 구조를 바꾸기가 어려운 까닭이다. 누울 자리 보고 다리 뻗어야 한다. 사람들은 다시 모르핀으로 돌아갔다.

모르핀은 효과가 너무 다양했다. 진통, 진정, 행복 등 다양한 감각을 조절했다. 그러다 보면 내성도 생기고 중독성도 나타났다. 이 다양한 효과를 차별화해서 원하는 효과만 남기는 것이 학자들의 목표였다. 예를 들어 통증과는 별 상관 없이 복용하기만 하면 행복해지는 그런 물질. 중독성도 내성도 없는 그런 물질을 찾아나섰다. 나름 '신의 물질'이라고 불러도 될 만한 그런 물질 말이다. 하지만 다행인지 불행인지 그런 물질 또한 여전히 나오지 않고 있다. 그렇다면 엔도르핀이나 모르핀에서 원하는 효과만 분리하는 게 왜 이다지도 힘든 것일까? 정녕 안 되는 것일까?

고통의 끝, 달콤한 보상

이상적으로는 모르핀의 효과를 담당하는 세포가 각각 다를 것이라는 시나리오를 생각해 볼 수 있다. 물론 그럴 일은 별로 없다. 우리 몸의 신경세포가 그렇게까지 세분화되어 있을 것 같진 않다. 같은 신경세포라고 해도 모르핀의 효과를 담당하는 단백질이 달라서 차별화할 여지가 생길 것이라는 기대가 좀 더 현실적이다. 가령 '진통 수용체'와 '행복 수용체'가 따로 존재한다면 구조를 갈고 닦아 행복 수용체만 들어가도록 분자를 조각할 수 있다. 열쇠를 가다듬는 것이다. 한쪽 문만 열도록.

하지만 사람들의 희망이 무색하게도 수용체는 다르지 않았다. 모르핀의 다양한 효과를 담당하는 자물쇠는 아편유사제 수용체로 동일했던 것이다. 아무리 차별화해도 독성과 효과를 분리하는 것이 불가능하다. 같은데 어떻게 구별한단 말인가. 그런데 이처럼 수용체가 동일하다는 것은 생각해 볼 여지가 많다.

통증과 행복이 본질적으로 별 차이가 없다는 것인데 우리 몸은 왜 이렇게 진화했을까? 고난을 극복하는 과정이 생존에 도움이 된다고 가정해 볼 수 있다. 예를 들어 우리 몸은 고난을 겪을 때 이것을 이겨내기 위해 엔도르핀이 나온다. 마라토너가 30킬로미터를 달렸을 때, 즉 신체적으로 가장 힘들고 결승점도 많이 남은 그 시점에 이 내인성 모르핀이 방출된다. 그러면서 통증을 이겨낼 수 있게 돕는다. 기분도 살짝 좋아진다. 러너스 하이Runner's high라고 부르는 이 순간을 경험하기 위해 장거리 달리기를 하는 사람들도 있을 정도다. 엔도르핀의 힘이다.

그림 44. 러너스 하이를 경험하는 사람들

마라토너가 아니더라도 신체를 단련하면 엔도르핀이 나온다. 물론 길고 긴 고난을 이겨내야 하지만 어쨌든 그 보상은 달콤하다. 이런 과정은 생존에도 유리할 것이다. 신체 단련 끝에 고통만 남는다면 아무도 단련하려 하지 않을 것이다. 결과적으로 신체가 약해져서 자연의 경쟁에서 도태됐을 가능성이 크다. 어쩌면 엔도르핀은 우리가 적자생존에서 선택받기 위해 수십만 년 동안 쌓은 진화의 산물일 가능성도 있다.

그런데 외부에서 엔도르핀보다 훨씬 강력한 물질을 고농도로 넣어주면 어떻게 될까? 엔도르핀을 즐기기 위해 30킬로미터를 힘들게 달릴 필요 없이 주사 한 방, 알약 한 알로 비교할 수 없을 정도의 강력한 쾌감을 느낄 수 있다. 이 약물이 호흡곤란과 근육경직에 장기적으로 내성까지 일으키는 금단의 약물이라는 것을 아는 사람도 단기간에 느끼는 쾌감에 빠져 약물을 복용하는 것이다. 그리고 이 느낌을 잊지 못하고 중독의 늪에 빠진다. 일상적으로 즐기는 자극이 별로 크지 않거나, 트라우마와 같은 잊고 싶은 고통 속에 살고 있는 사람일수록 더 쉽게 유혹에 빠질 가능성이 크다.

모르핀이 주는 진통과 행복을 구별하는 데 실패한 것처럼, 중독을 차별화하는 데에도 학자들은 실패했다. 사실 중독의 기전은 여전히 불투명하다. 효과가 강하다고 해서 반드시 중독성이 강한 것은 또 아니다. 중독성을 수치화하는 방법부터가 어렵다. 그렇다 보니 자료도 다양하고 결론도 다양하다. 모르핀에서 중독성을 제거한 물질이 나오지 않은 것도 충분히 유추할 수 있다.

모르핀의 중독성을 제거하고 행복감만 유지하는 물질을 만들었다고 해도 나름 큰 문제가 아닐까? 어느 정도의 성취를 위해서는 단련의 시간이 필요하다. 30킬로미터 달리기만 그런 게 아니다. 발표회나 프로젝트를 준비하는 과정에도 긴 고통의 시간이 따른다. 물론

이 순간을 넘어 한계를 극복했을 때 얻는 쾌감은 엄청나다. 그런데 이런 과정 없이 쾌감만 느낀다면 우리는 어떻게 될까? 1932년에 발표된 올더스 헉슬리Aldous Huxley의 걸작 SF 소설 『멋진 신세계』에는 '소마'라고 하는 약물이 나온다. 사람들은 심심할 때 이 약을 복용하고 쾌감만 느낀다. 이들은 특별한 소망이나 욕구 없이 살아간다. 이런 사회가 건강한 사회라고 말할 수 있을까?

물론 중독성 없는 진통제는 필요하다. 앞서 언급했던 것처럼 옥시콘틴을 의사 처방대로 복용했다가 원치 않게 중독된 사람들이 너무 많다. 원치 않는 중독자가 앞으로도 계속 발생할 수 있다. 중독성 없는 진통제가 반드시 개발되어야 하는 이유다. 그러나 현재로서는 모르핀의 진통 기전을 이용하여 원하는 진통제를 개발하는 전략은 넘어야 할 난관이 너무 많다.

엔도르핀을 늘리자

마약의 효과를 다른 물질로 충족하는 방법이 있다면 참 좋겠다. 하지만 불가능하다. 마약이 너무 강력하기 때문이다. 아쉬운 대로 엔도르핀이나 도파민을 살짝이라도 즐기는 방법은 없을까? 마약류를 복용하지 않더라도 그 원인이 되는 효과를 누린다면 약간이나마 도움이 될 것이다.

어떻게 하면 엔도르핀 수치를 높일 수 있을까? 엔도르핀은 우리 몸이 고난을 극복할 때 나오는 경우가 많다고 했다. 그렇다고 해서 자기 몸을 너무 심한 고난에 빠뜨리면 그것도 나름 문제다. 무난히 힘들게 하면서 효율적으로 엔도르핀을 느낄 수 있는 방법은 없을까? 적당히 힘들고 아프면서 중독성 있는 것은 없을까?

우선 매운맛이 있다. 매운맛은 생리적으로 아픈 맛이다. 뜨거운 느낌과도 일맥상통한다. 매운맛을 내는 성분은 캡사이신capsaicin이란 물질이다. 이 물질이 세포에 건드리는 감각은 통증이다. 우리가 매운 짬뽕을 먹으면 얼얼해지는 느낌이 드는 이유가 바로 여기에 있다. 이후 통증을 극복하는 과정에서 엔도르핀이 방출된다. 그렇게 우리는 매운맛에 중독된다.

물론 양이 중요하다. 어느 정도의 엔도르핀이 나오는지, 얼마나 많은 캡사이신이 필요한지에 따라 이 방법의 효율성도 달라지긴 한다. 이 주제에 대한 연구도 진행 중이다. 실제로 2021년에 네덜란드 연구진은 매운맛에 따른 통증과 행복감에 대한 연구 모델을 논문으로 발표했다. 어쨌든 이 방법이 그나마 과학적으로 근거가 있다는 말이기도 하다. 불법 마약류 복용이나 30킬로미터 달리기에 비하면 효과가 미미하긴 해도 만 원짜리 짬뽕 한 그릇이 훨씬 낫지 않을까?

캡사이신과 엔도르핀의 관계를 밝히는 작업이 여전히 진행 중이지만, 캡사이신으로 통각 신경이 자극되는 것도 과학적으로 충분히 증명됐다. 그래서 이와 관련한 기전으로 진통제를 만드는 연구도 함께 이루어지고 있다. 처음에는 캡사이신 그 자체를 이용하는 방법으로 접근했다. 일단 세포가 통증을 인지하면, 쉽게 말해 한번 아프고

나면 그 후로는 일정 기간 통증을 느끼지 못한다는 점에 착안한 방법이다. 수용체, 즉 자물쇠가 포화 상태여서 다음 통증을 느낄 수 없다. 이런 효과에 기반해 관련 제품도 나와 있는데 진통 효과를 광고하기도 한다. 그래도 이 계열의 제품이 주로 쓰이는 곳은 발열 패치다. 추울 때 뜨끈한 용도로 조금씩 쓴다.

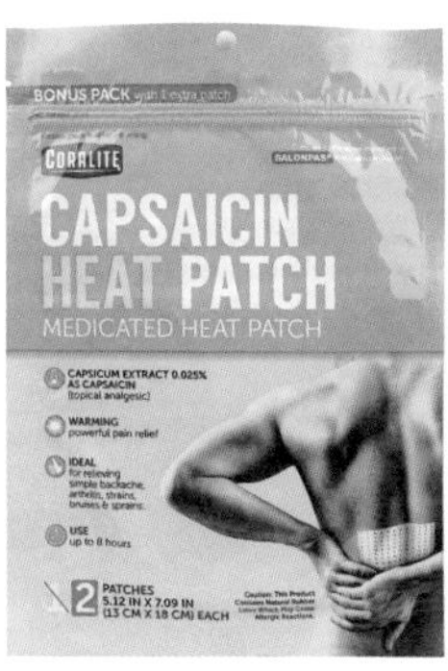

그림 45. 캡사이신 패치

흔히들 쓰는 '핫파스'에서 따듯한 느낌을 담당하는 물질도 캡사이신이다. 캡사이신 대신에 다른 물질을 사용하는 경우도 있지만 어쨌든 작용 기전은 동일하다. 알게 모르게 캡사이신은 우리 주변에서 존재감을 자랑하고 있다. 그렇다면 파스에도 쓰고 따듯한 느낌도 주는 이 물질을 진통제로 개발하는 시도가 마냥 허황된 목표는 아닐 것이다.

단점도 있다. 캡사이신 관련 물질을 사용하면 얼얼해진 다음에야 진통 효과를 느끼게 된다. 앞에서도 언급했듯이 일단 한번 아픈 다음 시작하는 것이다. 그냥 처음부터 안 아프면 안 될까? 그래서 캡사이신의 분자 구조를 바꿔 보다 우수한 진통제로 개발하려는 시도 역시 꾸준히 이어지고 있다. 물론 갈 길이 멀다. 다만 이러한 시도는 나름 의미를 가진다. 아편 수용체와는 거리가 먼, 중독성 약한 진통제이기 때문이다. 물론 지금도 타이레놀이나 각종 소염진통제는 아편 수용체와 상관없는 진통 효과를 보인다. 하지만 효과의 절대적인 수준이 낮다. 그래서 수술 후 통증이나 심각한 복합 통증에는 펜타닐과 같은 마약성 진통제를 쓰도록 가이드라인이 나와 있는 것이다. 여기에 보다 안전한 진통제가 추가된다면 나름 의미 있는 진보라 할 수 있을 것이다. 캡사이신은 그 실마리가 된다.

2004년 국내 제약회사 태평양에서는 독일의 글로벌 제약사에 캡사이신 신호를 차단하는 강력한 진통 물질을 개발해 기술이전을 했다. 순수 국내 기술로 연구해 특허기술상 세종대왕상을 수상하고 당시 기술료만 1,600억 원 이상을 받는 기염을 토했던 이 물질의 이름은 PAC20030. 'PAC'는 회사명인 '태평양'을 뜻한다. 화합물을 팔기 위해서는 당연히 이름이 필요하다. 하지만 개발 초기에는 이 물질의 장래를 예측할 수 없기에 좀 더 간단한 코드명으로 부르기 마련

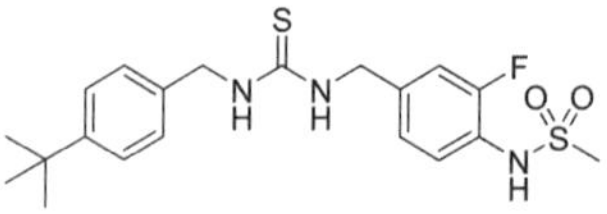

그림 46. SC-0030의 구조

이다. 실험실에서 연구할 때 이 물질의 코드명은 'SC-0030'이었다. '0030'은 2000년에 30번째로 만든 물질이라는 뜻이다. 'SC'의 'C'는 뭘까? 캡사이신capsaicin이다. 앞서 언급한 것처럼 캡사이신의 구조와 활성을 연구해 만든 물질이기 때문이다.

'SC'의 'S'에 해당하는 분은 당시 서울대학교 약학대학에서 이 연구를 주도했던 서영거 교수다. 서영거 교수 연구팀은 화학적으로 변형이 어려운 캡사이신 구조 그 자체를 연구하는 대신, 캡사이신과 3차원적으로 유사한 구조를 가지는 간단한 물질을 찾아내고 이 물질을 화학적으로 변형해 SC-0030을 개발할 수 있었다. 의약품 개발의 본질, 분자 조각의 정수를 보여준 훌륭한 예다.

엔도르핀을 만들 수 있는 방법으로 매운맛만 있는 것은 아니다. 간단하게 자신을 괴롭히고 또 극복할 수 있는 방법. 바로 자외선이다. 우리가 햇빛을 피하고 선크림을 바르는 이유는 자외선을 막기 위해서다. 지나친 자외선이 피부를 상하게 하기 때문이다. 하지만 그렇다고 햇빛과 너무 거리를 둘 수는 없는 노릇. 적당한 햇빛은 사람에게도 필요한데 엔도르핀과 관련해서도 그렇다. 자외선에 노출된 피부는 이 상황을 고난으로 여기며 낮은 농도이기는 하지만 엔도르핀을 방출한다. 사람들이 산책하면 기분 좋아지는 게 다 이유가 있었다.

이 결과 또한 과학적으로 검증됐다. 관련 논문이 2014년에 나왔다. 발표된 저널은 세계적으로 권위를 자랑하며 《네이처》, 《사이언스》와 함께 과학 분야 3대 저널로 평가받는 《셀》. 미국 하버드 의대가 주축이 된 연구팀은 관련 실험을 통해 이 사실을 증명했다. 그리고 피부에서 나오는 엔도르핀 때문에 자외선 중독이 일어난다고 보고했다. 논문 제목도 간단하다. '피부의 베타-엔도르핀이 자외선 중독을 매개한다Skin β-Endorphin Mediates Addiction to UV Light'. 이 정도면 충분히 검증됐 다고 봐도 되지 않을까?

그림 47. 작열하는 태양은 엔도르핀도 방출시킨다.

다만 엔도르핀을 위해 운동을 과하게 할 필요는 없다. 과한 운동은 산소 수치를 지나치게 높여 활성산소를 만든다. 활성산소는 노화의 주범으로 꼽히고 있어서 가능하면 줄이고 싶은 물질이다. 활성산소 때문이 아니더라도 지나친 운동은 관절이나 근육에 무리를 주므로 본인의 역량과 능력에 맞게 적절히 조절하는 것이 좋다. 과유불급. 공자님 말씀이 옳다.

운동이 부담스럽다면 사람들과 함께 웃는 것만으로도 도움이 된다. 2012년에 영국 옥스퍼드 대학 연구진은 웃음이 통증에 미치는 영향을 확인하려 했다. 사람들을 30분간 대기시킨 후 두 그룹으로 나눠 한쪽은 코미디 영상을 보여주었다. 확실한 결과 비교를 위해 다른 쪽에 보여준 영상은 잔잔하기 짝이 없는 다큐멘터리 영상. 30분간 틀어준 영상에서 코미디 영상을 시청한 사람들은 빵빵 터지게 웃었다. 불쌍한 다큐멘터리 시청 그룹은 웃지 않았다.

이 사람들은 영상을 시청하는 동안에 적절한 압력 장치를 가하여 가벼운 통증을 견디게끔 되어 있었다. 두 그룹을 비교한 결과 코미디 영상을 시청한 쪽에서 통증을 훨씬 더 잘 견디는 것으로 확인됐다. 이 결과가 의미하는 바는 조금 색다르다. 일반적인 관점에서 엔도르핀은 고통을 견디는 보상 체계인데 그것과 별 상관 없이 웃는 것만으로도 엔도르핀이 나온다는 것을 밝혀낸 것이다. 사실 고통을 견디는 쪽은 통증 장치를 하고서 30분간 잔잔한 다큐멘터리를 시청한 그룹이 아니었을까 하는 개인적인 생각이 든다. 어쨌든 이 그룹에서는 통증과 관련하여 유의미한 변화를 보이지 않았다.

추가 실험에서는 주목할 만한 또 다른 결과를 얻었다. 코미디 영상을 혼자 시청하도록 했을 때에는 웃는 것은 비슷했지만 통증에 대한 감도는 그대로였다. 엔도르핀이 특별히 더 방출되지 않은 것이다. 이런 결과를 종합하면 사람들과 함께 웃는 행위가 엔도르핀 수치를 높이는 데 더 도움이 된다고 판단할 수 있다.

방금 언급한 실험은 논란의 여지가 있다. 웃음과 통증의 관계를 본 것이지 직접적으로 엔도르핀의 변화를 관찰한 것은 아니기 때문이다. 정신없이 웃다 보면 엔도르핀과는 상관없이 사소한 자극쯤 그냥 넘어갈 수도 있는 법이다. 또한 통증에는 엔도르핀 외에도 여러 가지 물질이 관여한다. 웃음과 엔도르핀의 관계를 결론짓기 위해서는 더 '직접적인 증거'가 필요하다.

이 '직접적인 증거'가 2017년에 발표됐다. 핀란드의 연구진은 유사한 방식으로 실험을 설계했다. 하지만 통증을 견디는 정도를 확인한 것이 아니라 뇌 스캔을 통해서 아편 수용체가 얼마나 활성화되는지를 확인했다. 특별한 물질을 넣어주지 않은 상태에서 아편 수용체가 활성화된다면 엔도르핀이 방출된 것으로 결론을 내려도 무방할 것이다. 실험 결과 실제로 사람들과 함께 웃는 그룹에서 엔도르핀이 더 많이 방출된 것을 확인할 수 있었다.

그림 48.　사람들과의 일상적인 웃음은 엔도르핀 방출에도 영향을 준다.

이런 결과를 보면 사람들이 코미디나 예능에 중독되는 것도 이상하지 않다. 다큐멘터리를 통해 배우는 즐거움보다 빵빵 터지는 웃음거리에서 얻는 즐거움이 더 크다는 증거이기도 하다. 집에서 아이들이 유튜브나 숏폼 콘텐츠를 보면서 키득거린다면 옆에서 같이 보며 웃어주길 바란다.

엔도르핀 수치를 높이는 방법은 많다. 30킬로미터를 달리지 않더라도 적절한 운동으로 조금씩은 방출할 수 있다. 햇빛이나 매운맛,

웃음 등 우리가 일상적으로 접하는 방법으로도 충분히 가능한 일이다. 지금 마약류 중독이 궁금한 분이라면 일단 밖으로 나가서 뛰길 권한다. 그리고 땀이 흥건히 차오를 때 중국집으로 들어가 짬뽕 한 그릇을 시키면 된다. 고춧가루를 더 넣어도 된다. 얼얼한 국물을 가득 들이킨 후 사람들과 수다 떨며 웃는 그 순간이 바로 마약이다.

도파민을 늘리자

1990년대에 엔도르핀을 '행복 호르몬'이라 부르면서 엔도르핀이 풍부해야 한다는 광고를 봤던 기억이 있다. 마냥 틀린 표현은 아니다. 하지만 엔도르핀은 고통을 극복하는 것을 전제로 하는 행복 호르몬이다. 그리고 행복해지는 호르몬에 꼭 엔도르핀만 있는 것도 아니다. 또 다른 신경전달물질이자 일종의 행복 호르몬인 도파민도 있다.

도파민이 처음 세상에 알려졌을 때만 해도 이 물질은 그저 아드레날린 또는 유사한 신경전달물질인 노르에피네프린으로 가기 위한 생체 내 중간물질 정도로 생각했다. 하지만 이 물질이 뇌 속에서 발견되고 그 역할을 알아가면서 단순한 중간물질이 아니라 그 자체로서 중요한 신경전달물질이라는 것을 알게 됐다. 예를 들어 노르에피네프린이 심장이나 혈관처럼 말초에 작용하는 물질이라면 도파민은 뇌 신경에서 중요한 역할을 한다는 것도 밝혀냈다. 고전적인 조현병 치료제 중에서는 이러한 도파민의 작용에 기반을 두고 개발된 것이 많다.

과도한 도파민 생산과 방출로 인해 나타나는 병이나 증상도 있다. 하지만 일반적으로 도파민이 방출되면 기분이 좋아진다. 대개는 그 반대도 성립한다. 도파민도 엔도르핀 못지않게 행복 호르몬으로 작용하는 것이다. 엔도르핀이 통증을 이겨낸 이후의 보상 체계인 반면, 도파민은 그런 것과 별로 상관없이 기분을 좋게 한다. '업' 된다.

메스암페타민이나 코카인과 같은 마약류 각성제의 효과도 모두 여기에 기인한다. 체내에서 기본적으로 흥분을 전달하는 도파민의 양이 신경세포 사이에서 급격하게 높아지기 때문이다. 그 전에는 경험할 수 없을 정도로 기분이 좋아지는 것은 당연하다. 이럴 때 보면 인간의 감정이라는 것은 물질 앞에 생각보다 연약하다.

그렇다면 도파민 수치를 안정적으로 높이는 방법은 없을까? 일상적인 방법으로 도파민 수치를 끌어올리는 일도 물론 가능하다. 대표적인 방법은 역시 운동이다. 도파민은 체내에 존재하는 아미노산이 산화되어 만들어진다. 산화라는 과정은 순수한 화학적 과정이지만 어쨌든 말 그대로 산소가 필요하다. 체내에 산소가 많이 공급되면 도파민 역시 그만큼 많이 만들어질 것이다. 우리 몸에 가장 안정적으로 산소를 공급하는 방법은 무엇일까? 당연히 호흡이다. 하지만 그 호흡을 빠르게 그리고 더 깊게 하려면 유산소 운동만한 것이 없다. 운동은 안정적으로 체온을 올림으로써 원하는 화학반응이 더 잘 일어나도록 한다. 상식이다. 온도가 높으면 화학반응이 잘 일어난다. 산화반응도 어쨌든 화학반응이다.

이 과정에는 효소도 관여한다. 타이로신수산화효소Tyrosine hydroxylase라는 이름이 붙어 있긴 한데 여기서는 그냥 '산화 효소'로 불렀으면 한다. 일반적으로 잘 일어나지 않는 이 과정을 위해 산소와 함께 산화 효소가 필요하다. 도파민 합성에 가장 어려운 단계인 이 과정만 넘기면 도파민은 뇌세포 속에서 일사천리로 만들어진다.

이 과정과 관련하여 특별한 기생충이 있다. 고양이 기생충으로 유명한 톡소포자충Toxoplasma gondii 이다. 이 기생충은 고양이 몸에 들어간 후 행복하게 잘 살다가 고양이 배설물과 함께 다시 세상에 나온다. 고양이가 비교적 배변을 잘 가리는 편이지만, 집에서 고양이를 키우다 보면 사람과도 접촉할 수밖에 없는데 이때를 틈타 고양이 기생충이 사람에게 들어올 수 있다. 일부 주장에 따르면 전 인류의 30%가 감염됐다는 이야기도 있다. 어쨌든 감염돼도 사람들이 살아가는 데 그다지 영향을 주지 않는 무난한 기생충이다. 다만 면역력이 저하된 환자에게는 이처럼 무난한 감염마저도 치명적일 수 있으

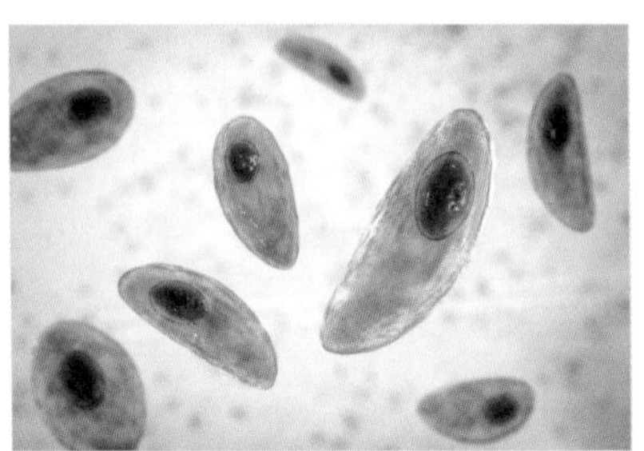

그림 49. 톡소플라스마충

므로 기생충 약을 먹어야 한다.

마약류 중독 이야기에 갑자기 기생충을 들고 나온 이유는 이 기생충이 가진 몇 개 없는 유전자 중에 도파민 생합성에 가장 핵심적인 효소, 즉 앞서 언급한 산화 효소의 유전자가 있기 때문이다. 대체 기생충이 이 유전자를 가지는 이유가 뭘까? 도파민은 신경세포의 감각을 전달하는 등의 용도로 쓰이는, 즉 고등생물계에 필요한 신경전달물질이다. 기생충에게 있어 봤자 별 볼 일 없는 거추장스러운 유전자다.

현재 유력한 가설은 이 기생충이 고양이나 사람의 행동을 조절한다는 이론이다. 미개한 기생충이라곤 하지만 어쨌든 자신이 번식하기에 좋은 환경은 분명히 있다. 이런 조건에 맞을 때 숙주로 하여금 도파민을 더 많이 만들게 해준다는 것이다. 기분 좋아진 고양이나 사람은 같은 행동을 자주 할 가능성이 크고, 기생충은 그만큼 번식할 여지가 커진다.

일종의 좀비 유전자라고도 부를 수 있는 이 개념은 현재로서는 가설이지만 어느 정도 설득력은 있다. 그렇다고 해서 영화에서 보는 것처럼 사람을 물어뜯지는 않으니 큰 걱정은 하지 않아도 된다. 앞서 언급한 것처럼 대부분의 감염자는 아무런 건강상의 문제를 보이지 않으니 말이다. 다만 도파민이 가지는 영향력이 생각보다 넓다는 점을 염두에 두길 바란다.

운동도 싫고 고양이도 싫다면 음악을 듣는 것도 괜찮은 방법이다. 좋아하는 음악을 들을 때 도파민이 나온다. 가령 2018년 브라질에서 실시한 연구에서는 쥐에게 음악을 들려주었을 때 뇌 속의 도파민 수치가 올라가는 것을 확인했 다. 이때 사용한 음악은 모차르트 피아노 협주곡 23번. 쥐에게도 통하는 음악이라니. 음악의 천재 맞다. 리스펙!

명상으로 도파민 수치가 높아진다는 결과도 있다. 다만 어느 정도 숙련된 사람이 1시간 이상 지속했을 때 나타나는 결과이니 가려듣길 바란다. 숙련되지 않은 사람이 1시간 이상 명상하면 그 전에 잠들 가능성이 있다. 그런데 차라리 잠드는 것도 괜찮다. 숙면도 도파민 수치를 높여준다. 다만 역시 전제가 있다. 규칙적인 잠 습관이다. 일정한 시간에 깊이 그리고 오래 잠들 때 도파민 수치가 올라간다.

내가 아는 범위 내에서 가장 화제가 됐던 연구 결과는 1998년 5월 런던의 한 연구진이 발표한 결과다. 이 연구진이 확인하고자 했던 가설은 비디오게임을 하면 도파민이 분비된다는 것이다. 지금 봐선 얼핏 당연하게 여겨질 수 있지만 그건 사반세기가 지난 지금의 생각일 뿐이다. 당시는 사람들이 왜 게임에 빠져드는지에 대해 막연하게 궁금해하던 시절이었다.

연구진은 여덟 명의 지원자를 모집하고 적절한 약물을 주입해 도파민 분비 여부를 확인할 수 있도록 했다. 이후 50분간 비디오게임을 시켰는데, 정확히 어떤 게임을 했는지는 나와 있지 않다. 하지만 게임에 대한 설명은 실험 프로토콜 단락에 제시하고 있다. 전쟁터 배경에서 탱크를 이용해 상대편 탱크를 물리치면 깃발이 나오고 이 깃발을 다 모으면 다음 단계로 나아갈 수 있는 게임이다.

지원자들을 대상으로 측정한 도파민 수치는 예상대로 비디오게임을 하는 도중에 증가하고 있었다. 심지어 게임을 잘할수록 도파민이 더 많이 분비됐다. 이 실험을 통해 성취와 즐거움이 비례한다는 결론을 내릴 수 있다.

별로 특별할 것 같지 않은 가설을 확인했지만, 이 논문은 놀랍게도 《네이처》에 실렸다. 《사이언스》나 《네이처》 같은 최고 수준의 과학저널은 연구 결과 역시 최고 수준의 논문을 싣는 것이 당연하지만, 한편으로 종합 과학저널로서 일반인이 관심을 가질 만한 연구주제를 우선적으로 다루는 경향도 있다. 비디오게임이 가지는 파급력에 대해 명쾌하게 결론을 내린 이 논문이 주는 가치는 그런 의미에서 크다. 이 저널을 구독하는 사람들 중에는 학자 못지않게 일반인도 많다. 이 사람들 입장에서 직관적으로 이해할 수 있고 주변에서 쉽게 접할 수 있는 현상을 과학적으로 설명하기 때문이다. 이 논문이 인용된 횟수는 1,800회를 넘는다. 《네이처》의 평균적인 인용지수가 30~40 사이인 것을 감안하면 사람들의 관심이 그만큼 컸다

그림 50. 비디오게임의 중독성은 과학으로도 설명된다.

는 것을 짐작할 수 있다.

이 논문이 발표된 이후 게임의 유해성에 대한 논란이 거세지고 관련 규제가 힘을 얻었다. 도파민 방출과 그로 인한 중독 패턴은 마약류 중독과 일견 유사하다. 더군다나 쉽게 접근하기 어려운 마약류와 달리 게임은 도처에 깔려 있다. 누구나 몇 번의 버튼 클릭과 소액 결제만으로 쉽게 게임을 할 수 있다. 이제는 그마저도 필요 없이 약간의 스마트폰 터치만으로도 지하철을 타고 가며 게임을 할 수 있다. 잘 만든 게임일수록 재미있게 설계되어 있다. 그만큼 위험하다고 볼 여지도 있다. 하지만 반론도 존재한다. 예를 들어 게임을 하는 동안 도파민이 방출되긴 하지만 정작 그 수치가 그렇게 높지 않다는 주장이다. 일상적으로 식사할 때와 거의 비슷할 정도의 양이 방출되는데 이 정도 양을 근거로 규제할 수는 없다는 논리다.

사실 도파민을 조절한다는 것은 무척이나 위험한 발상이기도 하다. 엔도르핀에 비해 도파민은 좋은 일이 있을 때 일상적으로 방출된다. 그러므로 도파민 방출을 조절한다는 것은 일상생활의 모든 것을 바꾼다는 말이고 그만큼 어려운 일이기도 하다. 일상에 무리를 주지 않는 선에서 건강하게 도파민을 높이는 방법이 필요하다.

뛰어난 상상력으로 놀라움을 안겨주는 작가 베르나르 베르베르 Bernard Werber의 소설 중에 『뇌』라는 작품이 있다. 프랑스어 원제는 『최후의 비밀L'Ultime Secret』이다. 작중 뇌에 관한 상상력과 과학적 정보를 담고 있어서 국내에서 발간할 때 제목을 바꾼 듯하다. 소설에는 헤로인 중독을 끊는 데 탁월한 재주를 가진 사람이 나온다. 이 사람이 택한 방법은 헤로인 중독자의 뇌를 수술하는 것이었다. 소설에서 이 사람은 일종의 쾌락중추를 발견했다. 이 중추를 자극하면 즐거움을 느낀다는 것을 알았지만 사안의 중대성을 감안해 이 사실을 세상에 알리지는 않았다. 하지만 자신의 딸이 헤로인에 중독되자 어쩔 수 없이 쾌락중추를 제거하는 수술을 집도했고 또 성공했다. 이후 그녀의 딸은 다시는 헤로인을 복용하지 않았다. 헤로인을 해도 즐겁지 않았기 때문이다. 이런 사실이 암암리에 알려지자 많은 중독자들이 이 시술을 받고 마약을 끊었다. 하지만 시술자의 딸을 포함해 이 사람들은 다시는 웃지 않았다. 어떤 것을 해도 즐겁지 않았기 때문이다.

시간이 흐른 후 한 학자가 이 시술자를 찾아갔다. 마약중독과 상관이 없었던 이 학자는 해당 부위를 제거하는 대신 적당한 자극을 줄 것을 요구했다. 우여곡절 끝에 이 자극을 경험한 학자는 자극 강도를 적절하게 조절하는 방식을 개발했고, 특별한 성과를 이룰 때마다 이를 자극하도록 설계했다. 성과에 따른 즉각적인 보상(쾌락중추 자극)은 그의 뇌로 하여금 더 큰 성과를 추구하도록 했다. 이후 이 학자는 체스에 입문해 단기간에 체스 세계 챔피언의 자리에 오르는 기염을 토한다. 그리고 인간 대표로 컴퓨터와 체스 대국을 벌이고 멋지게 승리해 세계적 명사가 된다. 그런 챔피언이 체스 대국을 승리한 바로 그날 밤 특별한 상처 하나 없이 호텔에서 돌연사하며 소설이 시작된다. 누가 그를 죽였을까? 그리고 부검 결과 사망자의 뇌 속에 가득 찬 엔도르핀은 어디서 왔을까?

뇌에 자극을 주는 방식으로 두뇌 활동을 극대화하고 결국 체스 초보자를 챔피언으로 만든 이 설정은 도파민을 모티브로 삼았음에 틀림없다. 뇌 깊은 곳에 자리 잡은 흑색질subtantia nigra에서는 도파민이 분비되는데, 이 부위를 시술한다는 설정으로 책을 썼다는 것도 어느 정도 짐작할 수 있다. 다만 실제 이와 같은 형태로 사람을 자극하는 예는 내가 아는 한 없다. 소설은 소설일 뿐이다. 인체 실험은 함부로 하는 것이 아니다. 그래도 적절한 도파민 분비가 사람을 중독시키고 이러한 중독이 건전한 방향으로 향할 때 놀라운 성취가 따라오는 것만큼은 부정할 수 없는 사실이다. 물론 그 건전한 방향을 잡는 일이 지극히 어렵지만 말이다.

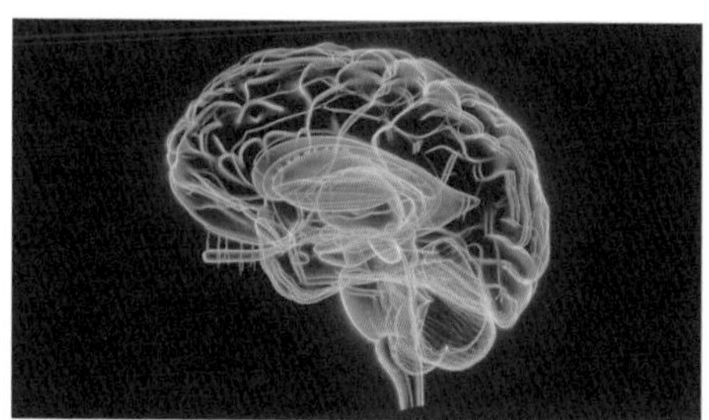

그림 51. 대뇌 흑색질substantia nigra**의 위치**

게임은 건전한 것일까? 이에 대한 논의는 지금도 전 세계 많은 나라에서 진행 중이다. '게임 장애gaming disorder'라는 질병으로 규정해야 한다는 의견도 있고 반대하는 의견도 존재한다. 이에 대해 쉽게 답을 내릴 수 있는 사람은 없을 테다. 개인적인 의견을 덧붙인다.

마약류를 금지하는 것은 마약류가 심각한 내성과 중독성, 금단성을 보임과 동시에 신체적으로나 사회적으로 유해하기 때문이다. 게임의 경우에도 도파민 분비로 인한 중독성만 강조할 것이 아니라 유해성도 함께 따져야 하지 않을까 생각한다. 게임의 유해성이 전혀 없는 것은 아니다. 하지만 마약류에 비할 바는 아니다. 마약류는 개인의 건강과 사회의 안정에 심각한 악영향을 준다. 또한 게임이라고 해서 다 같은 게임은 아니다. 정서적으로 또는 사회적으로 위험하다고 판단되는 게임이 있다면 그 게임만 규제하면 되지 않을까? 부모 혹은 또래 친구들과 함께 즐기는 게임은 때로 좋은 휴식이 될 수 있다.

사랑의 화학

도파민 수치를 높이는 여러 가지 방법을 이야기했는데, 앞서도 잠깐 언급했듯이 도파민은 일상적으로 즐거운 일이 있을 때 분비된다. 그러므로 즐거운 일을 만들면 마약류에 빠지는 일이 줄어들겠지만 이런 이야기는 하나 마나 한 이야기일 수 있다. 괴로움을 잊기 위해 마약류에 기대는 사람들이 태반이기 때문이다. 이 사람들에게 즐거운 일을 찾으라고 하면 '꼰대' 같은 소리 한다는 말 듣기 딱 좋다.

그래도 용감하게 비슷한 맥락의 이야기 하나만 더 하고자 한다.

바로 사랑이다. 사랑에 빠지면 도파민 수치가 급격히 올라간다. 2015년에 일본 연구진은 사랑과 도파민의 관계를 실험으로 보여주었다. 10명의 지원자를 모아 사랑하는 사람의 사진을 보여준 후 뇌 속 도파민 수용체의 양상이 어떻게 변하는지를 지켜본 것이다. 평균 연령 27.4세, 평균 연애 기간 17개월의 이 피험자들은 사랑하는 사람의 사진을 보는 것만으로도 도파민 농도가 올라가는 것을 보여주었다. 비교를 위해 동성 친구나 지인의 사진을 보여주었을 때는 일어나지 않았던 변화다. 사랑, 엄밀히 말해 사랑을 떠올리는 것만으로도 우리는 마약류를 사용했을 때와 비슷한 효과를 느낀다.

이 논문에서는 도파민에만 주목했지만, 보통 사랑에 빠지면 중추신경을 자극하는 도파민 외에 말초자율신경을 자극하는 아드레날린이나 노르에피네프린 같은 신경전달물질도 함께 만들어진다. 이 신경전달물질은 심장에 작용해서 심장을 두근거리게 하고 혈관을 넓혀 볼을 새빨갛게 물들인다. 자율신경은 우리 마음대로 조절할 수 없다. 사랑하는 사람 앞에서 우리는 두근거리는 심장과 붉어진 볼을 들킬 수밖에 없다. 거짓말탐지기 앞에서 심장박동을 조절하지 못하는 것도 비슷한 이치다. 자율신경이 우리를 지배하는 순간이다.

사람에 따라 다르기는 하지만, 사랑에 빠졌을 때 세로토닌 수치가 조금 내려갈 수는 있다. 우리 몸이 도파민 또는 유사한 신경전달물질을 만드는 데 역량을 집중하다 보니 상대적으로 세로토닌 생산이 줄어드는 것으로 생각할 수 있다. 비유하자면 생산라인은 한정되어 있는데 도파민만 만드는 격이다.

세로토닌이 줄어들면 어떻게 될까? 조급하고 불안해진다. 그래서 사랑에 빠지면 안절부절못한다. 사랑하는 사람이 어디쯤 왔는지, 무엇을 하고 있는지, 메시지는 확인했는지, 답은 왜 안 하는지에 대해 일희일비하며 신경을 쓰게 된다. 예쁘면서도 안쓰러운 사랑의 화학이다.

사랑은 우리가 하고 싶다고 마음대로 할 수 있는 게 아니다. 상대방이 있어야 하거니와 그마저도 잘 안 풀려 짝사랑으로 끝나버리는 경우도 많다. 도파민을 분비하기 위해 사랑을 하는 것은 어불성설이다. 차라리 게임을 하고 짬뽕을 먹는 편이 훨씬 더 쉽다. 그래도 누군가를 사랑하는 마음이 얼마나 위대한 것인지는 짐작해 볼 수 있다.

그림 52. 사랑의 힘은 여러모로 위대하다.

사람들이 마약류를 시작하게 되는 계기는 주로 유혹과 호기심이다. 사람들은 힘들 때 마약류의 유혹에 빠지는 경우가 많다. 개인적인 노력 못지않게 사회적인 손길도 필요하다. 그러나 호기심은 조금 다르다. 이 경우는 개인 차원에서 예방할 수 있다. 세상에는 굳이 확인하지 않아도 되는 일도 많으니 마약류는 그냥 남의 일로 여겼으면 한다. 메스암페타민이나 펜타닐은 한 번의 사용만으로 중독에 빠지는 경우가 허다하다. 절대 마약류를 피해야 하는 이유다. 그럼에도 굳이 확인하고 싶다면 간접적으로 마약류를 느껴보길 바란다. 매운 맛, 수다, 달리기, 햇빛, 음악, 사랑. 소중하고도 강력한 것이 우리 곁에 꽤 많으니 말이다.

1930년대 헤로인과 같은 정통 마약을 규제하는 사이 새로운 문제가 대두됐다. 수면진정제로 인한 중독자가 늘어난 것이다. 숙면을 취하기 위해 먹던 모르핀이 그랬듯이 1930년대의 수면진정제도 호흡저하 효과와 중독성이 심했다. 지금은 대부분의 수면진정제를 향정신성의약품으로 지정해 규제하고 있다. 하지만 1930년대에는 헤로인과 같은 마약에 비해 상대적으로 규제가 덜했고 부작용도 잘 알려지지 않았다. 헤로인과 같은 마약성 진정제를 규제하는 사이 어느덧 수면진정제가 날뛰고 있었다. 관련 문헌에 따르면 1936년에 수면진정제의 대명사인 바르비탈계barbiturate 의약품의 생산량이 100톤을 넘었다. 지금은 하루에 0.03~0.2그램이다. 도대체 이 약을 얼마나 많이 먹었다는 건가. 짐작이 가지 않을 정도로 엄청난 생산량이다.

수면진정제를 해독하기 위해서는 흥분제가 필요했다. 약에 취해 뻗어 있는 사람을 벌떡 일으켜 세우기 위해 해독제가 필요하다는 사실이 한심하게 들릴 수 있지만 당시 현실은 그랬다. 그때 많이 쓰던 흥분제는 코라민Coramine이라는 약. 나치 독일의 지도자 히틀러가 약 기운으로 누워 있을 때 주치의가 투약한 물질로도 유명한 이 약은, 정작 구조는 간단하기 그지없다. 니아신Niacin이라는 비타민 B3

일종의 한 화합물 구조를 살짝 바꾼 형태일 뿐이다. 하지만 마치 마법의 망토라도 두른 양 새로운 골격을 연결하면서 니아신은 코라민이라는 흥분제로 다시 태어났다.

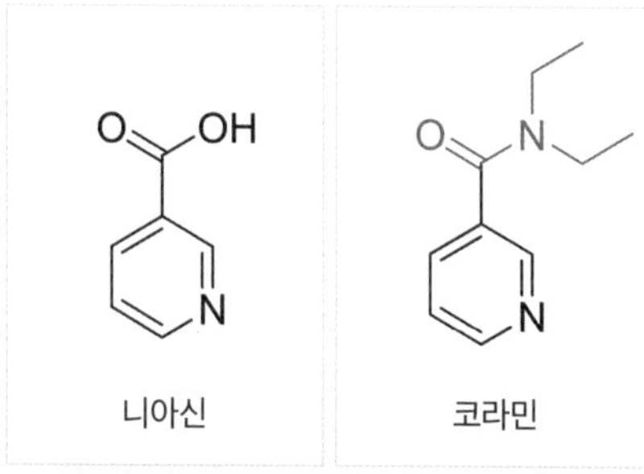

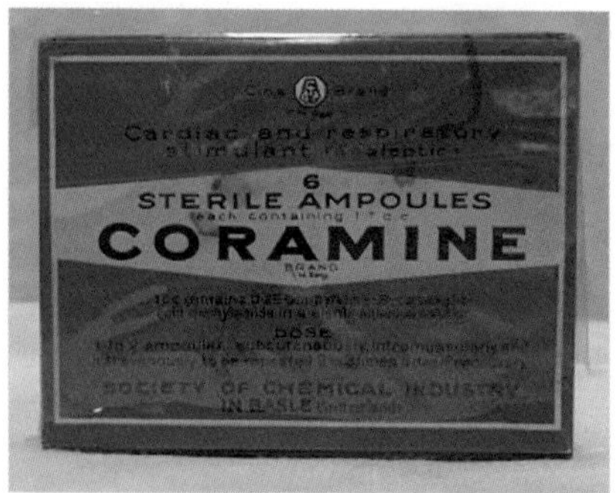

그림 53. 니아신과 코라민의 구조. 붉은색 부분을 연결했더니 흥분제가 됐다. 아래 사진은 당시 판매하던 코라민 앰풀이다.

코라민이 존재감을 떨치던 이 시기, 새로운 흥분제를 만들려는 사람들도 있었다. 스위스의 제약회사 연구원 앨버트 호프만Albert Hoffman도 그중 한 명이다. 그가 시도했던 전략의 출발점은 보리에 기생하는 곰팡이 맥각이었다. 맥각에서는 다양한 천연물이 나왔는

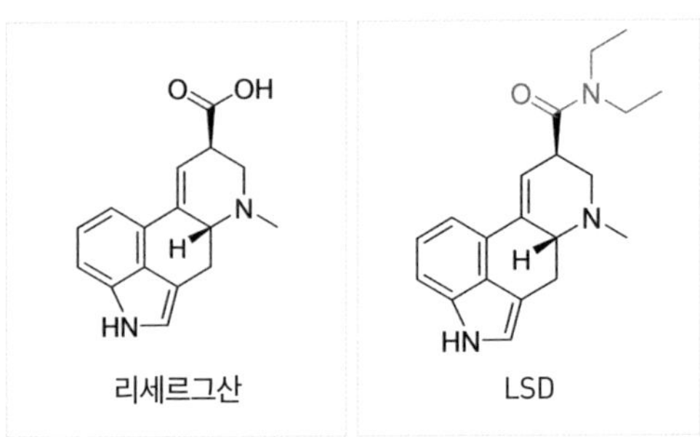

그림 54. 리세르그산과 LSD의 구조. 코라민의 붉은 구조를 LSD에 적용했다.

데 그중 '리세르그산lysergic acid'이라는 물질의 효과는 탁월했다. 자궁을 수축해서 유도분만에 쓸 수도 있었고, 출산 이후에 출혈을 멈추는 효과도 있었다. 그는 이 물질의 구조를 바꿔 흥분제를 만들려고 했다. 그리고 다양한 시도를 하던 와중 코라민에 연결된 마법의 골격을 리세르그산에도 화학적으로 연결하여 25번째 유도체를 합성했다. LSDLysergic acid diethylamide-25라는 코드네임이 붙은 물질이 역사에 기록되는 순간이다. 1938년이었다.

처음부터 이 물질이 폭발적인 관심을 끌었던 것은 아니다. LSD-25를 만든 직후 이뤄진 활성 검색에서 이 물질이 쥐의 자궁을 강하게 수축시키는 것을 알게 됐다. 하지만 당시 연구진에게 필요한 물질은 자궁 수축제가 아니라 흥분제였다. 이 물질을 투여받은 쥐가 안절부절못하고 돌아다니는 것이 이색적이긴 했지만 연구진의 기대를 충족시킬 정도는 아니었다. 그렇게 이 새로운 물질은 5년간 아무런 관심을 받지 못하게 된다. 갓 데뷔한 아이돌 그룹도 5년 지나면

재계약을 생각하고 해체를 고민한다. 새로운 물질의 의미가 퇴색되기에 5년이라는 시간은 충분히 긴 시간이다.

그런데 1943년 4월 16일, 호프만은 알 수 없는 이유로 이 물질을 다시 합성했다. 직접적인 이유는 알려져 있지 않지만, 이 물질에 미련이 남아 있었던 것으로 보인다. 어쨌든 호프만은 이 물질을 생산하고 정제하는 과정을 되풀이했는데 그 와중에 이 물질에 미량이나마 노출된 듯하다. 이후의 행적은 실험 노트에 비교적 자세하게 기술되어 있다.

그는 그날 오후 실험을 중단하고 집으로 돌아갔다. 마치 5년 전의 쥐처럼 안절부절못하는 상태가 이어졌는데, 역설적으로 살짝 졸릴 정도로 몽롱한 상태를 유지하기도 했다. 그리고 예전에 쥐가 말하지 못한 것을 그는 경험할 수 있었다. 마치 꿈을 꾸듯이 형형색색의 이미지가 눈을 감아도 떠올랐다. 기분이 나쁘지는 않았지만 약에 취한 듯한 느낌은 들 정도였다. 두어 시간 후 이런 느낌은 사그라들었다.

이후 호프만은 실험 과정을 되돌아보았다. LSD-25에 노출된 게 분명하지만 정작 그 물질을 마신다거나 뒤집어쓰는 등의 극단적인 노출은 없었다. 끽해야 실험 과정에서 극미량에 노출된 것으로 밖에 볼 수 없었다. 그런데 효과만큼은 확실했다. 이 정도 미량의 물질이 환각 작용을 보이는 경우가 있었던가? 그는 실험을 다시 해보기로 했다. 이때는 정확하게 칭량했다. 0.25밀리그램. 지금 실험실의 초정밀 저울로도 잴 수 없을 정도의 극미량이다. 희석에 희석에 희석을 거듭하는 형태로만 넣을 수 있는 양이다. 참고로 우리가 보통 복용하는 타이레놀 한 알에 주성분인 아세트아미노펜은 500밀리그램 들어 있다. 단순 환산하면 타이레놀 한 알을 2,000조각으로 나눠서 한 조각 먹었다고 볼 수 있다. 이렇게 극미량을 먹은 이유는 그도 사람이기 때문이다. 아무거나 막 먹는 거 아니라는 정도는 알고 있었다.

1943년 4월 19일, 히틀러가 폴란드 지역의 유대인 거주지를 폐쇄, 탄압하고 유대인들이 이에 맞서 봉기하던 그 시각, 스위스 바젤의 산도스Sandoz 제약회사 연구실에서는 호프만이 나름의 연구를 치열하게 하고 있었다. 그는 오후 4시 20분에 LSD-25 용액을 들이마셨다. 4시 50분까지도 별다른 증상을 느끼지 못했지만 10분이 더 지난 5시에 본격적으로 어지러움과 웃음, 환각을 경험하기 시작했다. 그의 실험 노트에는 이렇게 적혀 있다. "웃고 싶어졌다marked desire to laugh." 글자는 알아보기 어려울 지경인 데다 문장도 제대로 끝마치지 못했다.

그는 조수에게 부탁해 집까지 동행해 달라고 요청했고 조수는 기꺼이 응했다. 놀랍게도 호프만은 LSD-25에 취하고 환시를 경험하는 중에도 자전거를 타고 갔는데, 후일 그의 진술에 따르면 사물이 왜곡되어 보이고 거울 속 이미지처럼 현실을 분간하기 어려운 지경이었다고 한다. 말을 하는 데도 어려움을 겪었고 다른 곳으로 이동하는 것이 불가능한 것처럼 느꼈다. 하지만 당시 동행했던 조수는 그의 행동이 평소와 크게 다르지 않았다고 한다. 호프만이 평소에 자전거를 매우 거칠게 타고 다녔다는 말일까? 그렇지 않다. LSD-

25로 인한 환각증상 때문에 당사자가 느낀 것과 관찰자가 본 것이 달랐을 뿐이다. 남들은 알아차리기 어려운 복용자만의 세계다.

호프만이 집으로 돌아온 후 의사가 왕진했다. 그런데 의사가 왔을 때는 이미 증상이 조금씩 가라앉고 있었다. 여기서 증상이라 함은 어지러움, 불안함, 무거움 등이다. 무거움에 대해서는 사지가 납으로 가득 차 있는 듯한 느낌이라고 표현하고 있다. 갈증과 목마름도 느꼈으며, 영혼이 육신을 빠져나온 듯한 기분도 들었다고 한다. 환시도 빠질 수 없다. 주변 사람들이 기괴한 모습으로 웃는 듯한 착각을 느꼈다고 한다. 한 마디로 총체적 난국이다.

정작 그는 죽지 않았다. 사흘 후 그는 상관에게 이 경험을 보고했다. 처음에는 상관도 믿지 않았다. 호프만이 복용한 극미량으로 환각에 빠져드는 경우는 일찍이 들은 적도 본 적도 없었기 때문이다. 호프만에게 복용량을 정확히 계산했는지 다시 한번 묻고 몇 차례의 확인을 거친 후 이 제약회사는 본격적으로 LSD-25를 의약품으로 개발하려 했다. 25번째 유도체라는 의미의 '25'는 어느덧 지워지고 관계자들은 이 물질을 'LSD'라고 줄여 부르기 시작했다.

LSD를 어떤 약으로 개발해야 할까? 효과는 끝내주지만 정작 이 효과가 도움이 될지는 아무도 모르는 상태였다. 잘 길들인다면 그럭저럭 좋은 일을 할 것만 같은, 이 가능성 충만한 의약품 유망주 LSD를 연구원들은 조현병 치료제로 개발하고자 했다. 그러나 1947년부터 이어진 임상시험에서 좋은 결과를 얻지 못했다. 만약 조현병 치료제로 개발한다면 그 분야에서 최초의 약이 될 터였고 여러모로 도움이 될 것이 분명했다. 하지만 일반인과 조현병 환자에게 투여한 결과를 비교했을 때 유의미한 차이를 발견할 수 없었다.

이후 다른 분야의 치료제로도 열심히 연구했지만 결과는 별반 다르지 않았다. 10년이 넘어가자 회사의 열의도 사라지고 없었다. 기간이 길어지면서 지치기도 했지만, 설령 약으로 개발된다고 해도 워낙 극미량을 넣어서 팔아야 했고 결과적으로 이윤을 남기는 데 한계가 보였기 때문이다. 결국 1960년대 중반 관련 연구는 사실상 백지화됐다. 호프만이 찾아낸 극적인 효과는 약으로 승화되지 못했다. 초기의 환희가 사라지는 데 10년이라는 시간은 충분히 길다.

그런데 임상시험도 통과하지 못한 이 물질은 정작 실험실 밖에서 환영받고 있었다. 히피족으로 대변되는 젊은 세대가 자유로운 영혼을 외치며 LSD를 복용하고 있었던 것이다. 대부분은 환각을 느끼며 문제없이 이 위험한 물질을 소비했지만 그렇지 않은 경우도 있었다. 찰스 맨슨Charles Manson 사건이 대표적이다.

1969년 8월 8일, 밤 맨슨과 그의 추종자로 구성된 소위 '맨슨 패밀리Manson family'는 미국 LA 고급 저택을 침입해 집에 머무르던 영화배우와 지인 여섯 명을 무참히 살해했다. 피해자들과 일면식도 없었던 그들은 범행 당시 LSD에 취해 있었다. 이후 조사를 통해 캘리포니아 지역에서 모두 35명을 숨지게 한 것으로 밝혀졌다. 맨슨은 1971년에 사형 선고를 받았으나 이듬해 캘리포니아주에서 사형제가 폐지되면서 무기징역으로 감형됐다. 평생을 감옥에서 지낸 그는 2017년에 사망했다. 이 사건은 이후 2019년에 레오나르도 디카프리

오, 브래드 피트, 마고 로비 주연의 영화 〈원스 어폰 어 타임 인 할리우드Once Upon a Time in Hollywood〉로 제작됐다.

맨슨 패밀리의 범행과 같은 자극적 이슈도 있었지만, LSD는 베트남전쟁과 관련하여 미운털이 박혔다. 당시 LSD를 즐기던 자유로운 영혼들에게 베트남전쟁은 명분도 실익도 없는 전쟁으로 느껴졌다. 미국이 베트남전쟁에 참여하게 된 직접적인 계기인 통킹만 사태가 조작된 것이 밝혀졌고, 민간인 학살과 같은 부정적인 면이 보도되면서 베트남전쟁은 더욱 반전운동의 대상이 됐다. 많은 사람들이 거리로 나서 미국 젊은이를 베트남에 보내는 데 반대했다. 상황이 이렇다 보니 정작 LSD로 불똥이 튀었다. 반전운동을 하던 사람들 중 일부가 LSD를 복용했다는 것을 문제 삼은 당국이 LSD를 1급 규제물질로 지정하고 사용을 엄격히 차단한 것이다. 미국의 이런 규제는

그림 55. 1967년 미국의 반전운동 포스터

이후 유엔이나 다른 나라로 이어져 LSD의 'L' 자도 꺼내지 못하게 만드는 계기가 됐다.

LSD는 정말 위험한 물질일까? 위험한 물질이다. 효과에 비해 독성은 비교적 낮은 편이지만 환각 효과가 강해서 사고를 치는 경우가 많다. 특히 외국에서 사고가 많이 발생한다. 자신이 날 수 있다며 건물 옥상에서 떨어지는 사고가 대표적이다. 날 수 있으면 그냥 날면 되지 왜 굳이 옥상까지 걸어 올라가서 날려는지 모르겠지만, 어쨌든 사고가 많다.

우리나라에서도 마찬가지다. 2016년 대전에서 19세 아들이 환각 상태에서 어머니와 이모를 수차례 흉기로 찔러 살해하는 사고가 발생했다. 조사 결과 이 아들은 열흘 전 LSD를 복용한 것으로 밝혀졌다. 환각 상태에서 극단적 범행을 저지른 것이다. 심지어 법원에서는 심신미약으로 인한 살인으로 판단해 존속살해와 살인에 대해서는 무죄를 선고했다. LSD 복용의 부작용을 감안한 선고이지만 이후 이 아들이 감당해야 할 삶의 무게는 결코 가볍지 않을 것이다.

LSD가 중독성이 상대적으로 낮고 독성이 덜한 편이긴 해도 환각으로 인한 사회적 위험은 가볍게 여길 수 없다. 다만 LSD의 위험성에 비해 규제가 지나치게 강했고 사회적으로 금기시하는 경향도 심했던 면이 있다. 반전운동과 같은 1970년대 정치, 사회적인 이슈로 부당하게 취급당한 억울함도 있어서인지 최근에는 LSD에 대한 평가가 다시 이루어지고 있다. 약으로 개발하려는 것이다. 1960년대까지 샅샅이 연구하지 않았던가? 하지만 2020년대의 기술 수준은 다르다. 어떤 질병에 쓸 수 있을지, 어떻게 복용할지에 대해 연구가 활발히 이뤄지고 있다. 특히 LSD가 워낙 극미량으로 효과를 발휘하는 까닭에 신체적 부작용에 대한 우려가 상대적으로 적다. 이 약을 깨부숴 오남용 하는 사람이 나올 수도 있지만 약물 자체에 대한 평가는 정확하게 할 필요가 있다. 현재 미국에서는 LSD를 불안증 치료제로 연구하는 중이다. 1940년대에 연구했던 조현병 치료제보다는 지금 연구하는 불안증 치료제가 LSD 고유의 활성에 조금 더 적합하다고 생각한다.

LSD는 어떻게 작용하는 것일까? 세로토닌과 구조를 비교해 보면 알 수 있다. 세로토닌은 뇌 속에서 신경자극을 전달하는 물질이다. 본문에서 언급한 엔도르핀이나 도파민 못지않게 '행복 호르몬'으로 지목된다. 대부분의 우울증 치료제는 세로토닌 농도를 높이는 기전으로 작용한다. 이 세로토닌의 구조가 LSD와 극도로 닮았다.

아래 그림을 보면 파란색으로 표시한 부분이 세로토닌과 거의 일치함을 알 수 있다. 따라서 세로토닌처럼 LSD도 신경세포를 자극해서 소기의 활성을 나타낸다. 그런데 세로토닌에 비해 LSD는 뇌 속으로 훨씬 잘 들어간다. 신경세포와 결합하는 능력도 뛰어나 우리 몸에서 만들어내는 세로토닌과는 비교할 수 없을 정도로 신경세포가 흥분한다. LSD의 마력에 빠져드는 이유다.

사람들은 흔히 세로토닌 하면 뇌에서'만' 작용하는 물질로 여기지만 사실과 다르다. 대부분의 세로토닌은 위장관에 분포하면서 위장관 벽의 세포를 수축시킨다. 그러는 과정에서 위장관 벽이 자연스

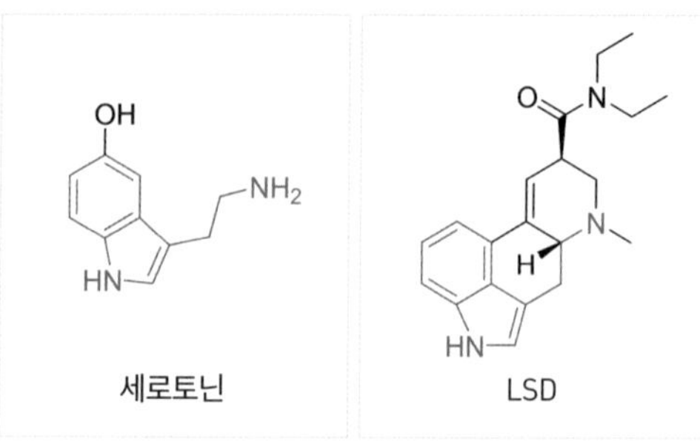

그림 56. 세로토닌과 LSD의 구조

럽게 움직이게 되고 음식물 또한 효과적으로 흡수하게 된다. 세로토닌 조절제가 우울증 치료 외에 위장관 소화를 돕거나 구역질을 막는 용도로 쓰이는 데는 이러한 분포와 관련이 깊다.

심지어 세로토닌이 최초로 발견된 곳도 소장세포다. 이탈리아의 한 과학자가 소장을 연구하며 특이하게 수축성이 강한 물질을 발견하고서 '장'을 뜻하는 접두사 '엔테로entero'를 붙여 엔테라민enteramine이라고 이름을 지었다. 하지만 1950년대 들어 미국의 연구진이 혈관 벽을 수축시키는 물질을 찾아 세로토닌이라는 이름을 독자적으로 붙였다. 혈청serum과 긴장tonic을 뜻하는 이름인데, 말 그대로 혈압을 높이는 물질이란 뜻이다. 이후 두 물질이 같다는 것이 밝혀졌고 한때 두 이름이 함께 쓰였다. 아직까진 어느 쪽이든 뇌신경과는 전혀 상관없는 이름이다.

그런데 지금 우리는 원조인 엔테라민 대신 세로토닌이란 이름을 쓰고 있다. 여기에는 세로토닌이라 이름 붙인 미국 연구진의 힘이

켰다. 세로토닌의 구조를 밝혀낸 것에 그치지 않고 화학적 합성법도 개발한 것이다. 그 전까지 엔테라민이든 세로토닌이든 이 물질을 확보해서 연구하려면 길고 긴 분리와 정제 과정을 거쳐야 했다. 하지만 화학 구조를 알게 된 순간 플라스크에서 대량으로 만드는 길이 열렸다. 이 연구진은 회사와 힘을 합쳐 세로토닌을 화학적으로 생산하고 관계자들에게 알리기 시작했다. 자연스럽게 이 물질은 세로토닌으로 알려져 학계에 퍼지게 됐고 지금까지도 세로토닌으로 불리고 있다. 화학이 이래서 중요하다.

정작 세로토닌이 신경전달물질로 작용하고 우울증 치료의 열쇠가 될 수 있다는 것은 1960년대에 본격적으로 연구됐다. 화합물을 대량으로 확보하는 길이 열리고 연구자들이 다양한 실험을 할 수 있게 되면서 나타난 변화다. 마침 1960년대는 과거와 달리 뇌를 연구할 수 있는 기초 과학기술 수준도 올라간 상태였다. 가령 LSD에 방사성동위원소를 연결하여 세로토닌 수용체를 연구하는 작업은 각종 영상 장비나 동위원소 생성기 등의 기술이 있었기에 가능한 일이다.

세로토닌을 먹으면 어떻게 될까? 행복해질까? 방금 설명한 부분에서 답을 찾을 수 있다. 일단 구역질이 올라와 대부분을 토해내게 된다. 먹으면 참 행복한 물질 '같지만' 도저히 먹을 방법이 없다. 주사로 맞으면 어떨까? 뇌 속으로 들어가기가 어렵다. LSD처럼 뇌 속으로 잘 들어가는 물질이 아닌 까닭에 세로토닌은 결국 혈관을 돌다가 혈압을 올리거나 구역질을 일으킨다. 세로토닌이 뇌 속으로 들

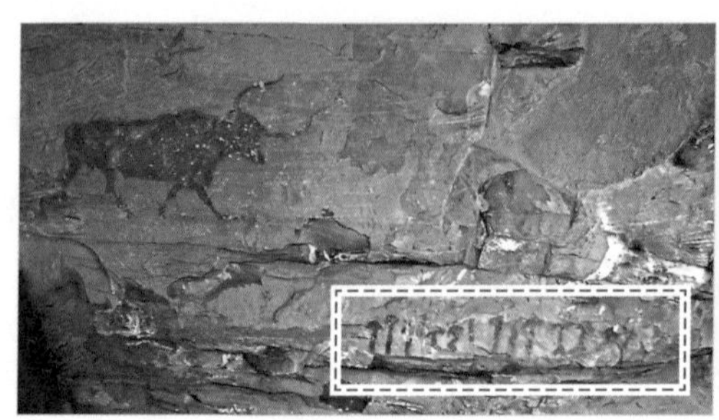

그림 57. 스페인 동굴벽화와 환각버섯 그림

어가지 못하는 이유는 뇌를 둘러싼 혈관-뇌 장벽blood brain barrier, BBB을 통과하지 못하기 때문이다. 너무 안타깝게 생각할 필요는 없다. 뇌 안에서 만들어진 세로토닌이 뇌 밖으로 나오지 말라는 의미도 되기 때문이다. 신경전달물질이므로 신경을 전달하는 데만 집중하고 소화나 혈압은 해당 부위에서 세로토닌을 만들어 쓰는 방식으로 제어한다. 나름 잘 설계된 우리 몸인데 억지로 바꾸려고 하니 몸이 적응하지 못하는 것이다.

디메틸트립타민Dimethyltryptamine, DMT이라는 물질이 있다. 역시 LSD와 비슷한 효과를 보여서 향정신성의약품으로 지정된 강력한 마약류 환각제다. 뒤에 그려둔 구조를 보면 세로토닌과 거의 동일함을 알 수 있다. 그런데 이 물질은 세로토닌보다 훨씬 뇌 속으로 잘 들어간다. 그렇다면 이 물질의 효과는 어떨까?

DMT는 보통 마셔서 복용한다. LSD는 워낙 극미량을 투여해야 하기에 우표 또는 우표 정도 크기의 종이 뒷면에 발라서 혀에 올려두는 형태로 흡수하곤 하는데 DMT는 좀 다르다. 그냥 물에 타서 마신다. 그러면 대략 10분 내로 구토 한번 하고 시작한다. 거의 기본적인 절차다. 하지만 구토를 해도 미량의 DMT는 몸속으로 들어가고 혈관으로 퍼져서 뇌 주위를 맴돌다가 혈관-뇌 장벽을 통과해 뇌 속 신경세포로 들어간다. 그리고는 세로토닌인 것처럼 역할을 하며 순진한 세로토닌 수용체를 자극한다. 복용자들은 행복할까? 경험자들의 후기에 따르면 환각을 강하게 경험하게 된다. 하지만 행복과는 또 다른 개념이다.

LSD와 세로토닌, DMT를 이야기하며 1930년대 후반 개발 과정부터 설명했다. 하지만 관련 물질의 역사는 생각보다 길다. 스페인에서 선사시대의 것으로 추정되는 동굴벽화가 발견됐는데 이 벽화에 버섯 모양의 그림이 그려져 있었다. 이 버섯은 환각버섯으로 추정된다. 특유의 환각 효과로 인해 제례의식에 사용되지 않았을까 사람들은 생각하고 있다.

이 버섯에서 환각 효과를 내는 주성분은 실로시빈Psilocybin이라

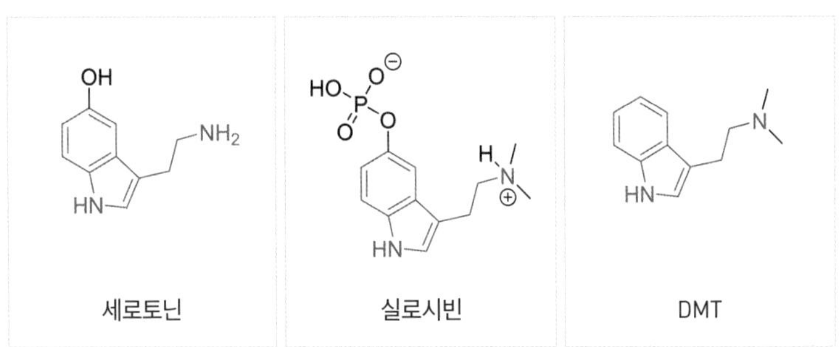

그림 58. 실로시빈 관련 물질의 구조

는 물질이다. 위 화학 구조에 붉은색으로 표시한 부분에서 알 수 있듯이 세로토닌이나 DMT와 지극히 닮았다. LSD가 환각 효과를 내는 것처럼 선사시대의 이 버섯도 비슷한 효과를 내지 않았을까? 그 시대 사람들에게 이 버섯은 더없이 신비했을 것이다. 하지만 세월이 지나 현대인에게는 그저 위험한 독버섯일 뿐이다. 행복을 알약 하나로 찾지 않았으면 한다.

대마약시대

The Age of the Fentanyl Crisis
and Other Drugs

5

마약 청정국으로 되돌아가는 길

사람을 살리는 마약

2018년에 개봉한 영화 〈독전〉은 마약 조직을 일망타진하려는 한 형사의 집요한 수사를 밀도 있게 그려낸 수작이다. 국내 관람객 500만 명을 돌파하며 흥행하기도 했다. 이 작품에는 마약업계의 신적인 존재 '이 선생'이 만들어낸 신종 마약 '라이카'가 등장한다. 이 마약의 생산과 공급이 영화 전반을 아우르는 핵심 스토리 라인이다. 라이카는 어떤 마약일까? 영화 중간에 라이카를 코로 흡입하는 장면이 나온다. 보통 이렇게 흡입하는 마약은 코카인이다. 그런데 코카인은 식물에서 추출하는 물질이지 화학적으로 합성하는 물질은 아니다. 오히려 이후 화학 공장에서 생산하는 장면은 메스암페타민을 떠올리게 한다. 라이카를 거래하는 장면에서 "업up 계열을 강화했다"라는 표현이 나오는 걸 봐서도 메스암페타민 유사체라고 볼 수 있다. 하지만 이 라이카를 마지못해 복용한 형사(조진웅 분)가 급성 호흡마비를 일으키는 장면을 보면 진정제류 마약인 헤로인이나 펜타닐의 부작용이라는 생각도 든다. 이렇듯 영화의 장면만으로는 어떤 마약인지 구체적으로 짚어내기 어렵다. 아마 각본을 쓰는 과정에서 여러 마약이 가지는 위험성을 종합하고 선정적인 장면을 극대화하면서 신종 마약의 이미지를 그려내지 않았을까 싶다. 사실 별 상관 없다. 재밌으니까.

약물에 대한 구체적인 정보를 제시하지 않아서일까? 라이카를 복용한 형사를 구하는 장면에서 사용한 해독제 또한 정확한 이름이 나오지 않는다. 손으로 가린 탓에 약물명의 앞부분만 나온다. 영어로 윗줄에는 'NA', 아랫줄에는 'HYD'라고 적혀 있다. 짐작하기로 날록손 염산염naloxone hydrochloride이 아닐까 싶다. 활성 성분인 날록손은 보통 헤로인이나 펜타닐 등의 남용으로 인한 호흡마비의 해독제로 쓰는 약이다. 그렇다면 라이카는 펜타닐과 같은 마약류 진정제일까? 해독제를 투여하기 전에 얼음물에 담가 잠을 깨우는 장면을 보면 펜타닐 중독 치료와 비슷하다. 그래도 완전히 단정할 순 없다. 세상은 넓고 약은 많으니까.

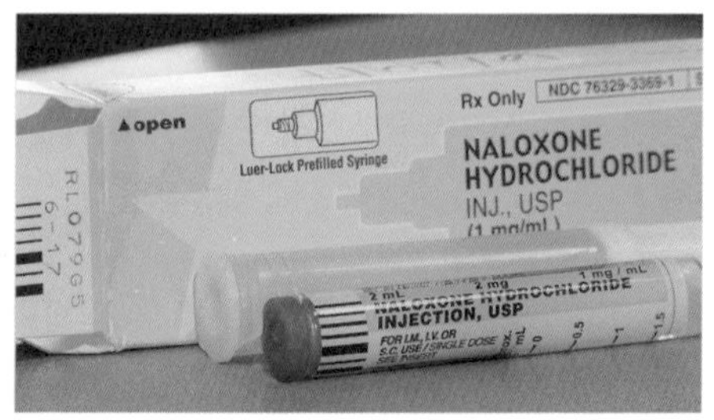

그림 59. 헤로인 중독 치료제인 날록손 염산염 주사제

해독제 이름이 구체적으로 나왔다면 신종 마약 라이카의 종류도 역으로 추정하고 약물 특성과 관련된 영화상의 오류도 지적할 수 있다. 그런데 영화 제작진이 이런 것을 감안해서 일부러 가렸겠다는 생각도 든다. 처음에는 마약 특성도 모순되고 해독제도 이상했는데 막상 까려고 보니 깔 수가 없다. 오히려 전문적인 자료를 적절히 가려가며 대표적인 마약의 특성을 혼합해 '라이카'라고 하는 영화상의 신종 마약 이미지를 창출했다는 측면에서 디테일까지 신경 쓴 제작진의 섬세함에 감탄하게 된다.

그런데 독전에서 끝부분만 살짝 등장해 아쉬움을 남긴 헤로인이나 펜타닐 중독의 대표적인 해독제, 날록손의 이름이 구체적으로 등장하는 영화도 있다. 바로 이듬해인 2019년에 개봉한 〈나이브스 아웃Knives Out〉이다. 영화 속 85세의 성공한 추리 작가는 생일 밤 요양보호사가 일반 진통제와 모르핀을 헷갈리는 바람에 치사량 이상의 모르핀을 맞고 죽을 위기에 처했다. 당황한 요양보호사가 절박한 심정으로 뒤진 것은 응급함 속의 날록손. 이 해독제만 맞으면 추리 작가는 살 수 있었다. 하지만 분명히 있어야 할 날록손은 보이지 않았다. 요양보호사는 절망에 빠져 울면서 상황을 설명한다. 착하기 짝이 없는 추리 작가는 평소 유일하게 마음을 터놓고 지내던 요양보호사가 국외로 추방당할 것을 막기 위해 서둘러 방을 빠져나가 적당한 알리바이를 만들라고 배려한다. 이제 혼자 남은 추리 작가는 10분 이내에 호흡마비가 와서 죽을 운명이었다. 그런데 다음날 아침 이 작가가 출혈이 낭자한 상태의 사체로 발견되며 명품 추리극이 시작된다. 과연 그날 밤 무슨 일이 있었던 것일까? 왜 착하고 유능한 요양보호사는 약을 헷갈렸으며, 왜 하필 날록손은 없어졌는가?

날록손은 실제로 쓰는 약이다. 응급구조 대원에게 키트로 제공되어 위급한 중독자를 살려낼 때 사용한다. 날록손은 신경세포 속 아편 수용체에 펜타닐보다 강하게 작용하므로 펜타닐로 인한 호흡마비를 되돌릴 수 있는 것이다. 수용체에 결합해 있던 펜타닐은 이제 다시 자유로워지지만 특별히 할 수 있는 일이 없다. 수용체가 날록손과 붙어서 펜타닐과 결합하려 하지 않기 때문이다. 시간이 지나 펜타닐은 서서히 몸 밖으로 방출된다.

날록손이 아편 수용체와 더 잘 결합한다면 날록손 때문에 호흡마비가 더 심하게 오는 것은 아닐까? 그렇지 않다. 날록손은 수용체와 결합은 훨씬 더 잘하지만 신호를 전달하지는 않는다. 수용체라는 자물쇠에 결합한 부러진 열쇠 정도로 생각하면 된다. 문을 열지 못한다. 하지만 자물쇠에 찰싹 붙어 있긴 해서 펜타닐이 결합하는 것은 막는다. 펜타닐 때문에 멈추었던 호흡도 그래서 되살아난다. 말 그대로 아편 수용체 차단제다. 학술적으로는 길항제antagonist로 부른다.

1960년대에 만들어진 날록손은 2000년대에 마약 대유행 시기가 오자 재조명되기 시작했다. 합법적으로 옥시콘틴을 사용하다가 중독된 사람도 시간이 지나 내성이 생기면 더 많은 용량을 복용해야 효과를 얻는다. 호흡마비가 오는 것은 당연한 이치. 헤로인이나 펜타닐도 별반 다를 바 없다. 따라서 아편, 모르핀, 헤로인, 옥시코돈,

펜타닐 등의 마약류 진정제 중독을 치료하는 사람들에게는 당장 중독자의 호흡을 확보해야 하는 상황이 생긴다. 당장은 재활에 의지를 보이는 마약류 중독 치료자도 언제 다시 중독자로 돌변할지 모른다. 참았던 헤로인 주사를 덜컥 혈관에 꽂거나 불법 펜타닐 알약을 다시 찾는 게 드문 일이 아니다. 날록손이 각광 받은 이유다. 어찌 보면 아이러니다. 독 때문에 해독제도 많이 팔리기 시작했다.

날록손은 효과적인 마약류 중독 치료제로 널리 사용되고 있다. 하지만 이 약의 광범한 사용에 반대하는 사람도 있다. 날록손을 믿고 중독자들이 더 과량의 마약을 복용한다는 것이다. 그리고 날록손은 반감기가 1시간 정도로 짧다. 펜타닐처럼 반감기가 긴 마약을 사용한 경우 날록손으로 잠깐은 호흡을 확보할지 모르나 1시간 후에 다시 죽을 수도 있다. 이걸 모르고 그사이 다른 마약을 또 맞는다면? 끔찍한 결과로 이어질 수 있다. 약은 결국 도구다. 어떻게 쓰느냐에 따라 좋은 결과를 얻을 수도 있고 그렇지 않을 수도 있다. 가장 좋은 결과는 날록손으로 살아남는 것이 아니라 아예 마약 자체를 끊는 것이다.

마약중독을 치료하는 마약

마약에 지친 중독자가 어느 날 갑자기 작정하고 약을 끊으면 어떻게 될까? 마약의 종류와 양, 기간에 따라 다르겠지만, 펜타닐이나 그에 준하는 강한 마약(경성 마약 또는 하드 드럭hard drug)을 사용하고 있었다면 끊는 것도 쉬운 일이 아니다. 마약 끊는 것을 '단약斷藥'이라고 부르는데, 갑자기 단약 했다가는 죽을 수도 있다. 금단증상이 심해서 죽는 경우도 있고, 약을 끊다가 포기하고 다시 약을 복용하는 과정에서 죽을 수도 있다.

펜타닐과 같은 아편류 마약의 부작용은 변비다. 따라서 펜타닐을 끊을 경우에는 설사가 따라 온다. '더 심한 금단증상도 많은데 설사쯤이야'라고 생각한다면 완벽히 오산이다. 심각한 설사가 이어지고 전해질이 무분별하게 빠져나오면서 세포가 제 기능을 하지 못하는 상황이 발생한다. 심근세포에서 이러한 상황에 보다 민감하게 반응해서 결과적으로는 심장 기능 이상으로 죽기도 한다. 실제로 펜타닐 패치 사용설명서에는 다음과 같이 명시되어 있다. "마약류에 신체적 의존성이 있는 환자는 이 약을 갑자기 중단해서는 안 된다. 마약류에 신체적 의존성이 있는 환자가 마약성 진통제를 사용하던 중 갑자기 중단한 경우에 중대한 금단증상, 조절되지 않는 통증, 자살이 보고된 바 있다." 이처럼 한번 시작한 마약은 끊기도 어렵다. 호기심으로 한 번만 해보겠다는 발상이 얼마나 위험한지도 조금은 짐작할 수 있는 대목이다. 들어올 땐 마음대로지만 나갈 땐 그렇지 못하다.

2010년대로 들어서면서 미국에서 옥시콘틴과 같은 마약성 진통제 처방을 줄이자 길거리 헤로인 사용자가 급증했다는 이야기를 앞서 했다. 2020년 미국 샌프란시스코 지역의 연구자들은 이 현상을 조금 더 면밀히 분석했다. 이들의 분석에 따르면 마약 복용을 중단한 사람들 중 상당수가 불법으로 거래되는 헤로인을 찾을 뿐만 아니라 자살하거나 약물 남용으로 죽는 경우도 많았다고 한다. 2019년 연구에서도 병원에서 마약성 진통제 처방을 중단했을 때 결과적으로 약물 남용으로 인해 죽는 경우가 더 많았으며 단약이 사망률을 낮추는 데 결코 도움이 되지 않았다고 이 논문에서는 결론 내리고 있다. 다 사람 살리자고 하는 일인데 마약을 왜 끊어야 하는지 의문이 드는 대목이다. 원래 잘 끝내는 게 더 어렵다. 용두사미로 끝난 드라마가 한둘인가. 하물며 사람의 생명을 곧바로 좌우하는 마약에는 중독과 금단증상이라는 관문이 더 남아 있다. 여러모로 어려울 수밖에 없는 과정이다.

펜타닐도 비슷하다. 사용하던 패치를 제거만 하면 되니 단약이 쉬울 것 같지만 몸속의 펜타닐이 충분히 씻겨 나가는 데 하루 이상의 시간이 걸린다. 다 씻겨 나가면 '약발'이 떨어지면서 금단증상이 시작된다. 불안, 불면, 짜증처럼 흔히들 생각하는 공격적인 모습이 이때 드러난다. 일본의 한 연구진은 이러한 부작용을 막기 위해 패치를 부분적으로 노출하는 방법을 사용하기도 했다. 패치를 붙인 후 사흘이 지나면 2분의 1만 잘라 붙이고 다시 사흘이 지나면 4분의 1만 잘라 붙이는 방식이다. 보통은 펜타닐 함량이 낮은 패치로 바꾸는 방식을 택한다. 이 사례에서는 최소 용량의 펜타닐에서도 금단증상을 보였기에 이런 임시방편을 택했다. 논문에 따르면 이러한 점진적 감소를 통해 펜타닐의 금단증상을 없애긴 했다. 나름 성공적이다. 하지만 이처럼 의약품 복용량을 임의로 조절하는 것은 전문가와 함께 시행해야 한다. 절대 제멋대로 판단하거나 실행해서는 안 된다. 약간의 농도 차이로 생명에 위협을 줄 수 있는 물질이 펜타닐이기 때문이다.

펜타닐과 같은 강한 진정제 마약을 끊을 때는 약한 마약으로 바꾸고 서서히 그 양을 줄여간다. 동시에 운동과 명상, 면담, 사회적 관계도 늘려간다. 천천히 오랜 기간에 걸쳐 조금씩 바꿔가는 과정이다. 이 과정을 '테이퍼링tapering'이라고도 한다. 경제 분야에서 현금 유동성을 서서히 줄여가는 현상을 지칭하는 용어인데 마약 관련 학술지에도 심심찮게 등장한다.

메사돈Methadone이라는 약이 있다. 제2차 세계대전에 즈음하여 독일에서 만들어진 이 약은 전쟁으로 인해 아편 수입이 어려워지자 모르핀을 대신하는 진통제로 쓰였다. 진통 효과가 강했을 뿐만 아니라 양귀비를 기를 필요 없이 화학적으로 생산할 수 있었기에 그럭저럭 쓸 만했다. 모르핀이 가지는 부작용이나 중독성도 있었지만 그래도 없는 것보단 분명히 나았다.

그런데 이 약물을 헤로인 중독 치료에 사용하려는 시도가 이루어졌다. 획기적인 전기가 된 것은 1965년 8월, 뉴욕의 한 의사 부부가 헤로인 중독 치료를 위해 메사돈을 처방하고서 발표한 논문. 마약중독 치료를 위해 애쓰던 이 부부는 헤로인 중독자 22명을 모집했다. 이 중독자들은 당시 나이 17~39세로 비교적 건강한 상태였지만 평균적으로 10년가량 길거리 헤로인에 중독되어 있었다. 또한 마약을 끊기 위해 다양한 시도를 했음에도 불구하고 금단증상으로 인해 실패한 경험을 가진 공통점이 있었다.

필사적으로 마약을 끊기 위해 노력하는 22명에게 이 부부가 시도한 방법은 비교적 단순했다. 메사돈을 주는 것이었다. 처음에는 병원에 입원한 상태로 메사돈을 주었지만 시간이 지나면서 퇴원 후 일상생활을 하면서 메사돈을 복용하도록 권했다. 필요한 경우에는 메사돈의 용량도 늘려주었다. 시도는 단순했지만 결과는 상당히 고무적이었다. 헤로인 중독자들이 별다른 거부 반응 없이 메사돈을 받아들였고 헤로인을 찾지 않았던 것이다. 피험자들은 대부분 메사돈에 만족하면서 일상을 영위했고, 학교로 돌아가 학업을 마치거나 직업을 가졌다. 마약중독 치료의 가장 어려운 단계라고 볼 수 있는 자립을 이룬 셈이다.

약물학적으로도 효과가 괜찮았다. 우선 헤로인에 대한 갈망이 줄어들었다. 이는 약효 지속 시간과도 관련이 있다. 하루에 두 번도 주사를 맞는 헤로인에 비해 메사돈은 하루 이상, 길게는 이틀가량 효과가 지속됐다. 그것도 적절한 수준의 행복감을 유지한 채. 마약을 끊으려는 환자 입장에서는 더할 나위 없이 좋은 조건이다. 금단증상이 줄어든 점도 좋았다. 헤로인은 하루만 끊어도 금단증상이 나타나 중독자들을 힘들게 한다. 이 금단증상 때문에 마약에 다시 손대는 경우가 많다. 일단 메사돈을 복용했을 때는 금단증상이 심하지 않았다. 마약이라는 높은 계단에서 내려오는 중간 계단이 하나 만들어진 셈이다.

그러나 바로 이 지점에 한계도 있었다. 메사돈에 중독되는 것이다. 메사돈의 반감기가 길고 이로 인해 헤로인에 대한 욕구를 일정 기간 가라앉힐 수는 있다. 하지만 이것도 약발이다. 메사돈도 마약이다. 마약으로 헤로인을 대체했을 뿐이다. 메사돈도 모르핀이 작용하는 것처럼 아편 수용체를 자극해서 진통, 진정, 행복 효과를 보인다. 모르핀과 비슷하다. 앞서 언급한 논문에서도 메사돈을 이용해 중독자들을 '단약'시켰다고 하지 않고 '안정화stabilized'시켰다고 서술 하고 있다. 메사돈 중독이 헤로인 중독보다는 낫겠지만 그래도 끝은 아니다. 메사돈은 중간 계단일 뿐 계단에서 완전히 내려온 것은 아니다.

실험 자체에도 한계가 있었다. 이유는 알 수 없지만 피험자 22명 전원이 남성이었다. 여성 피험자에게도 효과를 확인해야 했다. 관찰 기간도 짧았다. 논문에서는 1~15개월(평균 3개월)의 치료 결과로 결론을 냈다. 10년이 지나도 언제 재발할지 모르는 게 마약 욕구다. 장기간 추적 조사가 필요했다.

그럼에도 불구하고 메사돈은 헤로인 중독 치료의 표준 프로토콜로 자리 잡았다. 어쨌든 헤로인보다는 나았으니까. 시대적으로도 의미가 있었다. 당시는 베트남전쟁이 치열하게 진행됐고 파병 중이던 미군들 사이에 헤로인이 광범하게 사용되던 때였다. 이 미군 중독자들이 제대 후 헤로인을 끊고 미국 사회에 성공적으로 복귀한 데에는 때마침 찾아낸 메사돈 치료도 큰 역할을 했다.

1980년대 이후에는 효과와 지속 시간 외에 메사돈의 세 번째 장점이 추가됐다. 메사돈은 입으로 복용해도 효과가 괜찮았던 것이다.

모르핀이나 헤로인은 주사제로 혈관에 직접 주입한다. 입으로 먹어도 효과는 있지만 그래도 구역질 같은 부작용이 따라온다. 입으로 먹으면 다 흡수되지도 않는다. 모르핀을 입으로 먹었을 때 생체 이용률은 20~40%에 불과하다. 반면 메사돈은 50~90%에 달한다. 물론 생체 이용률과 흡수율은 다른 개념이지만 어느 정도 참조할 수는 있다. 메사돈은 지금도 알약이나 물약 형태로 만들어 경구투여를 하는 것이 기본적인 복용법이다.

그림 60. 물약 형태의 메사돈

헤로인의 주사기 사용으로 인해 에이즈와 C형 간염 환자가 늘어났다는 것은 앞에서 설명했다. 헤로인과 상관없는 사람들에게 끼치는 이 주사기 재사용이라는 민폐를 막기 위해 주사기를 교환해 주는 등 고육지책까지 펼치고 있지 않은가? 그런데 메사돈은 입으로 먹어도 된다. 위생적이다.

이처럼 메사돈을 이용해 헤로인과 같은 진정제류 마약을 치료하는 방법을 '메사돈 유지 요법Methadone Maintenance Therapy, MMT'이라고 부른다. '치료'가 아니라 '유지'라고 하는 이유는 앞서 설명했던 것처럼 약을 완전히 끊는 것이 아니기 때문이다. 마약류 중독자에게 마약을 주는 이 행위가 올바른 것인지에 대한 논란은 지금도 이어지고 있다. 분명한 것은 이 요법의 도움을 받는 사람들이 상당히 많다는 사실이다. 2008년 미국 컬럼비아 대학에서 발표한 논문에 따르면 이러한 치료를 받는 사람의 수는 미국에서만 26만 명에 이른다. 이로부터 10년이 더 지났고 펜타닐로 인한 광풍이 몰아닥친 지금의 상황을 감안하면 지금 이 숫자는 늘었으면 늘었지 줄지는 않았을 것으로 본다.

펜타닐에도 이 방법이 적용될 수 있을까? 사실 펜타닐이 강하다고 해서 특별히 펜타닐만을 위해 개발된 치료제는 없다. 날록손으로 긴급하게 대처하거나 메사돈으로 단약을 돕는 정도다. 이후 적절하게 대처하면서 중독자가 약에 의존하지 않고 사회에 적응할 수 있도록 심리치료나 직업재활을 돕는다. 최근에는 부프레노르핀buprenorphine이나 날트렉손naltrexone 같은 물질이 유사한 용도로 쓰이고 있다. 이 두 물질은 마약류 효능제인 메사돈과 기전은 다르지만 위험한 마약류를 끊는 용도로 쓴다는 점에서는 동일하다. 제형도 개선해서 입속에 필름 형태로 녹여서 복용하거나 임플란트 형태로 삽입해서 불편함 없이 쓰도록 되어 있다. 날마다 약을 복용하는 경우는 환자가 임의로 치료를 중단할 수도 있다. 하지만 임플란트 형태로 삽입한다면 임의 중단이 어려우니 그만큼 마약 치료 효과도 올라간다.

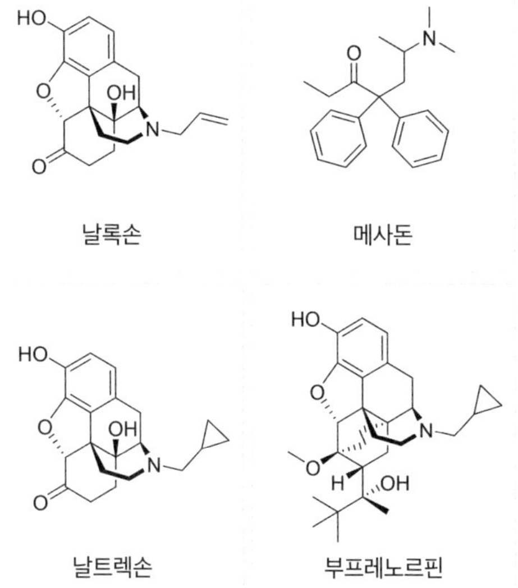

날록손 메사돈

날트렉손 부프레노르핀

그림 61. 날록손, 메사돈, 날트렉손, 부프레노핀의 화학 구조

약물로 약을 치료하는 전략을 어떻게 바라봐야 할까? 이 방법은 완전하지도 않고 빨리 끝나지도 않는다. 펜타닐은 효과가 강력한 만큼 성공률 또한 낮아진다. 그럼에도 불구하고 메사돈 유지 요법이 갖는 의미는 마약중독 치료의 패러다임을 전환했다는 데 있다. 1914년 미국에서 마약단속법이 시행되자 마약을 제공하던 의사들이 집중 단속의 대상이 됐다. 대략 2만 5,000명의 의사가 입건됐다. 이들 대부분은 헤로인 치료를 위해 당시 일반적으로 행해지던 모르핀 주사를 놓는 의사들이었다. 이렇게 입건된 의사 중 10분의 1이 구속됐다. 이후 대법원에서는 판례를 통해 의료용으로 마약을 제공한 경우에는 불법이 아니라고 명시했다. 하지만 의사들은 마약중독 치료에 비교적 약한 마약을 쓰는 것에도 불안함을 느꼈다. 미국 의사들은 이후 40년간 마약을 처방하는 일에 엄두조차 내지 않았다. 한데 1965년에 한 의사 부부가 메사돈이라는 신종 마약으로 헤로인을 치료할 수 있다는 전략을 내놓은 것이다. 이때부터 마약중독 치료 트렌드가 바뀌었다는 것을 감안하면 이 논문이 일종의 '게임 체인저'가 됐다고 평가할 수 있다.

1965년의 이 논문으로 세상의 관심을 모은 의사 부부 중 남편인 빈센트 돌Vincent P. Dole은 1988년에 래스커상Lasker Award을 수상했다. 의학 분야에서 노벨상 다음으로 권위 있는 상이다. 메사돈을 이용해 헤로인 중독자를 치료할 수 있는 전기를 마련했다는 공로를 인정받은 것이다. 두 해 전인 1986년에 67세를 일기로 타계한 그의 아내 마리 니스완더Marie Nyswander가 살아 있었다면 공동으로 수상했을 것이 분명하다. 그래도 그들이 결혼하고 또 논문도 발표했던 1965년은 그들 부부에게만이 아니라, 마약으로 고민하는 수많은 사람들에게 커다란 의미로 다가온 해였다.

마약을 팝니다. 1965

1965년은 메사돈과 관련해 우리나라에도 큰 의미를 갖는 해다. 1965년 8월 2일, 우리나라 국회에서는 여야 국회의

원 32명이 요청한 대정부 질문이 열리고 있었다. 당시 보건사회부 장관은 서슬 퍼런 의원들 앞에서 신종 마약 메사돈이 전국적으로 암암리에 퍼지게 된 경위에 대해 진땀을 흘리며 해명해야 했다. 당시 온 나라를 떠들썩하게 했던 메사돈 사태를 잠시 돌아보자.

이미 1년 전부터 각종 언론에서 정체를 알 수 없는 약물이 유통되고 있다는 기사가 쏟아져 나왔다. 농부들이 밭일하다 새참으로 간식을 먹는 대신 주사기에 담긴 약물을 넣었다거나, 일하러 다녀온 사람들이 오자마자 주사기를 찾는다는 소문이 돌고 있었다. 이 소문은 어느덧 기사화되기에 이르렀다. 보통 이런 일이 벌어지면 먼저 의심받는 곳이 마약 조직이나 조직 폭력배들이다. 그런데 아무리 뒤져봐도 실마리조차 잡을 수가 없었다. 이 와중에도 일용직 노동자들이 많은 지역이나 외딴곳을 중심으로 마약류 중독자들은 늘어갔다. 이후에 나온 결과이긴 하지만, 전남 무안군의 한 지역에서는 주민 1,000여 명 중 300명가량이 중독됐다. 강원도 정선군의 다른 지역에서는 주민 800여 명 중 400명가량이 중독으로 인한 피해를 입었다. 그리고 온 나라에 마약이 횡행하던 그때, 당국에서는 마침내 마약 조직이 아닌 전혀 다른 연결고리에 주목했다. 바로 의약품이다.

당시 유니온제약이란 곳에서 판매한 항생제는 그 절정이었다. 저 약만 먹으면 사람이 이상해진다는 소문이 돌았고 사람들도 손가락질하던 약이었던지라 정부에서는 1965년 4월 21일 이 회사를 폐업 조치까지 하는 강수를 두었다. 그런데 정작 이 항생제에 어떤 약물이 혼입됐는지는 규명하지 못했다. 어떤 물질인지도 모르는데 실체적 진실을 알 수 있을까? 그 진실을 모른 채 기소는 할 수 있을까? 시체 없이는 살인도 성립되지 않는 법이다. 당시 군사정권의 과격함을 감안하더라도 무리수였다. 그리고 법원에서 언제 판결이 뒤집힐지 모르는 이 다급한 상황에서 드디어 실마리가 나왔다.

국립과학수사연구소 이창기 연구원이 유니온제약의 제품에서 나온 물질의 정체를 찾아낸 것이다. 지금은 미지의 물질이 나오면 질량 분석으로 어떤 원소로 구성되어 있는지 짐작할 수 있다. 이후 핵자기공명장치 등의 장비로 스펙트럼을 분석하고 알려진 화합물과 대조하면 명확하게 물질을 파악할 수도 있다. 그런데 1965년에 그런 게 어디 있었겠는가? 있다고 해도 우리나라는 아니었다. 결국 이창기 연구원은 유력한 화합물을 합성하고 유니온제약의 물질과 비교한 후에야 그 물질의 정체를 어렵사리 파악할 수 있었다. 바로 메사돈이었다. 5월 7일에 파악한 이 정보를 바탕으로 8월 2일 국회에

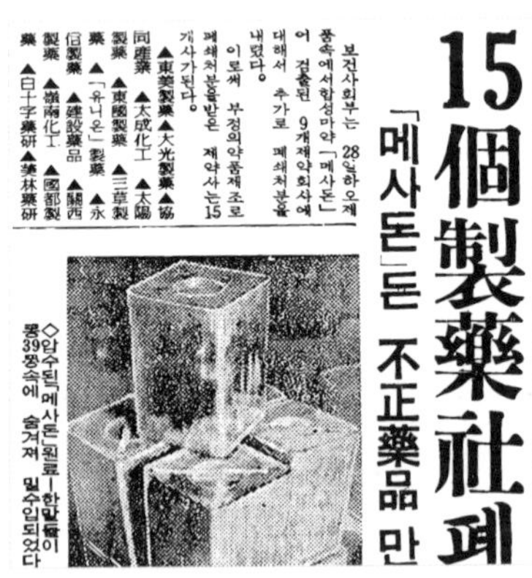

15個製藥社 폐

「메사돈」든 不正藥品 만

보건사회부는 28일하오제품속에서합성마약「메사돈」어 검출된 9개제약회사에 대해서 추가로 폐쇄처분을 내렸다。

이로써 부정의약품제조로 폐쇄처분을받은 제약사는 15개사가된다。

▲東美製藥▲大光製藥▲協同產藥 ▲太成化工 ▲太陽製藥 ▲東國製藥 ▲三草製藥 ▲「유니온」製藥 ▲永信製藥 ▲建設藥品 ▲關西製藥 ▲嶺南化工 ▲國都製藥 ▲白十字藥研 ▲美林藥研

◇압수된「메사돈」원료-한말들이 39통속에 숨겨져 밀수입되었다

그림 62. 메사돈 사태를 보도하던 당시 기사

서 대정부 질문이 열리게 된 것이다.

진실은 더 황당했다. 1962년부터 대구 지역에서 감기약에 메사돈이 들어가면서 중독자가 퍼진 것이었다. 메사돈에 중독된 사람들은 감기약과 상관없이 이 합성 마약을 찾았고 이후 다른 제약회사의 많은 약품에 섞여 들어갔다. 유니온제약의 항생제도 그중 하나였다. 정부에서 메사돈 샘플을 가지고 관련 물질을 조사한 결과 20여 종의 의약품에서 검출됐고, 관련 업체 23곳은 모두 퇴출됐다. 당시 보사부 장관에 대한 해임건의안이 논의됐고 결국 장관이 자진사퇴까지 해야 했던 전국 단위의 대사건이었다.

이 사태가 발생한 1965년은 군사정권이 마약을 강하게 규제하던 시절이었건만 언제나 빈틈은 있는 법이다. 심지어 비슷한 시기에 밀가루 항생제 파동도 일어났다. 지나치게 값싼 항쟁제와 그 항생제의 터무니없이 낮은 효능이 문제로 불거지면서 항생제의 품질을 확인

밀가루로 가짜抗生劑

一黨 5名을검거

點組織으로 팔아

유령會社 차리고 密造工場도

그림 63. '밀가루 항생제' 관련 기사

해 본 것이다. 그리고 항생제 함량이 10%에 그치는 것을 밝혀낸 뒤 관련 제약회사 5곳을 퇴출시켰다. 이후 관련 규정을 정비하고 의약품 속 부정 물질에 대한 감시를 강화하게 된다. 하지만 땅에 떨어진 제약회사의 신뢰를 찾는 데는 오랜 시간이 걸렸다.

이처럼 메사돈은 같은 약물이지만 전혀 다른 의미를 가지고 있다. 제2차 세계대전 당시 독일군에게는 모르핀을 대신할 수 있는 기적의 진통제였고, 1965년 헤로인 중독자에게는 더 약한 마약으로 갈아탈 수 있는 희망의 사다리였으며, 1988년 래스커상을 수상한 의사 빈센트 돌에게는 2년 전 죽은 아내를 추억할 수 있는 영광스러운 기억의 연결고리였다. 하지만 1965년 농촌에서 알 수 없는 마약으로 신음하던 주민들에게는 악몽과도 같은 주사기였다. '약은 독이고 독은 약'이라는 말이 상투적이기 짝이 없는 표현이긴 하지만, 이 상황을 설명하는 데 더 좋은 표현이 생각나지 않는다.

중독은 질병이다

마약을 공급하거나 투약하는 행위는 불법이지만 중독은 질병이다. 법을 어기면 감옥에 가지만 몸이 아프면 병원에 간다. 마약류 중독자도 치료를 위해서는 적절한 병원 진료가 필요하다. 우리나라에는 보건복지부가 마련한 '마약류 중독자 치료보호규정' 이 있다. 이 규정에 따라 마약류 중독자 치료보호 지정병원을 운영하고 있다. 2023년 현재 21개 병원이 전국 각지에서 운영 중이다. 마약류 중독자만 치료하는 것은 아니어서 알코올중독자나 다른 정신질환 환자도 함께 치료하고 있다. 하지만 여러 가지 이유로 운영이 원활하지는 않은 편이다. 대검찰청 집계에 따르면 2022년에 21개 병원 중 19개 병원에서 마약류 중독자를 치료한 경우는 모두 합쳐서 11건에 그친다. 사실상 개점 휴업 상태다. 나머지 2개 병원은 인천의 참사랑병원과 경남의 국립부곡병원인데 각각 276명과 134명을 치료했다. 두 병원의 고군분투가 고맙다. 하지만 그해 마약 투약 사범이 8,500여 명에 이르고 여기에다 검거되지 않은 투약자까지 포함하면 치료 대상자가 훨씬 더 늘어날 것이다. 아무래도 두 병원의 의지만으로는 역부족이라고 봐야 할 것이다.

그렇다고 나머지 19개 병원을 탓하기도 어렵다. 치료를 해도 돈을 못 받는 경우가 많았기 때문이다. 마약류 중독자 치료를 위해서도 당연히 의료진 인건비 등 각종 비용이 드는데 지원금으로 이를 충당한다. 보건복지부가 50%를 지자체에 보내주면 같은 금액을 다시 지자체가 보태서 병원에 지급하는 형태다. 중독자의 돈이 들지 않는다니 귀가 솔깃하지만, 문제는 대부분의 예산이 그렇듯이 집행에 시간이 걸린다는 데 있다. 예산 집행 자체가 늦는 경우도 있고, 예산이 부족해 다음 해까지 기다려야 하는 경우도 있다. 어느 경우든 간에 돈을 받아야 운영되는 병원 입장에선 치명적이다. 치료보호 지정병원에 공공의료기관뿐만 아니라 민간의료기관도 포함되어 있다는 사실을 감안하면 더욱 그렇다. 한 기사의 보도 내용에 따르면 치료보호 지정병원으로 활발히 활동하다가 서울시와 보건복지부에서 받지 못한 돈이 5억 원에 이르자 지정병원에서 빠진 사례도 있다고 한다. 추후에라도 지급됐을 것이 분명하지만 당장 돈이 들어오지 않으면 병원 운영은 극도로 어려워진다. 대부분 그러하듯이 제도와 의지를 지속하게 하는 것은 예산이다.

환자를 돌보는 것도 어렵다. 마약류 중독 환자는 신체적으로나 정신적으로 모두 극단에 처해 있는 경우가 많다. 공격성을 보이는 환자도 있고, 멀쩡하던 환자가 금단증상을 호소하며 쓰러지는 경우도 있다. 환자의 소변을 검사해야 하는데 소변을 바꿔치기할 수도 있기에 간호사가 환자 앞에서 무작정 기다려야 한다. 아무리 전문가라고 해도 보통 일은 아니다. 돈도 못 받는다면 더욱 그렇다.

마약류 중독자들이 병원을 꺼리는 이유도 있다. 치료를 하기 위해서는 마약류 사용을 인정해야 하는데 우리나라에서는 마약류 사용 그 자체가 불법이다. 따라서 병원에 가는 것보다 전과자로 낙인찍힐 가능성을 두려워한다. 하지만 이런 걱정은 기우다. 이미 관련법을 정비해서 비밀이 보장된 상태로 치료를 받을 수 있기 때문이다.

마약법 제49조에는 다음과 같이 명시되어 있'었'다. "의료업자는 환자가 마약에 중독됐다고 진단했을 때에는 즉시 그 중독환자의 주소, 성명, 연령, 성별 및 중독된 마약의 품명을 관할 특별시장 또는 도지사를 경유하여 보건사회부장관에게 보고하여야 한다." 이 조항은 의사 입장에서 중독자를 보고할 수밖에 없게 만들었고, 중독자 입장에서는 수사를 받을 수 있다는 우려를 갖게 했다. 환자가 먼저 병원을 찾기 어려운 것은 충분히 예상할 수 있는 노릇이다. 왜 이런 조항이 생겼냐고 질문할 수도 있지만 시대 상황을 감안해야 한다. 이 법이 제정되던 때는 마약 때문에 북한군에게 나라를 뺏길까 걱정하던 1957년이었다. '보건사회부장관'이라는 철 지난 명칭에서도 비교적 오래된 법임을 짐작할 수 있다.

이 법은 2000년에 유사한 법률과 통합하여 '마약류 관리에 관한 법률(통칭 마약류 관리법)'로 변신하게 된다. 새 법에는 방금 살펴본 조항이 삭제됐다. 의료인은 이제 의료법에 따라 환자의 개인정보를 누설해서는 안 되는 상황이 된 것이다. 치료와 수사가 분리되기 시작한 이 상황은 마약류 중독 치료를 원하는 사람들에게 반가운 변화다. 비록 20여 년이 지나도 사람들에게 그다지 많이 알려지지 않았지만 말이다.

특히 아쉬운 경우는 미성년자의 마약류 중독이다. 청소년 마약류 범죄가 갈수록 늘어나고 있지만 마약에서 빠져나오고 싶어하는 청소년도 많다. 그런데 보호자 입장에서는 앞길이 창창한 어린 자식의 인생에 전과 기록이 남을까 무섭다. 결국 몰래 치료하는 방식을 선택하곤 하는데, 마약류 중독은 비전문가가 맘카페 댓글이나 유튜브 영상 몇 개 보고 치료할 수 있는 질병이 아니다. 펜타닐을 끊을 때 죽을 수도 있다고 했지만 메스암페타민도 비슷하다. 극심한 금단증상을 완화하기 위해 때로는 수면진정제를 투약할 수도 있다. 이런 처치는 집에서 할 수 있는 일이 아니다. 의사와 간호사가 필요한 이유다.

이처럼 전문 인력과 시설의 지원이 누구보다 절실한 청소년이건만 보호자의 잘못된 정보 때문에 더 어긋나게 된다. 일반 병원에서 의료보험 지원도 될 뿐만 아니라 치료보호 지정병원을 통해 무료로 치료를 받을 수도 있다. 1년간 입원도 가능하고, 환자가 원하면 집에서 병원을 오가며 외래 치료도 받을 수 있다. 비밀보장 아래 말이다. 예산 부족으로 힘겨워하는 치료보호 지정병원도 청소년만큼은 어떻게든 치료하려고 한다. 마약류 중독으로 고민하는 독자라면 아직 아는 사람이 별로 없으니 서둘러 병원에 연락하시기 바란다.

마약중독의 연결고리

마약류 중독 치료를 위해 사회가 얼마나 힘쓰는 게 맞을까? 기본적으로 마약류 중독을 사회가 신경 쓰는 게 맞긴 한 걸까? 일반적인 사람들이 마약을 경험할 일은 별로 없다. 본인도 모르게 마약류에 노출되는 경우도 있지만 대부분은 본인이 원해서 마약류에 중독된다. '누가 칼 들고 협박하지 않는 이상' 자유 대한민국에서 마약을 한 책임은 기본적으로 당사자가 지는 게 맞다.

이러한 경향은 여러 곳에서 찾을 수 있다. 마약류 중독에 비견되는 알코올이나 담배, 게임 같은 경우는 어쨌든 나라에서 합법적으로 풀어준 유흥이다. 그렇다 보니 알코올중독 치료나 금연 치료, 게임 중독 치료를 위한 기금도 해당 제품을 판매할 때 부과된다. 기금은 관련 단체에 배분되어 중독 예방과 치료 활동의 바탕이 된다.

하지만 마약류는 그런 게 없다. 나라에서 팔지도 않는 제품에 세금을 매길 수도 없는 노릇이고, 여론이 좋지 않은 일에 다른 예산을 끌어다 쓸 수도 없다. 그렇다 보니 한국마약퇴치운동본부와 같은 주요 단체마저도 항상 예산 부족에 시달린다. 대한약사회 기관지인 《약사공론》에서 한국마약퇴치운동본부의 예산을 분석했는데, 2023년 예산이 전년 대비 2.5% 감소한 32억 원가량에 불과한 것으로 나타났다. 전국에 지부 12곳과 중독재활센터 2곳이 있는 것을 감안하면 평균 2억 원을 조금 넘는 액수다. 직원 두 명만 고용해도 남는 돈이 얼마 되지 않을 듯한데 어떤 일을 할 수 있을지 의문이다. 지자체에서 일부 예산을 추가로 부담할 수 있지만 국가에서도 중시하지 않는 단체에 얼마나 지원할까 싶다. 참고로 한국마약퇴치운동본부는 마약류 관리법 51조의2 ①항 "마약류에 대한 다음 각 호의 사업을 수행하기 위하여 한국마약퇴치운동본부를 둔다"라는 문구에 따라 설립한 단체다. '둔다'에 그치지 않고 '활동하다'로 진전하려면 그에 걸맞은 예산이 있어야 하는데 현실은 그렇지 못해 안타까울 따름이다.

상황이 이렇다 보니 마약류 중독자들이 스스로 힘을 합치는 경우도 있다. 단약자조집단Drug Addiction Rehabilitation Center, DARC, 통칭 다르크라고 부르는 민간단체다. 원래 마약류 중독에만 국한되는 조직은 아니었다. 처음에는 술을 끊기 위해 사람들이 자발적으로 모여 시작한 단체였다. 이후 중독성이 더 강하고 외부의 손길을 기대하기 힘든 마약류 중독의 자구책으로 자리 잡았다. 이웃 나라 일본에서는 100개 이상의 지역 단체가 있으며 나름 탄탄하게 자리를 잡고 있다. 특징이라면 마약류 중독자만 입소할 수 있다는 점과 정부로부터 재정 지원이 사실상 전무하다는 점. 기초생활지원금을 십시일반으로 모아 마약류를 끊기 위해 함께 생활하고 있다.

우리나라에도 다르크가 있긴 하지만 일본만큼 활성화되지는 않았다. 마약류 중독자를 쉬쉬하는 분위기야 일본이나 우리나라나 별반 다르지 않다. 하지만 우리나라 다르크는 역사가 비교적 짧다. 별다른 수입이 없는 중독자들로서는 기초생활지원금에 의존할 수밖에 없다. 그러나 이 금액도 일본에 비해 적다 보니 우리나라 다르크는 여러모로 생활하기가 힘들다. 그럼에도 불구하고 국내에도 다르크가 차츰 만들어지고 있으며, 마약류 중독에서 재활하기 위한 사람들에게 긍정적인 관계를 만들어주고 있다. 사회의 외면에도 스스로 살길을 찾기 위해 몸부림치는 중이다.

그런데 마약류 중독자가 양산되는 과정에서 제도적 허점은 없을까? 이 과정에서 어느 정도의 책임이 있다면 이야기가 달라질 것이다. 마약류 중독자 치료 전문가들이 주로 지적하는 대목은 호기심에서 시작한 초보 마약류 사범이 중독자가 되는 과정이다.

마약류 중독은 대부분 개인의 선택으로 시작된다. 호기심이든 유혹이든 일단 본인이 선택한다. 이후 이 초보 마약류 사용자가 자신이 중독된 것을 인지하는 것은 무척이나 어렵다. 본인은 절제력이 강한 사람이라 믿고 언제든 마음만 먹으면 약을 끊을 수 있다고 여긴다. 주사를 맞고 각성을 넘어 환각증상까지 느끼면서도 본인은 중독되지 않았다고 여긴다. 원래 본인은 자신을 객관적으로 바라보기 극도로 어려운 법이다. 가까운 가족도 이 부분을 지적하기가 어렵다.

제동이 걸리는 계기는 제3자의 개입이다. 보통은 법적인 조치다. 꼬리가 길면 잡히듯이 마약류 사용이 길어질수록 경찰의 수사를 통해 체포로 이어진다. 그런데 구치소에서 더 강력한 마약류 사범이 되어 나오는 경우가 종종 있다. 단순한 초보 마약류 사범으로서 이 기회에 제대로 끊어보겠다고 결심하지만 경험 많은 마약류 사범으로부터 어떤 마약이 있는지, 시세는 얼마이며 어떻게 하면 더 싸게 살 수 있는지에 대해 정보를 자연스럽게 듣기 때문이다. 교도소를 속칭 '학교'라고 부르곤 하는데 말 그대로 '학교'로 기능하는 것이다.

이후 이 초보 마약류 사범은 온갖 실전 지식으로 무장한 전문가가 되어 구치소를 나온다. 약을 구할 수 있는 방법도 많아졌다. 구치소에서 주고받은 연락처를 통해 지속적으로 접근해 오는데, 처음에는 거절하지만 힘든 일이 닥쳤을 때는 결국 그 번호로 연락을 하고 만다. 이후 다시 마약류에 빠져들게 되고 달콤한 중독을 만끽하게 된다. 내성으로 인해 예전의 그 느낌을 갖지는 못하지만 없어서 금단증상에 시달리는 것보다는 낫다고 여기면서 말이다.

다시 경찰에게 체포되는 것은 시간문제다. 이제는 실형이다. 이 과정이 반복되다 보면 이제 연락할 사람은 마약 관련 인맥밖에 남아 있지 않다. 경제적 궁핍도 찾아오는데 가끔은 배운 지식을 바탕으로 마약을 팔기도 한다. 이제 단순 마약류 사범도 마약류 중독자도 아닌 마약류 공급자가 되어 있는 것이다.

마약류 사범을 빗대서 하는 표현이 있다. '20대에 시작해 40대에 전과 3범'이라는 표현이다. 막연한 호기심에서 시작한 마약에 20년이 그냥 지나간다. 물론 40대가 됐다고 마약류에서 해방되는 것은 아니다. 마약류의 부작용으로 죽을 수도 있고, 마약류를 끊기 위해 노력해서 새 삶을 사는 경우도 있다. 하지만 한번 지나간 시간은 돌아오지 않는다.

위에서 언급한 초보 마약류 사용자가 마약류 공급자로 변해가는 과정은 『중독 인생』이라는 책의 내용을 상당 부분 참고했다. 네 명의 기자가 마약류 중독자의 단약 과정을 밀착 취재해 발표한 책이다. 언급하는 내용이 많은 만큼 본문에서도 참고문헌을 밝힌다.

개인적인 견해를 조금 덧붙이려 한다. 단순 마약류 사범이 구치소에 머물면서 마약류 전문가가 되고 공급자가 되는 이 과정에는 분명 제도적인 미비함도 한몫한다. 물론 조금씩 더 개선되어 가고 있지만 그래도 이 과정을 온전히 개인의 나약함 탓으로만 규정짓기는 어려울 것이다.

단속과 처벌뿐만 아니라 예방과 교육도 비슷한 맥락에 있다. 한 중독자의 인터뷰를 빌리자면 마약을 사용하고 구치소에 가면 그때부터 예방과 교육을 한다. 사실 이 단계에서 필요한 것은 예방이나 교육이 아니라 재활이다. 한번 한 것은 어쩔 수 없다 치자. 이제 다시

하지 않도록 재활해서 사회로 복귀하는 것이 중요하다. 하지만 구치소 내에서 이런 교육이 이뤄지기는 어려운 법이다. 치료감호제도를 신청하는 방법이 있지만 중독치료 지정병원의 현실을 감안할 때 제대로 된 치료를 받는 것이 마냥 쉽지만은 않다. 관련 교육을 이수하는 것도 가능하지만 앞서 언급했듯이 예산 압박 속에서 교육이 충실하게 진행되길 기대하기는 어렵다.

마약류 사범이 섞여 있으면 교육이 더 어렵기도 하다. 부장님이나 선생님이 아무리 열심히 좋은 말을 해줘도 가까운 사수나 친구의 한마디가 더 와닿는 법이다. 그 한마디가 인생에 도움 되는 말이라면 더할 나위 없이 좋다. 하지만 애초에 이런 도움 되는 말을 남길 정도의 사람이라면 교도소에 안 간다. 갓 입소해서 절박하기만 한 재소자에게 이런 상황을 합리적으로 판단하길 바라는 것 또한 무리다.

이 와중에 안타까운 흐름이 두 가지 더 있다. 마약류 사용자의 나이가 어려진다는 점이다. 그 전에는 '20대에 시작해 40대에 전과 3범'이었다면 이제는 10대에 시작하고 있다. 어릴수록 마약류의 효과는 더 치명적이다. 쉽게 흥분에 빠지며 충동적인 행동을 저지르기도 쉬운 편이다. 산전수전 다 겪은 사람들도 말려드는 게 마약이다. 10대 청소년은 훨씬 더 취약하다.

대검찰청 자료에 따르면 10대 청소년 마약류 사범은 2011년 41명에서 2017년 119명, 2018년 143명, 2019년 239명, 2020년 313명, 2021년 450명을 거쳐 2022년에는 481명으로 늘어났 다. 매년 예외 없이 이렇게 꾸준히 늘기도 어렵다. 청소년 인구가 줄어들고 있는

근 10년 사이 열 배 이상 늘어난 이 숫자는 마약류 사용자의 연령대가 갈수록 낮아지고 있다는 것을 뜻하는 명확한 자료다.

이러한 변화는 여러 가지 배경에 기인한다. 예전에 비해 모든 면에서 습득하는 시기가 빨라졌다. 경제적으로도 여유가 생겼다. 최근 코로나19를 거치며 비대면 거래가 증가하고 전 세계적으로 다크웹을 통한 마약류 거래가 활발해지는 상황도 무시할 수 없다. 스마트폰이나 SNS 등을 통한 비대면 거래는 연령이 어릴수록 적응이 빠르다 보니 상대적으로 더 쉽게 마약류에 노출된 것이 아닐까 생각하고 있다.

물질 사용 장애

이미 펜타닐로 신음하고 있는 미국이나 캐나다는 펜타닐 중독자를 치료하기 위해 어떤 방식을 택하고 있을까? 앞서 언급했듯이 펜타닐만을 위해 특별히 개발한 약물은 없다. 메사돈이나 이에 준하는 물질을 맞춰서 사용할 뿐이다. 심지어 캐나다 밴쿠버에서는 헤로인마저도 그냥 준다. 1994년부터 스위스에서 헤로인 중독자를 관리하기 위해 헤로인을 나눠준다는 이야기를 앞서 한 적이 있다. 그런데 밴쿠버의 헤로인 투여는 맥락이 다르다. 사람들이 헤로인에 펜타닐을 섞어서 주사하는 형태로 중독자가 늘어나자 이를 막기 위해 임시방편으로 시행한 조치다.

그림 64. 밴쿠버의 헤로인 주사시설insite **내부 모습**

펜타닐 중독자가 헤로인 중독자로, 이후 메사돈 중독자로 천천히 단계를 밟아 내려가 결국 마약을 끊는 것이 가장 바람직한 시나리오일 것이다. 하지만 많은 중독자들은 헤로인 단계에 머무르고 있다. 참고로 헤로인 주사는 하루에 두 번 이상 맞는 경우도 많다. 그런데 중독자들은 이런 불편함을 감수하며 맞는다. BBC는 사람들이 2017년 6월 한 달 동안 밴쿠버의 주사센터인 'insite'를 방문한 횟수가 만 번을 넘는다고 한다. 모든 방문이 주사로 이어졌을 리는 없을 테지만 생각보다 이 센터가 흥하고 있음을 알 수 있다. 그런데 이렇게 흥하는 것이 옳은 일인지는 모르겠다. 2003년부터 이 센터는 활발히 운영되고 있고, 이 프로그램이 시작된 이후 지역에서 마약류 남용으로 인한 사망자를 줄이고 에이즈와 C형 간염을 억지하는 데 큰 도움을 준 것은 사실이다. 하지만 마약류와 함께 살아가는 방법을 찾은 것이지 마약을 끊게 하는 데에서는 한계를 보이고 있다. 하긴, 마약을 끊는 데 특별히 뾰족한 방법은 없으니 더 이상 다그치기도 질책하기도 어렵다. 다만 이런 제도를 우리나라에 적용할 수는 없다. 결국 우리나라 실정에 맞는 방법을 찾아야 한다.

왜냐하면 아직까지 우리나라에서 가장 많이 사용하고 있는 마약류는 메스암페타민과 같은 각성제 계열이기 때문이다. 마약류 중독을 치료하고 재활하는 체계도 대부분 이런 각성제 계열에 맞춰져 있다. 그런데 갑자기 마약류 진정제가 습격한다면 어떻게 될까? 게다가 아편도 모르핀도 헤로인도 옥시코돈도 아닌 펜타닐이라면? 이 마약류 진정제의 끝판왕은 일종의 생태계 외래종으로서 마약류 시장을 접수하고 관련 체계를 송두리째 뒤흔들 수 있다. 전혀 경험해 보지 못한 세상이 열리는 것이다.

그나마 희망이 있다면 아직 펜타닐 남용이 패치제 수준에서 머무르고 있다는 점이다. 펜타닐을 주사나 알약 형태로 구입해서 사용하는 미국과 달리 우리나라의 펜타닐 오남용 수준은 심하지 않다. 그래도 나쁜 것은 빨리 배우는 법이다. 헤로인과 옥시코돈이 크게 문제 되지 않던 우리나라에서 갑자기 펜타닐 사태가 불거진 것은 미국에서 이 약물이 유행하기 때문이다. 그리고 전 세계적인 물류시스템과 인터넷, SNS 등의 영향으로 미국에서 좋다고 하는 것은 일주일도 안 돼 우리나라에 전해진다. 명품이든 문화든 유행이든 비슷하다. 펜타닐도 그렇게 들어온 것으로 보인다. 이런 추세라면 알약 형태의 펜타닐이 들어오는 것도 시간문제일지 모른다.

펜타닐을 만드는 나라가 어디인지는 여전히 불투명하다. 만약 중국에서 만든다고 가정하면 우리나라 역시 위협에서 자유롭지 못하다. 3억 3,000만 명의 인구를 가진 미국도 큰 시장이지만 인구 5,000만 명의 우리나라도 작은 시장이 아니다. 블록버스터 영화를 홍보하기 위해 해외 스타들이 내한하는 것만 봐도 알 수 있다. 중국은 우리나라와 가깝다. 중국이 아닌 다른 나라라고 해도 위험한 것은 매한가지다.

중요한 것은 예방 교육이다. 미국의 경우를 봐도 펜타닐이 문제아로 돌변한 것은 2000년대 들어 옥시콘틴으로 대표되는 마약성 진통제의 남용 때문에 시장이 커졌기 때문이다. 이후 시장이 커지니 수요가 생기고 그 틈을 타서 펜타닐이 치고 올라가기 시작했다. 즉 처음부터 마약류 시장이 작다면 펜타닐이 발붙일 여지가 없다. 수요가 없으면 공급도 없다. 펜타닐 사태의 처음 원인이었던 공급을 억제하면 더 좋겠지만 우리가 할 수 있는 범위를 벗어난다. 우리는 스스로 할 수 있는 것부터 하는 게 좋다. 그러기 위해서는 마약류 중독자를 줄여야 하고, 그래서 예방 교육이 중요하다.

수요를 줄이는 것은 또 다른 측면에서도 중요하다. 일차적으로 해외에서 들어오는 펜타닐을 차단해야 하겠지만 이러한 단속 프로세스에는 하나의 가정이 있다. 펜타닐이 해외에서 들어온다는 가정이다. 펜타닐은 우리나라에서도 만들 수 있다. 감기약 성분에서 메스암페타민을 만드는 과정과 비교하면, 펜타닐을 만드는 공정은 여러 단계의 고차원적 화학 합성법이긴 하지만 어쨌든 화학 기술로 만든다는 사실에는 변함이 없다. 우리나라 사람이 못 만드는 게 어딨는가. 차도 만들고 배도 만드는데 약이라고 못 만들 리 없다. 이처럼 시장이 커져 우리나라에서 자체적으로 펜타닐을 생산하고 유통하게 된다면 외국에서 유입되는 펜타닐을 단속하는 일차적 면역체계가 무의미해진다.

또 하나 중요한 것은 기존 마약류 중독자에 대한 치료다. 이 사람들은 펜타닐도 사용할 가능성이 높기 때문이다. 이것저것 가려서 마약을 쓰기보다는 그저 더 좋고 효과가 강한 것을 찾는 중독자가 많다. 약물·학적 분류에 따라 진정제인지 각성제인지, 법적 분류에 따라 마약인지 향정신성의약품인지는 약물중독자에게 별 의미 없다. 적절한 치료와 재활에 힘을 쏟아야 하는 이유다.

이 책에서는 '마약류 중독'이라는 표현을 주로 썼지만 최근에는 '물질 사용 장애substance use disorder, SUD(또는 물질 관련 장애)'라는 표현을 더 많이 쓴다. 말만 바꾼 게 아니냐고 반문할 수 있지만 용어가 갖는 의미의 차이는 크다. 중독이라면 개인의 나약함 때문이라는 인상을 주지만 '장애'라면 질병으로 인식하기 때문이다.

전쟁터에서 돌아온 사람들의 후유증을 별로 신경 쓰지 않던 시절이 있었다. 모두 다 겪는 어려움 왜 혼자 유난 떠냐고 질책하던 시절이었다. 그러나 두 번의 세계대전과 한국전쟁, 베트남전쟁을 거치면서 이러한 어려움이 개인의 문제가 아니라 모두가 겪을 수 있는 문제임을 알게 됐다. 지금은 이 후유증을 외상후스트레스장애PTSD라고 부른다. 비단 전쟁뿐만 아니라 일상에서 겪는 사고나 어릴 적 기억 모두 해당한다. 그리고 이제는 이 장애를 가진 사람에게 나약하다고 비난하지 않는다. 질병이라는 인식을 갖고 치료의 대상으로 바라본다. 불안 장애, 우울 장애, 수면 장애. 모두 같은 맥락이다. 물질 사용 장애도 여기에 속한다. 말의 힘이다.

다른 '장애'에 비해 물질 사용 장애는 본인이 자초한 경우가 더 많다. 하지만 한순간의 잘못으로 평생을 시달려야 한다면 조금 문제가 있다. 누구나 실수할 수 있고 또 잘못된 선택을 할 수 있다. 어느 정도의 대가를 치르고 나면 사회에 복귀하여 구성원으로 살아갈 수 있어야 한다. 그러나 지금의 시스템 하에서는 어려운 측면이 있다.

사회가 거대화되고 고도화될수록 적응하지 못하는 개인이 나타나는 것은 필연적이다. 이때 이 부적응자를 어떻게 보듬는지에 따라 사회의 수준이 드러난다. 그렇다면 우리나라는 어느 수준에 와 있을까? 경제, 문화, 복지 등의 각종 지표에서 자부심을 가지는 우리라면 마약류 중독자도 어느 정도 받아들여야 하지 않을까? 심지어 이들 중 대다수는 젊을 때의 실수를 만회하고자 애쓰는 사람들이다. 우리가 그동안 너무 무심했던 것은 아닐까? 어쩌면 모든 것을 개인의 책임으로 돌리고 애써 외면하진 않았는지 돌아보게 된다.

2013년 학계에서 카메룬 북부지역이 이슈가 된 적이 있다. 프랑스와 카메룬의 학자들이 바늘방석 나무Nauclea latifolia에서 합성 마약인 트라마돌tramadol을 검출한 것이다. 트라마돌은 공장에서 생산하는 순수한 합성 물질이다. 그런데 이 물질이 식물에서 나왔다고? 도대체 이 식물은 양귀비도 아니면서 무슨 이유로 마약을 만들어내는 것일까? 합성 마약인 트라마돌을 천연물로 다시 규정해야 하는 것은 아닌지 논란이 되기도 했다.

그림 65. 트라마돌이 검출된 바늘방석 나무 Nauclea latifolia

비슷한 경우가 실제로 없지는 않다. 1950년대에 개발된 항암제이자 면역제인 5-플루오로우라실5-Fluorouracil을 2003년 중국 남동부

해안의 한 해조류가 만드는 것이 발견됐다. 아마 해조류 나름의 생존전략이지 않을까 싶다. 어쨌든 사람들이 고심 끝에 만든 물질을 조용히 만들어내는 걸 보면 자연은 참 겸손하고 위대하다.

그런데 트라마돌의 경우는 조금 다르다. 이듬해인 2014년 독일과 카메룬의 공동 연구진이 이 바늘방석 나무가 어떻게 트라마돌을 생산하는지에 대한 연구를 발표했는데 그 결과가 사뭇 충격적이었다. 지역 사람들이 이 마약성 진통제를 남용하면서 지역이 오염된 것이었다. 사람만 먹은 게 아니었다. 함께 있던 소에게도 트라마돌을 먹이고 일을 시켰다. 그리고 일에 지친 소는 나무 그늘로 가서 쉬었고 그 밑에서 대소변을 누었다. 소의 몸에서 빠져나온 트라마돌은 흙으로 들어갔다가 그 자리의 식물로 흡수됐다. 그렇게 나무에 트라마돌이 열렸다.

사실 검출된 것이야 그렇다 쳐도 식물이 트라마돌을 생산한다고 결론 내리기에는 처음부터 의심이 많이 가는 상황이었다. 일단 이 지역의 식물은 트라마돌을 생산하지만 지역을 조금만 벗어나도 같은 식물이 트라마돌을 만들어내지는 않았다. 식물 종의 변화가 이렇게 극적일 리는 없으므로 '식물'보다는 '지역'에 원인이 있는 것이 분명했다. 또한 바늘방석 나무 외에 이 지역의 다른 식물에서도 트라마돌이 미량이나마 검출됐다. 마지막으로 문제의 나무에서 가능성 있는 미생물총을 분리해서 트라마돌을 생산하는지 확인했지만 전혀 얻어낼 수가 없었다. 식물이 만들어낸다면 식물에 기생하는 미생물총이 어떤 식으로든 관련이 있을 터이다. 그런 결과가 나오지 않은 것으로 봐서는 근본적인 가정부터 다시 하는 것이 맞았다. 식물은 트라마돌을 생산하는 것이 아니라 흡수하고 있었다.

연구진은 지역 사람들과도 인터뷰를 진행했다. 서아프리카의 땡볕 아래 일해야 하는 사람들에게는 단돈 1달러, 우리 돈으로 약 1,000원에 일주일 치를 구입할 수 있는 트라마돌이 일종의 영양제이자 자양강장제였다. 그리고 소뿐만 아니라 지역 경마장에서 말에게 이 약을 먹인다는 사실도 확인할 수 있었다. 생각보다 지역에 광범하게 퍼진 물질이 트라마돌이었다.

사람이 남용하는 약 때문에 식물까지 영향을 받는다는 사실을 어떻게 평가해야 할까? 파키스탄에서 가금류에게 소염진통제를 줘서 이를 잡아먹던 흰등독수리의 개체 수가 약물 부작용으로 급감했다거나, 코끼리 상아를 노리는 밀렵꾼이 많아지자 코끼리의 상아가 사라지는 형태로 변화했다는 것은 그나마 많이 알려져 있는 사실이다. 트라마돌을 함유한 식물도 같은 변화라고 해야 할까? 요즘 들어 지질학자들 사이에서는 현재의 지질시대를 '신생대 제4기 홀로세Holocene'가 아닌 '인류세Anthropocene'로 규정하려는 시도가 이뤄지고 있다. 거의 만 년 가까이 이어져 온 한 시대가 끝나고 새로운 시대가 왔다고 생각할 만큼 인류의 영향이 크다는 뜻이다. 어쩌면 트라마돌을 품고 있는 바늘방석 나무가 그 근거로 쓰일지도 모를 일이다.

안 좋은 일이 더 빨리 퍼진다. 트라마돌도 카메룬에만 퍼져 있는 게 아니라 인근의 나이지리아, 니제르, 코트디부아르 등 서아프리카

전역을 광범위하게 잠식하고 있었다. 자연스럽게 유엔United Nations, UN에서도 이 문제에 대해 대대적인 조사를 벌였고, 2021년에 보고서를 발표하면서 그 실상이 보다 면밀히 밝혀졌다. 이 마약성 진통제를 인도나 중국에서 대량생산을 한 다음 먹기 좋게 알약이나 캡슐로 바꿔 지역에 퍼뜨리면 중독된 사람들이 알아서 사는 형국이었다. 복용하는 형태도 일반적인 용량보다 훨씬 많은 식이었다. 즉 의료용 트라마돌을 다른 목적으로 쓰는 것이 아니라, 지역사회에 퍼뜨리기 위해 아예 처음부터 새로운 제형으로 만들었다는 말이다. 나이지리아 한 국가에서 압수된 양만 2018년 기준 92톤에 달했다. 이는 전년도의 두 배 정도에 해당하는 양이었다. 서아프리카에 압수된 트라마돌의 양이 전 세계에서 압수된 트라마돌 양의 77%를 차지하고 있었으니 이 지역의 트라마돌 유행병tramadol epidemic이라고 불러도 과언이 아니다. 미국이 펜타닐에 잠식돼 가고 있던 바로 그 시기, 대서양 건너 아프리카는 트라마돌로 찌들어가고 있었다.

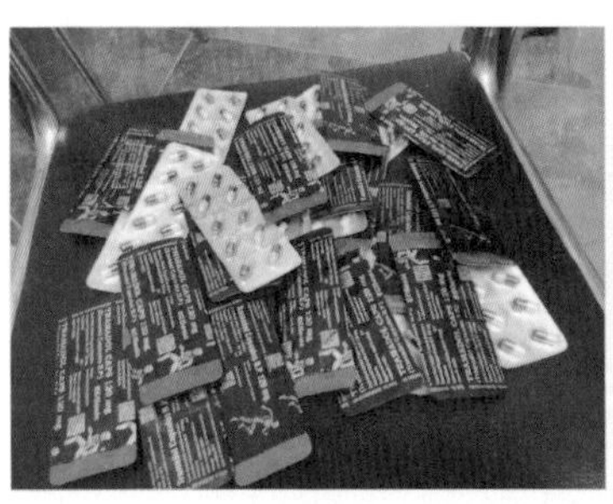
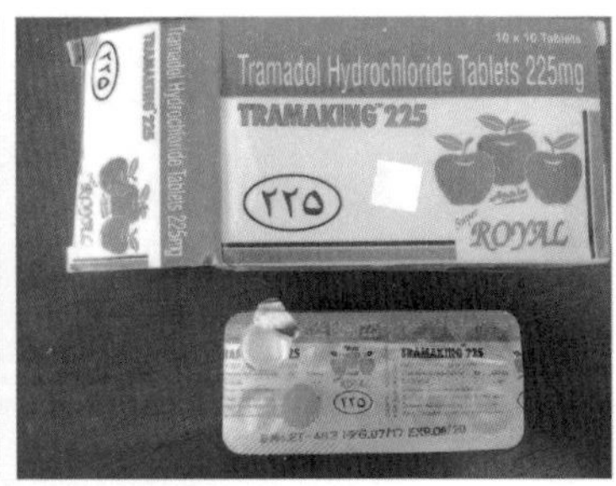

그림 66.　서아프리카에서 유통되던 불법 트라마돌 제품.
참고로 트라마돌 섭취량은 하루 400밀리그램을 초과하지 못하도록 권하고 있다.

그리고 현재진행형이다. 서아프리카는 여전히 트라마돌에 물들어 있다. 2023년 7월 말, 나이지리아 세관과 마약단속국은 라고스 공항에서 불법으로 들여오던 트라마돌 512만 정을 적발하여 압수했다. 인도 등지에서 생산한 이 트라마돌은 고함량 정제로 만들어져 권역 인구 2,600만 명의 아프리카 중서부 거점 도시이자 나이지리아의 심장, 영화 캡틴아메리카 시리즈 완결작 〈캡틴 아메리카: 시빌 워Captain America: Civil War〉의 첫 장면을 장식한 도시 라고스로 들어오고 있었다. 그리고 적발됐다. 참고로 이 제품은 보다 더 서쪽의 나라 시에라리온으로 향할 예정이었다. 트라마돌이 얼마나 광범위하게 문제를 일으키고 있는지 짐작할 수 있는 대목이다.

그림 67. 2023년 7월 라고스에서 압수한 트라마돌 밀수품

트라마돌은 1960년대에 독일(당시 서독)의 제약회사인 그뤼넨탈Grünenthal사가 만들어 낸 마약성 진통제다. 그뤼넨탈사는 의약품 역사상 최악의 사건으로 평가받는 탈리도마이드 사태를 일으킨 바로 그 회사로 더 유명하다. 탈리도마이드라는 수면진정제를 개발하고 이후 임산부의 입덧 치료제로 판매했다가 전 세계 40여 국가에서 1만 2,000여 명의 기형아를 양산한, 관련 교과서에도 자주 언급되는 바로 그 사건이다. 그러나 놀랍게도 이 회사는 탈리도마이드와 관련해서는 대부분 처벌을 받지 않았다. 결과는 최악이었지만 어쨌든 당시 신약 개발 가이드라인을 어기지는 않았다는 이유였다. 물론 오랜 법적 공방과 사회적인 비난을 받아야 했던 것은 당연한 귀결이다.

그뤼넨탈사가 법적, 도덕적 논란에 휘말려 있던 바로 그 시기에 만든 약이 바로 트라마돌이다. 이 약은 모르핀 구조에 기반하긴 했지만 보다 직접적으로는 메사돈의 구조와 비슷하다. 메사돈이 그렇듯 이 물질도 화학 공정을 통해 만들어지는 순수한 합성 의약품이다. 카메룬의 바늘방석 나무에서 검출됐을 때 사람들이 놀란 이유도 여기에 있다. 사람들이 그토록 열심히 고민해서 만든 물질이건만 결

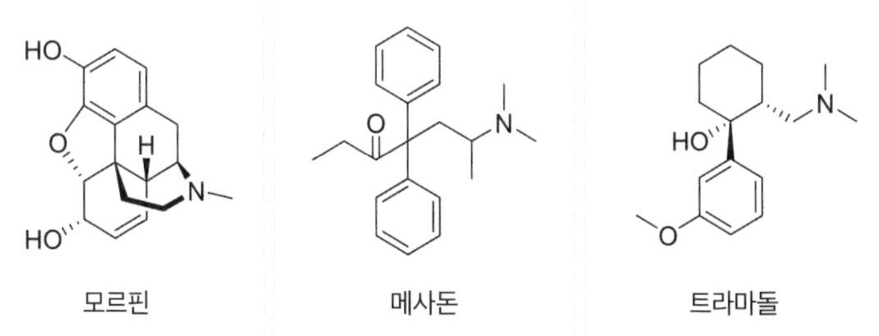

그림 68. 모르핀, 메사돈, 트라마돌의 구조. 트라마돌은 라세미체로 사용한다.

국 대자연의 손바닥 안에서 놀고 있었다는 말이기 때문이다. 물론 실상은 그렇지 않음을 앞서 충분히 설명했다.

트라마돌은 중추신경계에 작용해서 세로토닌과 같은 신경전달물질이 더 오랜 시간 작용하도록 도와준다. 한마디로 기분이 좋아진다. 통증도 줄어든다. 트라마돌이 모르핀처럼 아편 수용체와도 결합하기 때문이다. 효과 자체는 모르핀보다 훨씬 약하다. 대략 10분의 1 정도. 이 정도라면 헤로인, 펜타닐 등 모르핀보다도 강력한 약물이 잔뜩 나열된 이 책에서는 효과가 약한 편이다. 하지만 효과가 약하다고 존재감마저 약한 것은 아니다. 모르핀에 비해 안전한 약으로 각광을 받으며 오랜 기간 사랑을 받은 마약성 진통제가 트라마돌이다. 1977년에 시판된 이후 전 세계적인 메가히트 의약품이 됐으며, 2020년에는 미국에서 35번째로 많이 처방하는 약에 오르기도 했다. 같은 순위표에서 36위가 아스피린이다. 트라마돌이 얼마나 대중적인 약인지 알 수 있는 지표다.

하지만 존재감이 강하다고 해서 또 마냥 좋은 것만도 아니다. 상대적으로 중독성이 약하다 보니 그만큼 남용하는 사람도 많아졌기 때문이다. 약한 것도 많이 먹으면 위험하다. 그리고 중독된다. 트라마돌에 중독되면 경련이 따라온다. 아편계 진통제의 일반적 부작용인 어지러움, 구역질, 변비에 더해 생명에 위협을 줄 수 있는 부작용이 동반되므로 여러모로 주의를 요하는 약물이 트라마돌이다. 그런데 펜타닐은 조심하면서 트라마돌은 조심하지 않는다. 진정한 위험은 일상에서 반복되는 작은 위험인 경우가 많다. 그렇게 서아프리카가 당했다. 지금은 미국이나 영국에서도 자국 내 트라마돌 남용 문제를 심각하게 바라보고 있으며, 트라마돌을 마약류로 지정해 엄격하게 관리하고 있다.

그런데 우리나라에서는 이 트라마돌이 마약류로 지정되어 있지 않다. 물론 다른 나라에서 지정했다고 해서 우리나라도 줏대 없이 따라갈 필요는 없다. 트라마돌이 국내에서 처음 승인되던 1983년에는 이런 문제가 심각하지 않았다. 마약류로 지정하지 않은 나라도 많았다. 하지만 마약류의 위험성은 시대마다 다르며 그에 따라 기준도 바뀐다. 프로포폴이 우리나라에서 마약류로 지정된 것도 사회적으로 문제가 불거지던 2010년의 일이다. 마약류 중독자가 나날이 늘어가는 상황임을 고려해 트라마돌의 마약류 지정에 대해서도 다시 한번 생각해 볼 때가 된 듯하다.

트라마돌의 마약류 지정 이슈는 사실 꾸준히 제기되어 오고 있다. 2014년 '건강사회를 위한 약사회'에서 트라마돌의 마약류 지정을 건의했고, 그 이후로도 관련 단체에서 트라마돌의 오남용 실태를 조사하고 있다. 2022년 식약처에서도 트라마돌의 마약류 지정에 대한 의견을 관련 단체에 문의했다. 하지만 시간이 흐른 지금도 변화는 없다.

엄밀히 말해 변화가 전혀 없었던 것은 아니다. 2022년 6월, 트라마돌에 대한 경고 문구가 조금 달라지긴 했다. 원래 트라마돌 사용상의 주의사항으로 "트라마돌은 의존성이 낮으나, 장기투여에 의한 내약성으로 인해 정신적, 육체적 의존성이 발생할 수 있다. 약물 남용 또는 의존성이 있는 환자에게는 엄격한 감독하에 단기간 투여한다"라는 문구가 있었다. 그런데 트라마돌에 대한 논란이 수년째 이어지자 맨 첫 문구, 즉 "트라마돌은 의존성이 낮으나"라는 표현을 삭제한 것이다. '의존성이 낮다'는 내용을 삭제한 것은 바람직한 변화이긴 하다. 하지만 트라마돌의 위험성을 강조하기 위한 변화치고는 조금 약하다.

트라마돌 단일제 허가사항 변경대비표

항목	기 허가사항	변경명령(안)
경고	1) (생략) 2) 트라마돌은 의존성이 낮으나, <삭제> 장기투여에 의한 내약성으로 인해 정신적.육체적 의존성이 발생할 수 있다. 약물남용 또는 의존성이 있는 환자에게는 엄격한 감독 하에 단기간 투여한다.	1) (좌동) 2) 장기투여에 의한 내약성으로 인해 정신적.육체적 의존성이 발생할 수 있다. 약물남용 또는 의존성이 있는 환자에게는 엄격한 감독 하에 단기간 투여한다.

그림 69. 트라마돌 '사용상의 주의사항' 중 '경고' 항목 변경

참고로 트라마돌은 의대나 약대 교과서를 비롯한 대부분의 전문 자료에서 마약성 진통제로 분류하고 있다. 물론 국내 교과서가 미국 교과서를 참고해서 작성되는 경우가 많은 것을 감안해야겠지만 그렇다고 허투루 넘길 일은 아니다. 또한 통증 치료 가이드라인에서는 일차적인 아스피린, 타이레놀 등의 진통제가 효과 없는 경우에 약한 마약성 진통제를 권하고 있다. 이때 주로 사용하는 약이 트라마돌이

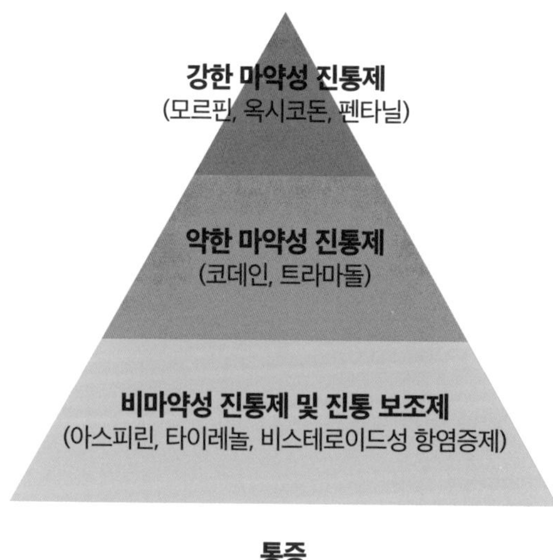

그림 70. WHO 3단계 진통제 사다리에 따른 약물사용 지침

다. 그런데 우리나라 법에서는 트라마돌이 마약류로 지정되어 있지 않다. 얼마나 편한가. 효과는 좋은데 규제는 약하다.

약은 편하게 사용하면 안 된다. 일부러 불편하게 만들기 위해 의약분업을 시행하고 있다. 트라마돌은 이 원칙에서 조금 벗어나 있다. 그리고 이 원칙을 지키기 위해 트라마돌을 마약류로 지정하자는 움직임이 수년째 이어지고 있다.

우리나라에서는 트라마돌을 얼마나 많이 쓰고 있을까? 트라마돌은 국내 400개 이상의 진통제에 포함되어 있다. 개원가나 약국가를 중심으로 자성의 목소리가 나올 정도로 논란의 중심에 서 있다. 약물의 오남용을 직접적으로 평가할 수 있는 자료는 거의 공개되지 않았다. 하지만 간접적으로 평가해 볼 만한 자료는 있다. 2022년 강동경희대병원에서는 2020년 1월부터 이듬해 6월까지 해당 기관에 접수된 약물이상반응을 분석했다. 이때 가장 많이 신고된 약물이 트라마돌이었다. 238건. 2위가 항생제인 세포테탄cefotetan인데 62건이었다. 이 정도라면 초격차다. 그러고 보면 이 책 138페이지에서 식약처 신고 약물이상반응(2007년 1월~2010년 6월)을 소개한 적이 있다. 1위 타미플루(오셀타미비어), 2위 펜타닐을 언급했는데 같은 자료에서 4위가 트라마돌이다. 5위가 아스피린, 6위가 아세트아미노펜(타이레놀의 주성분)이니 트라마돌의 미친 존재감을 여기서도 엿볼 수 있다. 이 정도면 관리가 필요하다고 봐도 되지 않을까?

2011년 국정감사에서도 동일한 문제가 이슈로 부각됐다. 2010년 한 해 동안 부작용 보고 건수가 가장 많은 의약품이 트라마돌 제품이었던 것이다. 이때는 성분이 아니라 제품별로 통계를 냈는데 그래도 트라마돌의 존재감은 엄청났다. 같은 자료에서 2위를 기록한 제품은 펜타닐 패치였다는 점도 염두에 두기 바란다.

대부분의 민감한 이슈가 그렇듯이 '트라마돌을 어떻게 관리할 것인가'라는 논제 역시 과학에 기반해 판단하면 된다. 그리고 트라마돌이 가진 효과나 부작용, 중독성 등에 대해 과학의 영역에서는 이미 충분히 결론이 나 있다. 결국 사회의 요구에 맞춰 우리가 '판단'하면 되는 문제다. 개인적인 견해로는 마약류 중독자가 갈수록 늘어나는 이 시기에 미국의 사례를 반면교사로 삼아야 하지 않을까 싶다. 옥시코돈과 같은 처방 마약을 지나치게 관대하게 허용함으로써 나타난 총체적 난국이 우리에게 나타나지 말란 법이 없다. 조금은 더 고삐를 움켜쥐어도 될 때다.

마치며

허공虛空. 아무것도 없는 상태를 뜻하지만 작은 수의 단위이기도 하다. 비교적 친숙한 '푼'이나 '리'를 거쳐 쭉 내려가다 보면 순식 10^{-16}이나 찰나 10^{-18}를 지나 등장하는 말이다. 숫자로 환산하면 10^{-20}. 사실상 아무것도 없다고 봐도 무방한 상태지만 그래도 어쨌든 있기는 하다. 그래서 이 단위보다 한 단계 더 작은 단위가 있다. 청정淸淨. 공기청정기나 청정해역 등에서 자주 보는 단어가 의외로 뜻이 깊다. 내가 아는 한 가장 작은 수의 단위다.

'마약 청정국'이라는 표현을 언론에서 자주 쓴다. 마약류 사범이 인구 만 명당 20명 이하일 경우 유엔에서 마약 청정국으로 분류하고, 우리나라 인구를 고려하면 마약류 사범이 만 명 이하를 유지해야 하는데 어느덧 이 수치를 넘어섰다는 기사들이다. 이 지위를 반납해야 한다는 뉘앙스의 기사들은 우리에게 마약류의 폐해를 자극적으로 전달하곤 한다. 정작 유엔에서 발표하는 「세계마약보고서」 등에서는 이런 개념을 찾을 수가 없는데, 어디서 이런 개념이 나왔는지 나로서는 잘 모르겠다. 그래도 수치로 깔끔하게 말해 주니 쉽게 와닿는 것도 사실이다. 숫자는 거짓말을 하지 않는다.

내게 어느 정도의 행정 권한을 준다면 나는 일주일 안에 우리나라를 언론에서 말하는 소위 마약 청정국으로 돌려놓을 수 있다. 간단하다. 마약 수사를 하지 않으면 된다. 이것저것 고민할 필요 없이 약간의 업무 조정만으로도 마약류 사범의 숫자를 '0'으로 수렴시킬 수 있다.

그러나 이런 허울뿐인 마약 청정국 지위를 원하는 사람은 이 책을 여기까지 읽은 사람 중에 아무도 없으리라 생각한다. 마약 청정국이라고 자위하며 사는 게 무슨 의미가 있겠는가. 진정 중요한 것은 마약으로 인한 폐해가 없어야 한다는 점이다. 그러려면 쓸데없는 자부심을 버리고 현실을 직시할 필요가 있다. 보려고 해야 보이는 법이다. 우리는 이미 마약과 전쟁을 치르고 있다. 지금도 열악한 조건과 빈약한 지원 아래서 일하는 수사관이나 형사, 검역관, 의사, 간호사, 약사 등 현장 담당자들에게 고마울 뿐이다. 이분들이 체계적으로 마약과 싸우고 또 중독자를 구제하게끔 지원하기 위해 여러 가지 제도적 개선책이 제시되고 있다. 가령 마약단속국으로 통합해서 관련 전문가들의 힘을 합치는 전략이다. 덩치가 커진다면 예산을 확보하는 데 아무래도 수월하지 않을까 싶다. 하지만 마약과의 전쟁은 이분들만 하는 것이 아니다. 지금 우리는 군인이 아니라 온 나라가 함께 전쟁을 치르는 시대를 살고 있다. 마약이라고 해서 별로 다를 건 없다. 가장 중요한 주체는 바로 우리 자신. 스스로 마약을 피할 수 있어야 한다.

『천국놀이』라는 소설이 있다. 마약 수사를 오랫동안 담당한 검사의 수사 내용을 바탕으로 지은 소설이다. 이 책에서는 마약 수사의 현실을 '눈 내리는 와중에 눈을 치우는 정도'라고 비유하고 있다. 치워도 치워도 끝이 없지만 그렇다고 안 치우면 파묻혀 버려 문도 열지 못하는 상황. 더 이상 적절한 표현을 찾기 어려울 정도로 명쾌한 비유다.

사람들이 마약과 싸워서 이긴 적이 있던가? 모르고 당했을 때는 그러려니 하는데 정체를 파악하고 나서는 언젠가부터 마약과 전쟁을 거듭하고 있다. 하지만 질기기 짝이 없는 생명력의 마약이다. 마약을 근절하는 나라도 찾아보기 어렵다. 굳이 예를 찾자면 청나라가 아편으로 망하고 난 이후 내전을 거쳐 들어선 공산당 정권이 강압 정책을 시행해 중국 내 마약을 줄인 적이 있다. 1950년대 공산당 시절 이야기다. 우리나라도 1970년대 강력한 단속을 기반으로 마약을 줄인 적이 있다. 역시 군사정권 시절 이야기다. 2020년을 훌쩍 지난 지금에 와서 시행할 수 있는 정책은 아니다. 역사의 시계는 거꾸로 흘러가지 않는다.

약간 다른 예가 있긴 하다. 베트남전쟁이 한창이던 1970년대 파병 미군은 헤로인에 빠져 있었다. 전쟁의 참상을 잠깐이나마 잊고 마음을 치유하기 위해선 진정제의 왕, 헤로인만 한 것이 없었다. 당시 베트남에서 헤로인을 구하기 쉬웠던 것도 한몫했다. 그러면 이 전쟁 군인들은 종전 이후 미국으로 돌아와 평생을 헤로인에 빠져 살았을까? 그렇지 않다. 환경이 바뀌면서 헤로인을 찾지 않은 것이다. 고국에서는 잊어야 할 참상도, 함께 헤로인을 즐기자던 동료 군인도 없었다. 가족의 품에서 전혀 다른 환경을 느끼며 헤로인을 자연스럽게 잊어갔다.

마약을 끊기 위해서는 굳은 결의와 함께 변화가 필요하다. 베트남에서 미국으로, 전우들에서 가족으로 환경을 바꾸듯이 극적으로 바꿀 수는 어렵다. 하지만 우리도 환경을 바꾸고 사람들과의 관계를 재설정해야 한다. 마약에 빠졌을 때는 이유가 있다. 같은 환경에서는 그 이유가 여전히 존재할 가능성이 크다. 그러므로 여러모로 변화를 추구해야 마약을 피할 수 있다. 물론 그래도 어렵다. 우리나라는 작고 좁은 사회다. 어렵거나 외로운 상황이 닥쳤을 때 불현듯 떠오르는 것이 마약의 유혹이다. 의지가 되는 사람이 옆에 있을 때 마약을 훨씬 더 쉽게 끊는 이유다.

마약 공급을 줄이기 위해 강력한 수사와 단속이 필요한 것은 당연한 이치다. 인력과 예산을 늘리고 노하우를 공유하는 것은 당연한 숙제다. 하지만 공급을 줄이는 것만으로는 한계가 있다. 미국 마약단속국도 해결 못 하는 것을 우리는 생생히 목격하고 있지 않은가. 그렇다면 더 중요한 것은 수요를 줄이는 일일 테다. 마약 예방 콘텐츠를 강화하고 어린 나이부터 교육을 시작해야 한다. 또한 마약 오남용의 우려가 있는 약물에 대해서는 면밀한 조사와 함께 엄정한 잣대로 평가, 규제할 필요가 있다. 앞서 잠깐 언급했던 트라마돌의 경우는 전문가 집단에서 끊임없이 논란이 되고 있는 약물이다. 국지적 조사를 넘어서 약물 사용 현황에 대한 체계적인 평가와 가감 없는 논의가 필요하다.

마약을 그냥 법으로 다 막으면 안 될까? 아마 안 될 것이다. 우리는 마약보다 칼이나 차로 더 많은 사람이 죽는 세상을 산다. 하지만 그렇다고 해서 칼이나 차의 생산을 금지하자는 이야기를 하지는 않는다. 미국에서는 총기가 합법화되어 있고 허구한 날 총기 사고가 발생하지만 총기 소지나 판매를 금지하지 못하고 있다. 하물며 총기 생산을 막는 것은 불가능하다. 전 세계 모두가 손잡고 힘을 합쳐 총기를 안 만들면 혹시 모르겠지만. 왜 불가능한지는 굳이 더 설명하지 않아도 충분할 듯하다.

마약은 이미 전 세계에 유통되고 있다. 우리나라의 마약도 다른 나라에서 만들어진 경우가 대부분이다. 심지어 우리나라를 거쳐 다른 나라로 가는 마약도 많다. 한 국가에서 금지한다고 해서 해결될 수 있는 문제가 아니다.

2023년 2월 관세청에서 발표한 2022년 마약류 밀수 단속 동향에 따르면 지난해 771건, 624킬로그램의 마약류 밀수를 적발했다. 2021년의 1,272킬로그램에 비해 적발중량으로 따지면 대략 50% 정도 감소한 수치다. 그러나 이러한 감소세는 2021년에 멕시코발 필로폰, 페루발 코카인 각 400킬로그램가량을 적발한 역대급 실적 때문이다. 이 사례를 제외한다면 오히려 50% 정도 올라간 수치라고 볼 수 있다.

페루발 코카인 사건은 배송 오류로 판명났다고 앞서 언급했다. 반면 2021년 멕시코발 필로폰 사건은 비교적 자세하게 경위가 보도됐고 범인도 검거됐다. 호주 경찰이 우리나라에서 수입한 항공기 부품 11개에서 필로폰을 찾아내 압수했다고 발표한 것이 시작이었다. 조사를 해보니 해당 부품은 멕시코에서 우리나라로 들여온 제품이었다. 그런데 정작 우리나라로 올 때의 부품은 20개. 그중 호주로 넘어간 부품 11개에서 필로폰이 검출됐다. 그렇다면 우리나라에 남아 있는 항공기 부품 9개에도 필로폰이 숨겨져 있었던 것은 아닐까? 세관에서 독자적으로 이를 조사했다. 해당 부품 20개를 지게차로 실어 나른 작업자의 증언에 따르면 20개를 특별히 가려서 옮기지 않았다고 한다. 즉 우리나라에 남아 있던 부품 안에도 여전히 필로폰이 숨겨져 있을 가능성이 짙었다. 이후 세관에서 독자적으로 팀을 꾸려 포천, 양주, 횡성, 고양 등 전국을 쫓아다니며 시가 1조 3,000억 원어치의 필로폰을 압수할 수 있었다.

그림 71. 2021년에 압수한 필로폰

위의 사례에서 알 수 있듯이 우리가 마약을 금지한다고 해서 마약이 근절될 리는 없다. 미국에서 금주령 시대에 몰래 술을 만들어 유통하며 마피아가 자랐듯이, 불법적으로 마약을 유통하는 조직이 전 세계적으로 덩치를 키울 가능성이 높다. 이런 불법 마약은 순도가 낮아서 단순 투약자들의 건강도 심각하게 위협하곤 한다. 그래서 정부 차원에서 정품 마약을 배급하는 나라도 있다는 사실을 앞서 소개했다.

더군다나 일부 마약은 그 자체로 더할 나위 없이 좋은 진통제다. 타이레놀로 세상 모든 통증을 잊을 수 있으면 좋겠지만 안타깝게도 불가능하다. 타이레놀을 많이 먹으면 안 될까? 그러면 급성 간 손상으로 조기에 사망하게 된다. 펜타닐에 이어 타이레놀과도 전쟁을 치를 심산이 아니라면 타이레놀은 지금의 가이드라인이 적당하다.

결국 암 환자나 수술 환자, 복합부위 통증 증후군을 겪는 환자의 통증을 달래줄 수 있는 물질이 필요하다. 갈수록 수명이 늘어나고 연명 치료 환자가 많아지는 현실에서 우리가 쓸 수 있는 수단은 바로 펜타닐과 같은 마약성 진통제다. 펜타닐을 법적으로 금지할 수 없는 이유다. 우리 스스로 마약을 조심해야 하는 이유이자 이 책을 집필하게 된 계기이기도 하다.

마약의 역사는 인류의 역사다. 기원전 3000년, 수메르인의 기록 등 아주 오래전 자료에서도 양귀비나 관련 식물 또는 사용례를 확인할 수 있다. 기록이 그렇다는 것은 기록되기 이전에도 많이 썼다는 사실일 터. 생각보다 마약의 역사는 깊다. 대마의 역사는 양귀비의 역사보다 길다. 유사한 효과를 보이는 마황이라는 식물까지 범위를 넓힌다면 기원전 6만 년경 네안데르탈인까지 거슬러 올라간다는 주장도 있다.

유구한 역사를 자랑하는 마약이니만큼 앞으로도 쉽게 뿌리 뽑긴 힘들 것이다. 그나마 잘 길들이기라도 하면 다행이다. 과학기술이 발전하더라도 결국 사람이 사용하는 것이라 어쩔 수 없는 한계도 있다. 마약의 미래는 짐작하기 어렵다. 중독성 없는 진통제가 개발되어 의료계에 혁명을 불러올 수도 있고, 정반대로 중독성이 강해서 세상을 더욱 어지럽히는 물질이 득세할 수도 있다.

그림 72. 양귀비를 들고 있는 데메테르 여신의 모습

마약의 미래는 알 수 없어도 '마약중독자의 미래' 정도는 짐작할 수 있다. 이 책에서 이야기한 안 좋은 사례들을 생각하면 된다. 그렇다고 너무 절망할 필요는 없다. 마약중독에서 빠져나오면 된다. 처음부터 마약에 빠지지 않으면 더 좋다. 펜타닐과 같은 강력한 마약이 미국에 이어 우리나라를 위협하고 있지만, 외세의 위협에 일치단

결하여 싸우는 민족이 우리 한민족이다. 개인 차원의 주의를 당부드리며, 사회적인 관심 또한 커지고 있음을 알려드린다. 개인기와 조직력. 언제나 그렇듯이 이 두 가지야말로 어떤 역경도 헤쳐나갈 수 있게 하는 원동력이다. 그리고 지금이 바로 우리가 힘을 모아 타개해 나가야 할 위기, 대마약시대다.

대마약시대

The Age of the Fentanyl Crisis and Other Drugs

그림 출처

들어가며

1 https://www.cdc.gov/opioids/basics/epidemic.html

1장 마약을 드립니다

2 https://wgme.com/news/local/this-baby-killer-drug-was-invented-in-maine-and-made-a-bangor-pharmacist-a-millionaire

3 http://civilwarrx.blogspot.com/2016/06/history-affects-morphine-hypodermic.html

5 https://rarehistoricalphotos.com/vintage-ads-cocaine-heroin-1880-1920/

6 https://www.promises.com/addiction-blog/the-history-of-heroin-use/

7 https://commons.wikimedia.org/wiki/File:U._Dist._needle_exchange_03.jpg

8 https://www.northcarolinahealthnews.org/2019/01/28/switzerland-fights-heroin-with-heroin/

10 https://www.homeinstead.com/location/347/news-and-media/hospice-care-vs-palliative-care-whats-the-difference/

11 https://alcoholstudies.rutgers.edu/the-four-sentence-letter-behind-the-rise-of-oxycontin/

12 https://www.frieze.com/article/gallerist-who-placed-heroin-spoon-protest-sculpture-outside-purdue-pharma-avoids-jail-

time

14 https://flemingsbond.com/philopon-a-japanese-murder-drug/

15 https://www.mouthhealthy.org/all-topics-a-z/meth-mouth

17 https://nida.nih.gov/publications/research-reports/methamphetamine/what-are-long-term-effects-methamphetamine-misuse

2장 펜타닐과 21세기 아편전쟁

18 https://www.dea.gov/resources/facts-about-fentanyl

20 Theodore H. Stanley. The Fentanyl Story J. Pain 2014, 15(12), 1215-1226.

21 https://www.statista.com/chart/16273/age-adjusted-drug-overdose-death-rate-per-100000-people/

22 Sandra Thomas, Ruth Winecker, Joseph P. Pestaner. Unusual fentanyl patch administration. Am. J. Forensic Med. Pathol. 2008, 29(2) , 162-163.

23 https://edition.cnn.com/2022/08/31/health/dea-colored-fentanyl-warning/index.html

24 https://www.theatlantic.com/health/archive/2013/01/why-we-took-cocaine-out-of-soda/272694/

25 http://www.datascope.be/Drug%20Design/English.pdf

26 https://www.caymanchem.com/forensics/faskit/

29 https://museum.dea.gov/exhibits/online-exhibits/cannabis-coca-

and-poppy-natures-addictive-plants/coca

30 https://vinepair.com/wine-blog/vin-mariani-bordeaux-wine-coca/

31 David F. Musto. A study in cocaine. JAMA 1968, 204(1), 27-32.

3장 지금 우리나라는?

33 https://ispub.com/IJEICM/12/1/8405

34 https://www.banyantreatmentcenter.com/2020/05/21/problems-with-fentanyl-patches-boca/

35 https://www.nims.or.kr/

36 https://pxhere.com/ko/photo/912015

37 https://www.cbp.gov/about/history/did-you-know/marijuana

38 https://ksoundlab.com/xe/sound_music100/8257

39 자가치료용 대마성분 의약품 수입제도. 식약처, 한국희귀·필수의약품센터 리플렛

4장 마약을 줄이는 방법

41 https://www.shutterstock.com/image-photo/red-poppy-flowers-wild-field-poppies-1706256868

42 https://www.pinterest.co.kr/pin/443956475738072230/

43 https://www.mcgill.ca/oss/article/controversial-science-health-news-toxicity/eucalyptus-leaves-more-delicacy-koalas

44 https://www.runnersworld.com/health-injuries/a39544800/runners-highs-fitness/

45 https://www.amazon.com/Hot-Capsaicin-Patch-Bulk-case/dp/B07MTQQXRB

47 https://www.everescents.com.au/sunlight-the-highest-source-of-complete-nutrition/

48 https://www.flickr.com/photos/codnewsroom/29488965276

49 https://www.istockphoto.com/kr/%EC%9D%B4%EB%AF%B8%EC%A7%80/toxoplasma-gondii

50 https://pxhere.com/ko/photo/1618126

51 https://www.shutterstock.com/image-illustration/3d-rendered-medical-illustration-substantia_nigra-plain-2256118805

52 https://www.pexels.com/ko-kr/photo/6343599/

53 https://ehive.com/collections/5079/objects/771611/coramine-ampoules

55 https://www.ebay.com/itm/266375615420

57 BRIAN P. AKERS,, JUAN FRANCISCO RUIZ, ALAN PIPER, AND CARL A. P. RUCK. A Prehistoric Mural in Spain Depicting Neurotropic Psilocybe Mushrooms? Economic Botany 2011, 1-8. (doi: 10.1007/s12231-011-9152-5)

5장 마약 청정국으로 되돌아가는 길

59 https://www.wafb.com/story/38348515/fda-company-issues-voluntary-recall-on-2-lots-of-naloxone-injection/

60 https://www.dea.gov/factsheets/methadone

62 https://www.dailypharm.com/Users/News/SendNewsPrint.html?mode=print&ID=146330

63 http://www.dailypharm.com/Users/News/NewsView.html?ID=149853

64 https://www.digitaljournal.com/life/opioid-test-strips-may-give-drug-users-a-false-sense-of-security/article/498364

65 https://eol.org/pages/1104905

66 https://www.unodc.org/documents/nigeria/Tramadol_Trafficking_in_West_Africa.pdf

67 https://dailynigerian.com/ndlea-intercepts-worth-2/

69 https://nedrug.mfds.go.kr/CCBAR01F012/getList/getItem?infoNo=2

0220146&infoClassCode=4

70 국가암정보센터

마치며

71 https://www.donga.com/news/Economy/article/all/20230127/117610454/1

72 https://www.flickr.com/photos/28433765N07/50360148298

대마약시대

The Age of the Fentanyl Crisis and Other Drugs

참고문헌

들어가며

식품의약품안전처, 「2022년 의료용 마약류 취급현황 통계」, 2023.7.19.

대검찰청, 「2022 마약류 범죄백서」, .

1장 마약을 드립니다

Chris McGreal, "Doctor who was paid by Purdue to push opioids to testify against drugmaker", 《*Guardian*》, 2019.4.10.

https://centerforhealthjournalism.org/2021/07/06/indiana-needle-exchange-program-was-big-success-officials-killed-it

https://wgme.com/news/local/this-baby-killer-drug-was-invented-in-maine-and-made-a-bangor-pharmacist-a-millionaire

https://www.unodc.org/documents/wdr/WDR_2010/1.2_The_global_heroin_market.pdf

Jane Porter, Hershel Jick(1980), 'Addiction rare in patients treated with narcotics', *N.Eng.J.Med*, 302(2), 123.

John Phillips(1912), 'Prevalence of the heoin habit especially the use of the drug by "sunffing"', *JAMA*.

Jürgen Rehm et al.(2001), 'Feasibility, safety, and efficacy of injectable heroin prescription for refractory opioid addicts: a follow-up study', *Lancet*, 358(9291), 1417-1420. (doi:10.1016/S0140-6736(01)06529-1)

Karne Berger, "Pharmacy's Past: The Soothing Syrup Known for Causing Death in Thousands of Babies", 《*Pharmacy Times*》, 2019.3.22.

Matthew Herper, "America's Most Popular Drugs", 《*Forbes*》, 2010.5.11.

Michael Liebrenz et al.(2020), 'Fifteen years of heroin-assisted treatment in a Swiss prison—a retrospective cohort study', *Harm Reduct.J.*, 17(1), 67. (doi.org/10.1186/s12954-020-00412-0)

Nora D. Volkow et al.(2001), 'Loss of Dopamine Transporters in Methamphetamine Abusers Recovers with Protracted Abstinence', *J. Neuroscience*, 21(23), 9414-9418.

Peggy M. Baker(2014), *Patent Medicine: Cures & Quacks*, Pilgrim Society & Pilgrim Hall Museum.

Theodore J. Cicero, Matthew S. Ellis, Hilary L. Surratt, Steven P. Kurtz(2014), 'The Changing Face of Heroin Use in the United States. A Retrospective Analysis of the Past 50 Years', *JAMA Psychiatry*, 71(7), 821-826. (doi:10.1001/jamapsychiatry.2014.366)

Troy R, Bennett, "This 'baby killer' drug was invented in Maine and made a Bangor pharmacist a millionaire", 《*WGME*》, 2019.11.11.

전성운, "수십만명 사망 美 '마약성 진통제' 사건 합의 될까?", 《헬스코리아뉴스》, 2020.8.19.

최나영, "'프렌즈' 매튜 페리 "55개 진통제와 보드카로 하루·· 치료에 110억 들어", 《OSEN》, 2023.1.30.

2장 펜타닐과 21세기 아편전쟁

Anneli Uuskula, Don Des Jarlais, Sigrid Vorobjov(2019), 'The fentanyl epidemic in Estonia: opportunities for a comprehensive public health response', *Lancet*, 6(12), P985. (doi.org/10.1016/S2215-0366(19)30436-

5)

Ash B. Yerasi, John D. Butts, John D. Butts(1997), 'Disposal of used fentanyl patches'. *Am.J.Health-Syst.Pharm*, 54, 85-86.

Carina Storrs, "What is flakka (aka gravel) and why is it more dangerous than cocaine?", 《*CNN*》, 2015.5.26.

David F. Musto(1968), 'A study in cocaine', *JAMA*, 204(1), 27-32.

Edward Lowenstein, Phillips Hallowell, Frederick H. Levine, Willard M. Daggett, W. Gerald Austen, Myron B. Laver(1969), 'Cardiovascular response to large doses of intravenous morphine in man', *N.Eng.J. Med.*, 281(25), 1389-1393.

Erika Kinetz. "Estonia won its war on fentanyl, then thing got worse", 《*AP news*》, 2020.3.26.

G. L. Henderson(1988), 'Designer drugs: Past history and future prospects', *J.Forensic.Sci.*, 33(2), 569-575.

https://www.dea.gov/resources/facts-about-fentanyl

Karen L., Woodall et al.(2008), 'Oral abuse of fentanyl patches (DuragesicR): Seven case reports', *J.Forensic Sci.*, 53(1), 222-225.

Michael Nedelman, "Yearlong probe shows how opioid smugglers use the mail", 《*CNN*》, 2018.1.24.

Paul Lewi, *Drug Design with Dr.Paul Janssen*. (http://www.datascope.be/Drug%20Design/English.pdf)

Sandra Thomas, Ruth Winecker, Joseph P. Pestaner(2008), 'Unusual fentanyl patch administration', *Am.J.Forensic Med.Pathol*, 29(2), 162-163.

Theodore H. Stanley, Talmage D. Egan, Hugo Van Aken(2008), 'A tribute to Dr. Paul A. J. Janssen: Entrepreneur extraoridinaire, innovative scientist, and significant contributor to anesthesiology', *Anesthesia & Analgesia*, 106(2), 451-462.

Theodore H. Stanley(2014), 'The Fentanyl Story J', *Pain*, 15(12), 1215-

1226. (doi.org/10.1016/j.jpain.2014.08.010)
강유진, "펜타닐에 물드는 미국… 에어비앤비도 마약주의보", 《매일경제》, 2023.3.29.
"뉴질랜드 당국, 태평양서 코카인 3.2톤 수거…4천억원 상당", 《연합뉴스》, 2023.2.8.
박지영, "통증치료제 펜타닐패취 안전성정보 발표", 《Medical Tribune》, 2012.4.23.
오원석, "130만 작은 나라 에스토니아, 어쩌다 '마약의 수도'가 됐나", 《중앙일보》, 2019.11.18.
유태영, "'마약과의 전쟁' 벨기에 법무장관 납치 위협", 《세계일보》, 2022.9.26.
한건필, "'이 약물'로 인한 미국 어린이 사망, 8년간 30배↑", 《코메디닷컴》, 2023.5.9.

3장 지금 우리나라는?

Anyela Marcela Castañeda et al.(2018), 'Addressing Opioid-Related Chemical Coping in Long-Term Opioid Therapy for Chronic Noncancer Pain: A Multicenter, Observational', *Cross-Sectional Study J. Clin.Med.*, 7, 354. (doi:10.3390/jcm7100354)
Chengsheng Ju et al.(2022), 'Global, regional, and national trends in opioid analgesic consumption from 2015 to 2019: a longitudinal study', *Lancet Public Health*, 7(4), E335-E346. (doi:10.1016/S2468-2667(22)00013-5)
"마약을 처방해 드립니다", 〈KBS 시사직격〉, 2021.12.3.
김상진 기자, "콜로라도 대마 합법화 5년… 상비약처럼 침대맡에 대마젤리", 《중앙일보》, 2019.7.19.
김중래, "'고등래퍼' 불리다바스타드, 마약 투약…징역 4년 선고", 《서울신문》, 2023.2.3.
김진이, 신영전(2023), 「의료용 마약류 진통제 처방자와 조제자의 마약류통합관리스스템 사용경험에 관한 질적 연구」, *Korean J. Clin. Pharm*, 33(1), 22-34. (doi: 10.24304/kjcp.2023.33.1.22)

김진이, 홍지윤, 손희정, 신영전(2022), 「의약품안전사용서비스(Drug Utilization Review, DUR) 평가연구에 대한 체계적 문헌고찰」, 보건사회연구, 42(2), 158-178.

배준열, "27개월간 '펜타닐' 243회 처방 등 마약류 오·남용 사례 적발", 《의사신문》, 2022.8.3.

"불법 마약류 사용 실태, 하수처리장에서 확인한다", 식품의약품안전처 보도자료, 2022.6.23.

"심각한 마약류 의약품 오남용…우리 아이들마저 병든다", 《연합뉴스》, 2022.10.6.

심석용, "가위로 파국 맞은 '마약우정'…참혹한 가방 시신 사건 전말", 《중앙일보》, 2021.2.14.

원다라, "몸속에 마약을?… 국내서 한국인 '보디패커' 첫 확인", 《한국일보》, 2022.10.12.

유기연, 이숙향(2011), 「식품의약품안전청 약물유해반응 보고자료 분석」, *Kor. J. Clin. Pharm*. 21(2), 138-144.

유시은, "[국감]펜타닐 한번 처방에 335알까지…경계 강화해야", 《후생일보》, 2022.10.7.

정유미, "신종플루 불안 '먹고보자' 타미플루 오·남용 더 심각", 《경향신문》, 2009.11.8.

최혜영, 이의경(2015), 「건강보험 청구자료를 활용한 국내 마약성 진통제 시장 분석」, 한국보건사회약료경영학회지, 4:1, 31-37.

4장 마약을 줄이는 방법

David E. Nichols(2018), 'Dark classics in chemical neuroscience: Lysergic acid diethylamide(LSD)', *ACS Chem. Neurosci*, 9, 2331-2343.

Emese Prandovszky et al.(2011), 'The neurotropic parasite Toxoplasma gondii increases dopamine metabolism', *PLoS One*, 6(9), e23886. (doi:

10.1371/journal.pone.0023866)
Gillian L. Fell, Kathleen C. Robinson, Jianren Mao, Clifford J. Woolf, David E. Fisher(2014), 'Skin β-Endorphin Mediates Addiction to UV Light', *Cell*, 157(7), 1527-1534. (doi.org/10.1016/j.cell.2014.04.032)
https://www.amazon.com/Hot-Capsaicin-Patch-Bulk-case/dp/B07MTQQXRB
https://www.index.go.kr/unify/idx-info.do?idxCd=4267&clasCd=7
Kayo Takahashi et al.(2015), 'Imaging the passionate stage of romantic love by dopamine dynamics', *Frontiers in Human Neuroscience*, 9, 191. (doi: 10.3389/fnhum.2015.00191)
M. J. Koepp et al.(1998), 'Evidence for striatal dopamine release during a video game', *Nature*, 393, 266-268.
Mandy Choy, Suleika El Fassi, Jan Treur(2021), 'An adaptive network model for pain and pleasure through spicy food and its desensitization', *Cogn. Syst. Res.*, 66, 211-220. (doi.org/10.1016/j.cogsys.2020.10.006)
Michele M. Moraes et al.(2018), 'Auditory stimulation by exposure to melodic music increases dopamine and serotonin activities in rat forebrain areas linked to reward and motor control', *Neurosci. Lett*, 23(673), 73-78. (doi: 10.1016/j.neulet.2018.02.058)
R. I. M. Dunbar et al.(2012), ''Social laughter is correlated with an elevated pain threshold', *Proc. R. Soc. B.*, 279. 1161-1167. (doi:10.1098/rspb.2011.1373)
Sandra J. E., Langeslag Frederik M., van der Veen, Durk Fekkes.(2012), 'Blood levels of serotonin are differentially affected by romantic love in men and women', *J. Psychophysiology*, 26(2), 92-98.
Sandra Manninen et al.(2017), 'Social Laughter Triggers Endogenous Opioid Release in Humans', J. *Neurosci*. 37(25), 6125-6131. (doi: 10.1523/JNEUROSCI.0688-16.2017)

Troels W. Kjaer et al.(2002), 'Increased dopamine tone during meditation-induced change of consciousness', *Cognitive Brain Res.*, 13(2), 255-259.

"마약 LSD 환각상태서 어머니·이모 살해한 20대 '살인' 무죄",《한겨레》, 2017.10.12.

정찬웅, "태평양, 진통제 獨 기술수출 이렇게 성공했다",《의학신문》. 2004.3.4.

차은지, ""예뻐서 심었다"…연립주택 텃밭서 양귀비 재배한 70대 입건",《한경》, 2021.6.22.

5장 마약 청정국으로 되돌아가는 길

Ahcene Boumendjel, et al.(2013), 'Occurrence of the Synthetic Analgesic Tramadol in an African Medicinal Plant', *Angew.Chem.Int.Ed.*, 52, 11780 – 11784. (doi: 10.1002/anie.201305697)

Herbert D. Kleber(2008), 'Methadone maintenance 4 decades later. Thousands of lives saved but still controversial', *JAMA*, 300(19), 2303-2305.

https://clincalc.com/DrugStats/Top300Drugs.aspx

J. Thomas Payte(1991), 'A brief history of methadone in the treatment of opioid dependence: A personal perspective', *J.Psychoactive Drugs*, 23(2), 103-107.

Robin Levinson-King, "The Canadian city where addicts are allowed to inject",《*BBC*》, 2017.8.7.

Souvik Kusari, et al.(2014), 'Tramadol—A True Natural Product?', *Angew. Chem.Int.Ed.*, 126, 12269 – 12272. (doi: 10.1002/ange.201406639)

UNODC(2021), 'At the crossroads of licit and illicit: Tramadol and other pharmaceutical opioids trafficking in West Africa'.

Vincent P. Dole, Marie Nyswander(1965), 'A medical treatment for diacetylmorphine (Heroin) addiction', *JAMA*, 193(8), 80-84.

Xiao-Hua Xu et al.(2003), '5-Fluorouracil Derivatives from the Sponge Phakellia fusca', *J.Nat.Prod.*, 66, 2, 285 – 288. (doi: doi.org/10.1021/np020034f)

강선경, 차명희(2019), 「일본의 약물중독치료 시설인 '다르크(DARC)'의 동향 분석」, 한국지역사회복지학, 68, 25-41.

강철원, 안아람, 손현성, 김현빈(2019), 『중독인생』, 북콤마.

김병욱 외(2018), 「단일기관에서 자발적 부작용 신고제도를 통해 수집된 Tramadol 성분제제 약물유해반응의 보고 사례 분석」, 약물역학위해관리학회지, 10, 77-83.

남경애(2018), 『드럭 어딕션』, 한국경제신문.

예경남, 천영주(2022), 「단일 의료기관에 자발적 보고된 약물이상반응 발생률 조사」, *J.Kor.Soc.Health-syst.Pharm*. 39(1): 29-39. (doi: doi.org/10.32429/jkshp.2022.39.1.002)

이은영, 전연규(2022), 「청소년 신종마약사범의 실태에 관한 연구」, 한국중독범죄학회보, 12(3), 85-102.

정용환, 김민중, "중독자 치료지정병원 90%가 "마약환자 안받아요" 왜?", 《중앙일보》, 2022.7.8.

조석연(2021), 『마약의 사회사』, 현실문화.

조성남, 강향숙, 김선민, 김주은, 문봉규, 박상규, 신성만(2021). 『마약류 중독의 이해와 치료』. 학지사.

최평순, 다큐프라임 〈인류세〉 제작팀(2020), 『인류세: 인간의 시대』, 해나무.

한상인, "국회, 중독재활센터 추가 설치 마약퇴치본부 예산 확대해야", 《약사공론》, 2022.11.3.

황재선, "'의존성 낮음' 경고 삭제된 트라마돌… 마약류 전환될 듯", 《히트뉴스》, 2022.6.20.

마치며

김형민, "1조3000억 필로폰 잡았다… 부산→포천→횡성→고양 41일 추적", 《동아일보》, 2023.1.28.

류현주, "관세청, 지난해 마약류 밀수 단속 동향 발표… 771건에 624*kg*·600억원 적발", 《뉴시스》, 2023.2.2.

마이크 해스킨스(2005), 『마약: 사용설명서』, 뿌리와이파리.

아내 최수현 씨와 아들 백건우 군에게 감사드립니다.

대마약시대

과학으로 읽는 펜타닐의 탄생과 마약의 미래

초판 1쇄 찍은날 2023년 10월 31일
초판 1쇄 펴낸날 2023년 11월 10일
지은이 백승만
펴낸이 한성봉
편집 김선형·전유경
콘텐츠제작 안상준
디자인 권선우·최세정
마케팅 박신용·오주형·박민지·이예지
경영지원 국지연·송인경
펴낸곳 히포크라테스
등록 2022년 10월 5일 제2022-000102호
주소 서울시 중구 퇴계로30길 15-8 [필동1가 26] 무석빌딩 2층
페이스북 www.facebook.com/dongasiabooks
전자우편 dongasiabook@naver.com
블로그 blog.naver.com/dongasiabook
인스타그램 www.instargram.com/dongasiabook
전화 02) 757-9724, 5
팩스 02) 757-9726

ISBN 979-11-983566-6-6 03900

※ 히포크라테스는 동아시아 출판사의 의치약·생명과학 브랜드입니다.
※ 잘못된 책은 구입하신 서점에서 바꿔드립니다.

만든 사람들
책임편집 김선형
편집 전인수·전유경
교정 교열 김대훈
디자인 페이퍼컷 장상호